曾子舰 著

我最想要的恋爱魔法书

Love Magic Book

上海财经大学出版社

图书在版编目(CIP)数据

我最想要的恋爱魔法书/曾子舰著. 一上海：上海财经大学出版社,2011.7
ISBN 978-7-5642-1085-4/F·1085

Ⅰ.①我… Ⅱ.①曾… Ⅲ.①女性-恋爱-通俗读物 Ⅳ.①C913.1-49

中国版本图书馆 CIP 数据核字(2011)第 098179 号

□ 策划编辑　朱世祥
□ 责任编辑　黄　荟
□ 封面设计　马筱琨
□ 责任校对　卓　妍
　　　　　　石兴凤

WO ZUI XIANG YAO DE LIANAI MOFA SHU
我 最 想 要 的 恋 爱 魔 法 书
曾子舰　著

上海财经大学出版社出版发行
(上海市武东路 321 号乙　邮编 200434)
网　　址:http://www.sufep.com
电子邮箱:webmaster@sufep.com
全国新华书店经销
上海第二教育学院印刷厂印刷
上海崇明南海印刷厂装订
2011 年 7 月第 1 版　2011 年 7 月第 1 次印刷

787mm×1000mm　1/16　16 印张(插页:1)　228 千字
印数:0 001-5 000　定价:29.00 元

我最想要的恋爱魔法书 | 序言

　　爱情究竟是一个怎样的东西呢？这是我一直在思考的问题。
　　年幼的时候，我以为爱情就像童话故事里的一样，在邂逅的那一瞬间，就注定了天长地久，生死相许。
　　年少的时候，已经不看童话故事了，开始迷恋偶像剧和言情小说，我以为爱情应该是像那些故事里的一样，有万千的缘分拉扯着，虽然经历重重波折，但必定会携手一生。
　　年轻的时候，听说有很多同学的父母离婚了，听说以前住在隔壁的叔叔阿姨离婚了，听说学校那对金童玉女已经各自有了新欢……方才醒悟，原来爱情的结局，不一定是要天长地久。
　　第一次恋爱的时候，那个男孩说对我一见钟情，我又开始对爱情充满了希冀和梦想。我庆幸那么早就遇到了我的真命天子，我们将携手一生。
　　第一次失恋的时候，我以为没有了他我会活不下去，我以为我会对他一生钟情，一生伤痛，再不会有别的人闯进我的生命。

某一天,当我经历了分分合合,经历了轰轰烈烈之后,回忆往事,我突然发现,我已经记不起那个男孩的脸,甚至模糊了他的名字。原来忘记,是伴随着生命一直在进行的一件事情。

爱情究竟是一个怎样的东西呢?如果你现在问我,我会告诉你。

爱情,是一粒种子,它突然有一天出现在你眼前,但你却不知道,种下去它是否能开花结果。

爱情,是一盆鲜花,你拥有它的时候娇嫩无比,却可能因为一时的疏忽,枯萎凋零。

爱情,如同你的房屋,为你遮挡一切风雨,但你要记得将它时时修葺。

爱情,就像一道菜,不同的材料,不同的味道……

爱上一个人可遇不可求,守住一份爱情,却全在你左右。爱情不是一棵经历了风雨更能茁壮成长的大树,而是一朵应该养在温室里细心打理的小花。

女人,天生注定在爱海中沉浮,天生注定是爱情的信徒。懂得经营爱情的女人,是离幸福最近的女人。

目录
CONTENTS

Chapter 1
完美恋爱,从改变自己开始

女人的美丽,不是罪◎3
男人不爱美丽的"花瓶"◎5
左边林黛玉,右边薛宝钗◎7
调皮是魅力女人的天性◎9
你不是他的"妈妈"◎12
爱他,从爱自己开始◎14
将爱情大声说出来◎16
不做"贤良淑德"的"好"女人◎18
每天想一件开心的事◎21
除了恋爱,你还有梦想◎23
女人不可丢的东西:自尊和自爱◎25
好男人不是等来的◎28
"我知道我很美丽"◎30
"臭嘴"的女人没好命◎32
可以没有意见,但却不能没有主见◎34
学会享受为自己花钱◎37
看清自己所站的阶梯◎40

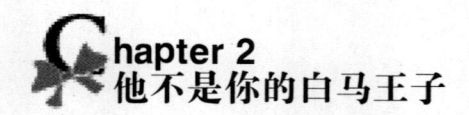

Chapter 2
他不是你的白马王子

第三者没有无辜◎45

是粗心,还是变心◎47

"破镜重圆"却少不了裂痕◎49

如果他的妈妈不喜欢你◎52

酒吧里遇到的男人,要小心◎54

他要的是一夜情,还是一世情◎56

爱你,所以和她上床?◎59

仰望的姿势让人累◎61

如果你是公主,请选择骑士◎64

他和前女友是好朋友?◎66

委屈不一定能求全◎68

不要爱上"穷男人"◎71

有的男人,你要不起◎73

你的家人比他更重要◎76

遇到错误的人没有正确的时间◎78

错误的时间里没有正确的人◎80

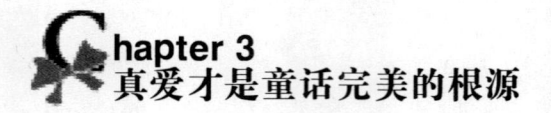

Chapter 3
真爱才是童话完美的根源

被男人包围的你真的快乐吗?◎85

缘在天定,分在人为◎87

真爱不是自以为痴情◎89

相信真爱,但不要相信"命中注定"◎92

目录

要钞票,还是要爱情◎94
永远不要试图考验爱情◎96
爱和性之间的神秘距离◎99
当"性福"成为"爱情"的阻碍◎101
处不处女重要吗?◎103
性不是用来惩罚爱人的刑具◎106
品读《简·爱》的一番话◎108
爱他,就不要妄想改变他◎110
教会他如何爱你◎113
童话结局之后的故事◎115
责任与爱同行◎117
坚守爱的原则◎119

Chapter 4
恋爱保质期,一边去!

恋爱需要美人心计◎125
你会诱惑你的男人吗?◎127
恋爱应该"多喜少惊"◎130
偶尔变回10岁女孩◎132
撒娇是女人的终极武器◎135
女人,酸一点儿更可爱◎137
让他猜,让他爱◎140
狠心玩个"半糖主义"◎142
让他和兄弟去"放放风"◎145
不给他放纵,但要给他信任◎147
学会做他的"好哥们"◎149

适时变身"呛口小辣椒"◎151
男人最爱被崇拜◎154
爱情的吵架艺术◎156
"饭在桌上,我在床上"◎158
每天都是情人节◎161

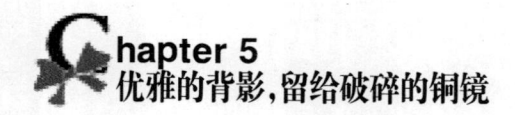

Chapter 5
优雅的背影,留给破碎的铜镜

忍耐,不是解决一切的方法◎167
当爱已成往事◎170
当断则断的分手艺术◎172
你可以继续爱我,但不要再来找我◎175
不要让背叛成为惯性◎178
身体,挽留不住远去的心◎181
不爱的时候,一切都是错误◎183
他不是你人生的全部◎186
真爱,不是一生一次的绝地◎188
失恋是美丽女人的机会◎190
现实的女人活得更好◎193
一万句爱你都抵不上一个婚姻的承诺◎196
放不下的,是爱还是习惯?◎198
对怜悯说"不"◎200
留给他最美丽的背影◎203
不是所有事情都需要一个答案◎205

Chapter 6
忘不了他,我该怎么办

爱情反击战并不可耻◎211
原谅自己"没有骨气"◎213
自己的心比别人的意见更重要◎215
爱情迷路的时候◎218
男人眼中的成熟女人魅力◎220
为"真命天子"做个"坏女人"◎223
善用你的美色,但不要忘记展示灵魂◎225
已婚男人的真实与谎言◎228
试着做个逃离的"胆小鬼"◎231
没有谁是爱情的替身◎233
他不一定非要爱你◎235
仰望天空,不如放任泪水◎237
不做他的"特别朋友"◎240
女人,要活得高贵◎242

Chapter 1
完美恋爱，从改变自己开始

每个人都憧憬着一场完美的恋爱，但却总有人在抱怨另一半的他如何如何不好。其实，恋爱是两个人的事情，如果把恋爱的不完美都归罪于伴侣的身上，那他是多么冤枉呀。孔夫子是圣人都"日三省吾身"，我们是不是也该检讨一下自己呢？要一场完美的恋爱，先从改变自己开始吧！

女人的美丽，不是罪

爱美之心，人皆有之，尤其女人，哪个不希望自己貌若天仙，引得别人目不转睛。但同时，我们也发现，有许多的女孩，隐藏在平凡无奇的外表之下，用不屑的眼光看着身旁打扮时尚性感的姑娘。

平凡无奇的我们看着身旁走过的美女，心里总是默默地想：又是一个"花瓶"。不要否认哦，尚未有钻石般光芒的你敢说没有这么想过吗？但在鄙夷着那些所谓"花瓶"的同时，你是不是也在向往着她们呢？有谁不想成为美貌与智慧并存的产物？有谁不想吸引所有人的目光，让聚光灯一直打在自己身上呢？我们都想，可是，我们并不是都敢去做。

"世上没有丑女人，只有懒女人。"这句话是非常正确的，看看那些美丽的女人们，她们被万千男人宠爱着、追随着。试想，如果她们的皮肤开始长出大大小小的痘痘，她们褪下美丽的衣饰，再把那一头秀发剃光……天哪！她们还是那个光彩照人的美女吗？可事实就是，她们不会那么做。她们用一切可以让自己美丽的东西把自己装扮得天衣无缝，她们只把美丽展示在大众面前。美丽，不是一种罪恶，是一种美好的向往，是女孩子必修的一门课程。并且最重要的一点是，美丽，并不一定是以智慧为代价的。

有这样一个女孩的故事，也许你会发现，"她"仿佛就是你，或者就是你身边的某个朋友。

她从小就是家长心中的乖宝宝，老师眼中的好孩子。到了初中、高中，女孩子爱美的年龄，她也从不把时间花在打扮自己上，永远都保持着优异的成绩。老师的表扬名单中永远都有她，她也一直是大家眼中高不可攀的才女。

可是突然一切发生了一些变化，进了大学的她依旧是导师的好学生，但除了优异的成绩以外,却什么都没有。身边的女孩如同一朵朵娇艳的花朵,护花使者追随左右,她却如同毫不起眼的绿叶,空有满腹才华,却难得别人欣赏。

于是,四年的大学毕业了,她没有一段能够让人刻骨铭心的恋爱,虽然她也许有过默默倾慕的人。她读了硕士,甚至读到了博士,但这个时候,青春也已经不再了。

到了成家立业的时候,家人带她去相亲,她找到了一个男人,不温不火地相处了一段时间,两人便结婚了。然后她成为了别人的太太,过着相敬如宾的日子。每当看到身旁穿着入时、打扮妖娆的女子,她总是十分不屑,可是渐渐地,她却发现,丈夫的眼睛总是追随着那些美丽如花的女子……

故事其实已经不需要往下说了吧。这样的人生也许是一帆风顺,没有大起大落,没有大喜大悲。但是,你想要这样的人生吗?你不向往着一场轰轰烈烈的恋爱吗?你不希望自己也能绽放美丽,让身边的人惊艳吗?

也许你在成长的过程中时常听到有人语重心长地告诉你,一个人的外貌并不重要,重要的是内在;或者家长、老师苦口婆心地劝你,不要去打扮自己,把心思放在学习上才能有一个光明的前途。如果你现在还记得这些话,那么,从记忆中把它们通通都丢弃吧!为什么外貌不能和内在相互辉映?为什么聪明好学之余不能貌美如花?从现在就开始改变吧!就如同蔡依林歌中所唱的,"人不爱美,天诛地灭"。美丽不是一种罪过,美丽是女人与生俱来的一种才能。

也许你有聪明的头脑,也许你有讨人喜欢的性格,但是你如果希望人海中的那个他能来了解你,愿意接近你,那么,首先你要吸引住他的视线。永远不要忘记,男人是视觉系动物,要抓住他的心,一定要先抓牢他的眼球。

当一个闪亮的美人走过你身旁,而你开始鄙夷她的时候,要小心哦,说明你已经开始在嫉妒她的美丽了。与其酸溜溜地攻击藤上的葡萄,倒不如从改变自己开始!

Chapter 1 完美恋爱，从改变自己开始

【恋爱魔法贴士】

　　天生就貌若天仙的女人当然会有，但并非随处可见，美女是通过修炼而来的。

　　女人首先要懂得保养自己，不要总以为自己天生丽质，岁月的痕迹总是悄悄就爬上了你柔嫩的脸庞。女人也要学会打扮，听过一句话吗？"人靠衣装，佛靠金装"，不要吝啬为自己的衣橱添上些美丽的装扮。同时你也要相信化妆品的神奇功效，它们可以让你变成一个魔术师，把自己的缺点都隐藏起来。

　　美丽是女人不懈的追求，也是上天赋予的礼物。现代的女人要懂得把美丽秀出来，才能吸引到好男人的视线哦！

男人不爱美丽的"花瓶"

　　男人是视觉系动物，所以我们靠美丽的外表可以成功吸引他们的视线。但是，再美的容颜也有老去的一天，再好的身材也有变形的时候。相爱容易相处难，我们可以在一瞬间就产生爱情，却难以将这份爱情维持到天长地久。

　　吸引男人靠美丽，留住男人却靠智慧。再美丽的花瓶，用途也只是陪衬美丽的鲜花而已。放眼望去，大街小巷不乏那些让人眼睛一亮的美女，但她们的恋爱却不见得比那些不够亮眼的女孩顺利多少。美丽的戴安娜王妃竟然不能留住王子的心，被各方面都不如自己美艳的卡米拉打败，这让许多人都感到大惑不解。但如果我们能静下心来想一想，就不难发现，卡米拉的身上有着太多美丽的戴安娜所没有的东西：宽容、隐忍、鼓励、理解……查尔斯王子在她身上找到了让一个男人深深着迷的灵魂。

　　让我们来看一个男人的故事吧，也许他的故事会给各位女孩一点启发。

A君是我的一个朋友，他长得非常帅气，家世也好，身边自然有不少美女环绕。A君的第N个女朋友是我们大学里的校花，长得非常漂亮，追求的人不在少数。当时A君对她苦苦追求，费了九牛二虎之力才排除万难抱得美人归，我们一度以为放任随性的A君是真的定性了。

　　毕业以后我们许久都没有联系，后来听说他和校花分手了，和另一个女孩好上了。没多久，竟然收到了他的结婚请柬。许多昔日的同学都非常好奇，新娘是一个多么漂亮的女孩啊，居然打败了校花，让A君这么早就愿意定下来。

　　像所有悬疑片一样，结局都出乎我们的意料。新娘是个漂亮的女孩，但不管从什么方面来说，都比不上我们当年的校花。之后聊起来，我们婉转地问A君为什么和校花分手，A君的回答让我们有些惊讶，他说，有的女孩子除了会打扮，没有一点儿意思。然而提起自己的新娘的时候，A君的话语中充满了赞赏。女孩和他在同一家公司，业务丝毫不逊色于他，又能做一手好菜……在A君的言辞之间，不难看出他对妻子有的不仅是爱，还有着钦佩。

　　偶像剧中总是告诉我们，男人爱的是那些笨笨的、单纯的女孩，似乎那些聪明能干的女孩们永远得不到男主角的青睐。但是生活中呢？女孩的单纯是难能可贵的，一个女人永远都能够保持着一颗单纯的心无疑是让男人万般疼爱和呵护的。但是，单纯不等于愚蠢，一个没有智慧的女人只会让男人觉得无趣罢了。

　　女人就如同一本书，一本有内容的好书是让人百看不厌的。男人总不会喜欢捧着一本教你如何化妆、如何打扮的书来阅读吧！

　　试想，当你有了美丽的外表之后，还能和你的男朋友谈论一些更深层次的问题，适当的时候给予他好的建议和帮助，这会让他多么佩服你啊！真正聪明的女人懂得用智慧抓住你身边的男人，懂得在他面前呈现出多个方面，而不仅仅是娇憨的美丽。做一本让他回味无穷的书，做一个让他百看不厌的故事，这才是一个女人真正天长地久吸引男人的方法。

年轻的时候，男人们也许更容易迷恋一个女人的外表，但是随着时间的推移，他们会知道，漂亮不能当饭吃，相守一生的爱人除了给予他们视觉上的美感以外，更重要的事情，是要能给予他们精神上的支持和抚慰。男人会迷恋美丽的女人，但更愿意与充满智慧的灵魂相守一生。

【恋爱魔法贴士】

女孩子要懂得让自己穿着得体，容妆秀丽，不仅仅是外表，更是头脑。千万不要成为男人眼中美丽却空洞的"花瓶"。

在装扮自己的时候，不要忘记多看几本书，当然不是你那些不离手的言情小说。拿几本世界名著看一看，找几本哲学书读一读。一本好书能让你得到超乎你想象的东西，更能提升你的气质和内涵。

或者背背古诗，读读文言文，不要认为这些东西你一辈子都用不到。你内在的涵养和你头脑的智慧在你的言语之间其实已经表露无疑。

左边林黛玉，右边薛宝钗

看过《红楼梦》的人都为黛玉一生的遭遇而心碎，但同时也为宝钗的智慧和气度所动容。记得曾经有许多次辩论，如果在现代，男人更愿意娶林黛玉还是薛宝钗？无一例外，虽然有人力挺黛玉，但宝钗最终却取得了压倒性的胜利。

在《红楼梦》中，总是哭哭啼啼的林妹妹深得宝哥哥的爱，然而大家心中最理想的媳妇儿却是那个聪慧又端庄的宝钗，最终导致林妹妹在宝玉成亲的当天凄凉地死在了贾府。男人天生就具有一种英雄情结，对于柔弱的女子总是忍不住去保护。但同时，我们也要认识到，不是所有男人都是好性子的宝玉，能够没有工作压力，用很多精力去安慰林妹妹。况且如果要和一个人以结婚为前提在一起的话，不仅仅是双方的事情，更是两个家庭的事情。

做一个女人不容易，要做一个幸福的女人更不容易。聪明的女人懂得转换角色，左边是柔弱的林妹妹，右边是圆滑的宝姐姐。

Vivian非常喜欢《红楼梦》，长期以来都特别欣赏林黛玉，也一直梦想能找到自己的宝哥哥。而她自己也是个像林黛玉那样的女孩，非常具有古典美，也非常有才华，又特别能撒娇。她的男朋友和她是大学同学，每次Vivian使小性子的时候，男朋友都迁就她、哄着她。周围的朋友们也一直都非常羡慕Vivian能找到这么一个疼爱她的男朋友，什么都能够包容她、疼爱她。Vivian也一直觉得，他就是自己的宝哥哥。

毕业以后，Vivian和她的男朋友在同一个城市工作。刚毕业的大学生想必都应该能明白，刚进入工作岗位必定会有许多委屈，Vivian也不例外。原本平时就比较脆弱的Vivian，开始不断向男友哭诉心中的许多委屈，刚开始，男朋友依然像从前一样，安慰她，由着她的小性子。时间久了，Vivian发现男朋友开始对她越来越不耐烦，到后来甚至是无视她的存在了。Vivian怎么也想不通，曾经疼爱自己的男朋友莫非是变心了吗？难道没有"薛宝钗"的出现，他们也要重演黛玉和宝玉的悲剧吗？

看完Vivian的故事，聪明的女孩们是不是能告诉Vivian为什么两人的恋情会走到这一步了呢？在我们年轻的时候，我们有着小小的任性，喜欢撅嘴生气，看着身边疼爱自己的真命天子为博红颜一笑而出尽奇招。可是，随着年龄的增长，我们不可避免地要面对这个充满竞争的社会，无形的压力压得我们喘不过气来。等到这个时候，如果还耍着往日的小脾气，这对男友而言无疑是更大的压力。

也许你要问，宝玉为什么可以在任何时候都哄着任性的林妹妹，而现在的男人却做不到。那么你又是否想过，宝玉出生在一个大家族，不用去工作，不用去拼搏，整天闲来无事，不去哄林妹妹，那又做什么好呢？

偶尔的小任性，在男人看来是可爱无比的，脆弱的眼泪也能打动任何男人的心。可是，现代的男人不需要一个永远的林黛玉，整天为些小任性而让他在工作之余还要想尽办法去哄着她。他们需要一个可以为他们招呼好朋友、照顾好家人，让他们可以无后顾之忧在外拼搏的薛宝钗。

男人是非常矛盾的，他们希望自己的女人天真可爱，又希望她们懂事乖巧。他们希望自己是一片天，可以保护脆弱的小女人，偏偏又希望能在疲惫的时候寻找到一个避风港。所以，极品女人知道在何时变身成为需要呵护的林黛玉，但更懂得在何时要成为独当一面的薛宝钗。

♡【恋爱魔法贴士】♡

真正聪明的女人懂得如何装傻，但却不是真的傻。在男人身边，使使小性子，撒撒娇，可以让男人对你产生无限的怜爱。但是，当你把任性和撒娇当成家常便饭，那么就怨不得你身边的男人对你避之不及了。

如果平时你是个喜欢向男朋友撒娇并且十分依赖他的女孩子，那么，偶尔为他准备一顿饭菜，好好照顾他一天，给他一个依靠的肩膀，相信他一定会更加疼爱你哦。男人也需要撒娇，男人也需要依靠，不妨偶尔成为他的依靠。互相扶持，才是最温暖的幸福。

调皮是魅力女人的天性

美丽的女人让男人们目不转睛，可爱的女人却能让男人流连忘返。当你日趋成熟，蜕变为端庄而又美丽的女人之时，是否能守住可爱的灵魂呢？

我们都喜欢孩子，和孩子一起相处的时候，我们不会去担心被他们算计，不会去猜测他们笑容的背后是否藏着锋利的刀子。对于孩子们的小小恶作剧也不会觉得讨厌，反而更添一份对他们的怜爱。孩子们的调皮正是他们童真的体现，让人觉得非常可爱。

男人对女人也是如此。男人欣赏那些精明能干的女人，却总是喜欢那些不谙世事的小姑娘，不仅仅是因为她们年轻，她们美丽，更多的是因为那几分调皮。对于有些小调皮的女人，我们会忘记她的年龄，忘记她的身份地位，只记得这是一个充满着乐趣的可爱小女人，让人忍不住去疼爱。

可是偏偏有很多的女人，当恋爱稳定了，工作稳定了，开始变成一个贤惠的妻子，一本正经地打着生活的算盘。这是件多么可怕的事情，你开始成熟稳重得像是历尽沧桑的老人一般，这就意味着你开始对你的男人失去了吸引力。我身边就有许多这样的女人。

她在我们眼中是一个十分完美的女人，漂亮的外貌，聪明的头脑，良好的家世。最重要的是，她几乎具备了所有男人梦寐以求的"好妻子"所应该具有的一切品性。

她的家庭是一个非常传统并且守旧的家庭，她在成长中一直就是个中规中矩的乖乖女，并且也一直没有恋爱过。我们都认为能配得上她的男人，必定也是非常优秀的男人。可让人大跌眼镜的是，每次她去相亲，刚开始男方都会十分满意，但交往没多久往往都以失败收场。

后来有朋友把一个在上海打拼、也算事业有成的男性朋友介绍给了她，我们暂且称呼他为A君。A君对她自然是十分满意的，见面以后两人便正式交往了。就在我们满心欢喜的时候，却再次听说了A君和她分手的消息。大家都不懂，这么完美的女孩，A君为什么会拒绝她呢？A君的回答让我们大吃一惊，A君说，她太过于完美了，一个完美端庄的"妻子"，实在是

Chapter 1 完美恋爱，从改变自己开始

非常乏味啊。

  任何人都不希望有一个乏味的人生，但是生活中却不可能时时刻刻都有着惊涛骇浪。在如此平淡的生活之中，如果人生伴侣也中规中矩、平淡乏味，那岂不是连半点儿乐趣都没有了。男人也是如此，男人希望有一个贤惠的妻子，但男人绝不会迷恋上一个乏味的女人。

  在平淡的生活中，小小的恶作剧、小小的调皮都是美味的调味料，让生活充满乐趣。调皮是女人的天性，是女人最吸引男人的纯真。但往往许多女孩会不小心走上了"乏味"的反面，表现得过于调皮，过于恶作剧。要知道凡事过了头，好事也会变成坏事。调味料放多了，味道不见得会更好。

  要做一个调皮的魅力女人，但更要清楚地知道，什么时候应该适可而止。不要在他饥饿难耐的时候给他做不好吃的奇怪饭菜，更不要在他事情繁多的时候用小陷阱去捉弄他。在合适的时候，你的小调皮可能成为恋爱的增温剂；在错误的时间，你的调皮却可能成为他烦躁的根源哦！但无论如何都要记住，再端庄的女人，也要向你的伴侣展示小小的调皮，这是生活中不可或缺的调味料，更是你身体中蕴藏的最大魅力。

——♡【恋爱魔法贴士】♡——

  偶尔躲在拐角处，等他过来的时候吓他一跳；或者偷偷把他手机定个闹铃，录上你爱的表白。我们每天都可以做许多许多的小"陷阱"，让恋爱的甜蜜一直保持下去。

  调皮显示的是你的纯真，不是刻意的矫揉造作。偶尔试着把自己当成一个顽皮的孩子，重温童年的旧梦，也让你的他和你一起，再次回归纯真无邪的年代。

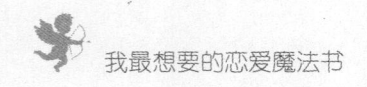

你不是他的"妈妈"

每个女孩子都有着天生的母性,有时在不知不觉中就把自己的男朋友当作孩子一般来照料。我认识蛮多这样的女孩子,温柔可爱,喜欢照顾人,体贴细心,但还有一点,就是唠叨,真的完全就像一个母亲一样。

喜欢一个人,自然是希望能为他做很多很多事情,自然是希望他能健康快乐。女孩们仿佛都是天生的母亲一般,不需要别人来教导,就能发挥母性的潜能。而男生总是粗枝大叶,大大咧咧,从来不会好好照顾自己,就是这样的特性,激发出了女孩们的母性,自愿承担起了照顾他们的责任。

容就是这样一个喜欢照顾人的女孩,平时就像一个大姐姐一样,对任何人都非常关照。容的男朋友当初也是非常欣赏容的热心,和她走到了一起。

容觉得抽烟对身体不好,每次看到男朋友抽烟都会十分生气地把烟头掐灭;容觉得喝酒也不是什么好事情,每次男朋友和他那帮哥们出去喝酒,都会夺命连环 Call。容的男朋友还是个大大咧咧的人,总是把家里弄得非常乱,容每次都去他家替他整理,边整理边数落他的不是。

每次听到容提到她的男朋友,都是在责备他不会照顾自己,但语气中却无处不透露着浓浓的爱。而容的男朋友呢?每次提到容都有些不耐烦,还常和朋友开玩笑说,自己多了一个妈。

后来过了没多久,便听说容和他男朋友分手了,因为一个女孩子。让容想不通的是,那个女孩究竟哪里比自己好。她不会照顾人,不会做家务,甚至有的时候还需要男朋友照顾。可是偏偏,容就是输给了这样一个哪方

Chapter 1 完美恋爱，从改变自己开始

面都不如自己的人。

  容的失败在我看来并不是一个特例，也许你也像容一样，为了你的他处处着想，为他安排所有的一切。你会责备他，会对他唠叨，但是你的出发点都是为了他好。可亲爱的女孩，你不是他的妈妈。他有一个疼爱他的母亲，有一个总是充满爱意对他唠叨的母亲，虽然他时常觉得母亲的唠叨千篇一律，但那是生养他的人，他不会因此而减少对母亲的爱。而你不一样，你和他没有任何血缘关系，他希望和你在一起能体会的是恋爱的快乐，而不是再多一个母亲的生活。

  在恋爱的时候，男人更愿意选择的，是在一起能够觉得开心、觉得放松的人。我们要明白女朋友和母亲之间是有着巨大差别的。不管他有多少坏毛病，你要记住，不要总是对他唠叨，如果爱一个男人，千万不要试图去改变他。用些体贴的小技巧，对他撒撒娇，这比以一个长辈的口吻来教训他显得更有用。

【恋爱魔法贴士】

  许多女孩子都不喜欢男朋友抽烟，可是你要明白，戒烟是件多么痛苦的事情，有多少的人都戒烟失败了。你可以试着向他撒娇，让他每天都少抽一点。千万不要说什么"爱我就戒烟"之类的话，反过来说，如果你爱他，为什么不试着接受他的一些你不喜欢的嗜好呢？

  男人都要面子，不管他的坏习惯多么让你不高兴，千万不要在他的朋友面前数落他，这会让你的男朋友觉得非常没有面子哦。

  青春最大的资本就是你可以做很多疯狂的事情，不要总是中规中矩，就算是个自律的好女孩，有时候也可以陪着男朋友做些无伤大雅的疯狂的事情。比如偶尔当男友提出一起做些小"坏事"的时候，不如顺着他吧，这些事情都可以为你们留下美好的回忆。当然，如果他说的事情是有所伤害的，那么就必须严词拒绝了。

  把自己当作他的朋友，而不是长辈，牢牢记住，千万不要变成他的"妈妈"。

爱他，从爱自己开始

自古以来，中国有着"三从四德"之说，"三从"是未嫁从父、既嫁从夫、夫死从子，"四德"是妇德、妇言、妇容、妇功。这些把女人的地位打到了最下层，仿佛一个好女子就不该有自我，而该为家庭牺牲所有的一切。但纵观历史上的那些故事，向来多是痴心女子负心汉。

自从提倡"男女平等"以后，很多东西都不一样了，女人也有了自己的梦想、自己的抱负，不再是男人的附属品。可是从天性上说，女孩比男孩更容易做梦，更容易投入爱情之中，于是，有许多许多的女孩子以爱情为理由，放弃了自己的梦想和未来。然而，一个连自己都不懂得爱、不懂得疼惜的女孩，又怎能让别人来爱她，又怎能让幸福来敲门呢？所有一切的爱，都应该从爱自己开始。爱自己不是自私，而是一种与生俱来的权利，更是让别人爱你的前提。

孟洁和她的男朋友是大学时候的同学，两人都是学校的风云人物，那个时候，他们简直就是学校里公认的一对金童玉女。大学毕业以后，孟洁的男友找到了一份不错的工作，而孟洁就计划着想要考研。可是这个时候，男友向自己求婚了。

原本结婚和考研这两件事没有多大冲突，可是在孟洁看来，如果答应了男友的求婚，就要做个好妻子；如果读研究生，很有可能会因此而冷落男友，造成两人感情受损。孟洁非常爱男友，于是便决定为了爱情牺牲自己的梦想。就这样，孟洁成为了一个家庭的妻子，并且决定专心照顾这个家。

没多久，孟洁怀孕了，于是便辞去了工作，专心在家做个全职太太。孟洁的老公为了能在工作上有进一步的发展，于是决定考研，好在他家里原本就比较富裕，也不用担心经济的问题。但是，因为要考研，老公就没有办

Chapter 1 完美恋爱，从改变自己开始

法照顾孟洁。而孟洁呢？心想着出世的孩子，又看着老公这么努力，心里感到十分幸福，便想把所有的苦都自己忍一忍，幸福总会到来的。

就这样日夜等待着，孩子出世了，老公也跳槽到了一家更大的公司，一切都进入了幸福的轨道。可是让孟洁感到诧异的是，原本该到来的幸福却迟迟未到，自己的付出换来的却是老公不耐烦的言辞，以及越来越晚的归家。

像所有故事的发展一样，孟洁的老公出轨了，面对孟洁的质问，老公只是说了一句，"在一起没感觉了，你再也不像从前那样有激情、有理想了，而是整天家长里短的"。孟洁非常痛苦，却始终不明白，自己牺牲了那么多，为了这个家付出了一切，甚至是自己的理想，为什么却换来这样的一个结果。

孟洁就是一个不懂得爱自己的女人，总是想着去奉献、去牺牲，从而可以得到自己想要的东西。女人总是认为，只要自己付出得够多，全心投入地去爱，就会有所回报。而当受伤以后就会开始责怪男人没有良知，天下乌鸦一般黑。但是，当一切都失去的时候，抱怨这些还有什么用呢？

"婚姻是恋爱的坟墓"，这句话仿佛真理一般被口口相传。我们不明白，婚姻明明应该是情到浓时的一种承诺，怎么却变成了把爱情埋葬的墓地呢？让我们一起来探讨这个答案吧。

人们都说恋爱中的女人是最美丽的，却没有人说婚姻中的女人是最美丽的。恋爱的时候，女孩子心里充满了甜蜜的幻想，总是让她容光焕发；并且女为悦己者容，为了让男朋友看到自己最美丽的一面，也时常为自己打扮。这个时候的女孩是爱自己的，为自己买漂亮衣服，把自己收拾得艳若桃花。然而，结婚以后呢？我们发现女孩开始蜕变为成熟的女人了，开始算计每一分钱，开始舍不得买贵重的衣服和饰品。而进入婚姻的"太太们"仿佛爱情已经修成正果，不需要再去用心维系，于是变得邋遢而随便。曾经美丽如花的女子，就这样变成

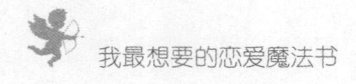

了邂逅的"已婚太太",自然是美丽不再。

再说恋爱的时候,我们没有负担,可以去追求自己的梦想,在谈及未来和理想的时候,让自己的男友也对我们钦佩几分。可是结婚以后呢?不乏许多的女人为了婚姻,为了家庭,放弃了自己的梦想,一心想做一个贤良淑德的妻子。我们就这样在婚姻里止步了,可是我们的丈夫却不一样,他们还在社会上拼搏,还在进步,我们的距离开始一点点拉大,越来越远。最终的结果呢?就是一条无法逾越的鸿沟,把一对璧人分隔开了。

爱情,不是忘记自己去投入。爱他,要从爱自己开始。懂得爱自己的女人,是最美丽的女人,也是最吸引男人的女人。

【恋爱魔法贴士】

千万不要去做那种付出一切的傻女人,当你失去自我付出一切的时候,只会让别人忽略了你。凡事都为自己考虑,不要去委曲求全。爱一个人,先要爱自己,才能让他爱你。最重要的是,你要懂得,爱情不是一定要以牺牲梦想为代价的。

将爱情大声说出来

暗恋是一种非常暧昧的情怀,那种偷偷注意某个人的感觉有时让人十分着迷。我们关注着一个人,他的喜怒哀乐控制着我们的情绪,我们偷偷为了他而微笑,也偷偷为了他而流泪。这一切,相信每个女孩都曾经经历过,暗恋着一个人,却不敢把那份爱说出来。

暗恋曾经带给我们无穷无尽的乐趣,我们可以在自己的世界里肆意地幻想和他的种种故事。但是暗恋也带给了我们无限的伤害,他永远不能感受到这份爱,也许某一天,他的身边有了另一个女孩,所有的幻想全部都土崩瓦解。

Chapter 1 完美恋爱，从改变自己开始

如果遇到了一个你深爱的人，千万记得要大声地告诉他你对他的感觉。生活不是偶像剧，不是所有男主角都能感知到女主角的一片心意，最后有情人终成眷属。况且，你又怎么知道你到底是不是他的女主角呢？

她和他从初中开始就是同学，又一起上了同一所高中，同一个班。她一直都暗恋着他，一直都默默地认为，他们是非常有缘分的，但其实，他们从没说过一句话。

他原本一直没有注意过她，一直认为她是个非常安静的女孩，也从没和她说过话。后来从同学口中听说，她非常喜欢他，为他写过许多文章、许多诗句。于是，他去翻看那些发表在校刊上的、充满了爱意的文字，他很讶异，这些真的是为他而写的吗？

她从未间断过对他的暗恋，总是认为有一天，他一定能够收到自己的心意，于是她拒绝了一切追求她的男孩子，总是在远处默默地看着他。

他开始注意到她，也开始有意无意地从她身旁走过。她是个太过安静的才女，让人觉得无法接近，他不敢贸然去说什么，小心翼翼地呵护着这份感觉，只希望有一天从她身旁经过的时候，她能叫住他。可惜，这一切都没有发生。

高中毕业的时候，他们依然没有在一起。在毕业的同学会上，她喝了一点酒，想要去告诉他多年来自己的感觉，却始终无法鼓起勇气。而他呢？等待着，直到一个女孩向他告白了，那个女孩却不是她。

后来，大学毕业……许多年以后，再一次的同学会，他们相遇了，那一晚聚会结束以后，他们一起走了很久。他终于开玩笑似的说起了当年同学口中的传言，还有那一篇篇充满了爱意的文章；她也终于笑着说起了自己对他曾经深深的爱。只是，那个时候，他已经成为了别人的丈夫，成为了一个孩子的父亲。而她呢？依然没有找到自己的归宿，等到说出爱的时候，却也只能用"曾经"作为悲伤的掩饰了。

"心有灵犀一点通"是一个美好的期望,可是在小心翼翼的试探中,却可能失去最为美丽的故事。我们害怕失败,害怕自己的美梦会破碎,于是我们小心翼翼地隐藏着一份美好的情感,只敢在梦境中诉说心中的那一份爱。

但是,我们又何曾想过,不说出来的这份爱,注定了失败。人与人之间始终隔着厚厚的皮囊,语言是上帝让我们互诉衷肠的桥梁,为何我们要将它抛弃?如果爱一个人,就大声地说出来,让他知道,让他了解,就算失败,但至少我们没有遗憾。

那些已经拥有了爱情的女孩们也是一样的,时刻记得说出你的爱,不要隐藏得太深,以至于他看不到哦。对家人朋友也是一样的,把心中对他们的那份爱大声地说出来,也许有些肉麻,但却是能让人幸福的话语呢!

【恋爱魔法贴士】

有许多人会选择愚人节来告白,既可以试探对方的心意,被拒绝了也不会让自己太没面子,可是也要当心对方以为你是拿他开涮哦。单身的你如果有暗恋的对象,也不妨一试啦,至少会让他开始注意到远处的你。

如果你有了男朋友,更不能忘记要告诉他你对他的爱哦,你喜欢听到他对你表达爱意,其实他也是一样的。说出来比默默地做能更快地传达你爱的心意哦!每天一句"我爱你",让爱情永远都能处在蜜月期。

不做"贤良淑德"的"好"女人

贤良淑德的女人可谓是极品好女人,男人的终极梦想。但是,为什么告诉你们不能做"贤良淑德"的"好"女人呢?这就要解释解释了。

在过去,"贤良淑德"可以说是一个对女人非常高的赞赏,一个贤良淑德的

Chapter 1 完美恋爱，从改变自己开始

女人是所有女人的榜样。然而，在现在，我们却开始误解了贤良淑德的意思，许多人成为了"贤良淑德"的"好"女人，却最终得到了痛苦和失望。那么，贤良淑德的真正意义又是什么呢？

贤，是指有道德又有才能的人，比如孔夫子就是"圣贤"，而皇帝的有才能的臣子也被称为"贤臣"。良，是说非常善良并且好相处的人，就是说女人要随和善良。淑，就是要有涵养，清纯。德，自然指的是德行，举止要优雅。总的来说，贤良淑德指的就是，一个有头脑、有主见、有涵养、识大体的女人。可是，现在许多女人却把最重要的"有头脑、有主见"给丢弃了，变成了一味迁就、牺牲一切的傻女人。

柯安找我哭诉她的故事的时候，我正结束了一段恋情，原因是男友要出国留学，而我不愿承诺去等待，我并未准备牺牲我所有的机会和时间去实践一个承诺。我的心中自然是有着许多的感伤，但当我看到柯安的时候，自己那些小小的感伤似乎不值一提了。

柯安非常憔悴，脸上还有未干的泪痕，让我完全没有办法把曾经光鲜亮丽的她和现在眼前这个形容憔悴的女人联系起来。柯安是个非常守旧的女人，她出生在一个非常古老的家族，听说曾经也是名门望族。在还年轻的时候，柯安交往过一个男朋友，当时是非常相爱的，交往了没多久两人便初尝了禁果，出了事情。当时，所有的好朋友都是不主张柯安和那个男生在一起的，觉得他配不上柯安。可是出了这个事情以后，给柯安带来了非常大的伤痛，柯安的母亲非常传统，让柯安和这个男人结婚了事，而柯安竟然也照做了。

结婚以后，柯安就决定要做个贤惠的妻子，一心觉得，只要自己努力，也会拥有一个幸福的家。在别人看来，柯安真的是个非常贤惠、非常开明的老婆，不管自己老公说什么都相信，让她做什么都照做。甚至老公在结婚了以后很久没有工作，柯安也从未责备过他，而是自己负担起了家庭的

开销,自己照顾年幼的女儿。柯安一直认为,自己只要做个"贤良淑德"的"好"女人,老公总有一天会为这个家、为她和他们的孩子而努力的。

可是柯安的贤惠并没有换来更多的疼爱,只是让这个浪荡子染上了更多的恶习,从赌博甚至到了吸毒。而柯安呢?一次次地失望,她却始终没法离开这个男人,一次次地用眼泪求着他回家。

柯安的善良恐怕要让古时候的妇女都自愧不如了吧,只可惜,这善良之中却不见贤德。我们对伴侣自然是负有一定责任的,然而,我们更应该的是对自己负责。柯安一心想要保住这个家,让女儿有一个父亲,却不知道,有一个这样的父亲,对女儿的成长反而是非常不利的。这个世界上谁离了谁都能好好活下去,不管发生了什么事情,地球也依旧每天都在转动。

不要总抱着希望,认为每个人都有自觉性,更不要认为自己的善良可以去感化别人,你不是观世音菩萨,没有无穷无尽的时间用来普济众生。女人就这么一辈子,要懂得为自己打算,真正贤良淑德的女人知道如何才能让自己的人生一帆风顺。"贤德"是用来审时度势的,"良淑"是用来做人处事的。

——♡【恋爱魔法贴士】♡——

用心去恋爱,但要用头脑生活。如果眼前这个男人不值得你付出,如果你已经走错了一步,那么赶快悬崖勒马。女人为自己打算不是错,没有谁规定你非要为他付出一切才是正确的。好女人也该有个限度,在决定对谁"良淑"之前,先用你的头脑好好思考一下吧!不要让爱情毁了你的生活,更不要让所谓的"责任"颠覆了你的一生。

Chapter 1 完美恋爱，从改变自己开始

每天想一件开心的事

亲爱的女孩，我们一起来想想，最近的笑容有没有变少呢？是不是觉得烦心事特别多呢？如果是的话，一起来调整一下自己的心态吧。

生活中不是所有事情都会一帆风顺，我们总会遇到许多不如意的事情，比如刚到车站，公交车就从我们眼前开走了；早早去排队，结果没有我们想吃的东西卖……生活中这样不如意的小事可多了，总会让我们心情变差。可是反过来想，让我们感到开心的小事情又何尝不是很多呢？刚走到电梯口电梯就来了，今天带了伞结果下雨了，去食堂最爱吃的菜竟然还剩最后一份……

生活就是这样，你可以留意那些不开心的事情，让自己陷入烦闷中；但同时你也可以去留意那些开心的事情，微笑一整天。多留意那些开心的事情，整个人也会豁然开朗，对你的恋爱也是大有帮助的哦！在这里就说一个我自己的故事吧。

我和男朋友上同一所大学，我应该算是个娇生惯养的孩子，脾气有时候特别不好，而且总是容易为一些事情感到沮丧。男朋友是我的学长，比我大两岁，处处都特别包容我。

还在上大学的时候，男朋友就时常说我太容易抱怨，去食堂吃饭没有喜欢吃的菜我就会摆臭脸很久，公交车等许久都不来就会开始生气，甚至有时候走错路也会像小孩子一样哭起来。他说这一切的时候是充满了关爱，我也从未在意过，依然我行我素，而他呢？也每次都锲而不舍地哄我开心。

后来他毕业了，我还在上大学。毕业以后的他非常忙碌，因为是刚开始进入社会打拼的时候，我也没有责怪他没时间陪我。有时候好不容易见面了，我便把几天的怨气都向他发泄，告诉他许多我不开心的事情。当然，

和以前一样，都是些鸡毛蒜皮的小事。那个时候我以为自己是非常通情达理的，从不责怪他在我不开心的时候不在我身边，只是在见到他的时候向他吐吐苦水而已。可是，我却渐渐发现，男友不再像刚开始那样哄我开心了，有时候在我身旁都有些心不在焉，甚至有时候明明能见面，却告诉我没有时间。

后来有一次，我偷偷去男友的公司，想要给他个惊喜，到的时候，我看见他和一个女孩在说笑，十分开心的样子。我心里有些吃醋，男友已经许久没对我笑得那么开心了，但是当时我们的感情已经处在了一个非常微妙的境地，我并不想因此和他吵架。他看到我去十分开心，显然心情十分好。后来说起那个女孩，男友笑着告诉我，那个女孩儿特别逗，总是有好多有趣的事情。看着男友说得起劲，我突然开始庆幸，自己终于明白了些什么，还来得及挽救我的爱情。

我明白的事情，相信聪明的女孩们也明白了吧。和开心的人在一起，自己也会开心，就像如果和一个不开心的人在一起，自己也会变得不开心一样。情绪是可以传染的，男友听多了我的抱怨，自然整个人也会非常疲惫，但如果他面对的是一个不仅不抱怨，反而总是很开心的人呢？相信所有的不良情绪也都能一扫而空了吧。

我们自身的情绪不仅仅对我们自己有所影响，对周围的人也非常有影响。做一个开心的人，会有更多的人愿意接近你，分享你的开心，也会让你周围的朋友以及你的恋人，都因为你的开心而变得开心。

生活中有悲伤也有喜悦，只要每天都留意那些小小的幸运，每天都想着一件开心的事情，笑容自然会爬上你的嘴角，阳光自然会照亮你的生活。要知道，就算乌云密布，在云层后面的天空也依旧是蔚蓝的。

——♡【恋爱魔法贴士】♡——

每隔一段时间我们就应该自我检讨一下，最近笑容有没有减少，抱怨有没

Chapter 1 完美恋爱，从改变自己开始

有增多；如果有的话，赶快让自己想想快乐的事情，让自己开心起来。

每天看个小笑话，然后告诉你的恋人，分享小小的幽默可以让小小的开心从一天开始。一定要记住，不管生活给予了你什么，用微笑去面对，用开心去接受。笑容会让你变得更加美丽动人。

除了恋爱，你还有梦想

年轻女孩子大多是恋爱大过天的浪漫主义者，大多年少时候的姑娘们都梦想过遇到那么一个人，一见钟情，缘定三生，然后跟随他去天涯海角，不去考虑什么得失，不去在乎什么未来。只不过，随着经历得多了，哪怕真的出现这么一个让你动心的人，你也要开始考虑更多除了爱情之外的东西了。这就是成熟，而成熟并没有什么不好，成熟能让你的人生过得更好，更少一些后悔和遗憾。

我认识许多女孩子，其中不乏那些恋爱大过天的，为了爱情可以舍弃学业、舍弃未来、舍弃梦想；我也认识那种非常理智的女孩，有着成熟的头脑，懂得衡量得失。那些不顾一切的天真女孩让我羡慕，她们勇敢地去追逐爱情，哪怕遍体鳞伤。然而现实的状况是，往往那样的女孩子轰轰烈烈过后，留下的也许是一生的伤痛，甚至是被摧毁的人生。

我的两个高中同学的故事给我留下了极其深刻的印象。

嘉安是个沉迷于爱情的女孩，喜欢看偶像剧，喜欢看言情小说，喜欢做白日梦。在嘉安的世界里，那种有些痞子气的男生对她有着致命的吸引力，那自然是韩国偶像剧看多了以后的后遗症。而在高中的时候，嘉安也确实遇到了么一个有着痞子气的男孩。

于是正好就像嘉安所喜欢的偶像剧一样，她和那个男孩就这样好上了。乖巧的嘉安开始半夜偷偷从家里出来陪着男孩去上网、去泡吧。也如

同嘉安的期望一样，男孩为她打过架，送过她玫瑰。尽管这个痞子一样的男孩没有钱、没有志向、没有未来，但嘉安依然义无反顾地爱他。年轻的嘉安把这份"爱情"当作了自己的梦想。

后来，嘉安的父母看着女儿的成绩一落千丈，就知道了她和那个痞子男孩的事情，在父母的反对之下，嘉安做出了一件惊动了所有人的事情：她和痞子男孩私奔了。

然而，没有钱、没有能力，爱情也只不过是一场泡沫而已。没过几个月，嘉安一个人回来了，肚子里已经有了一个小生命，而那个痞子男孩抛下她不见了。

还有另一个女孩可盈，她和嘉安一样，也喜欢那种有些痞子气的男孩。当时可盈的男朋友就是通过嘉安的男朋友认识的。

在嘉安和男朋友的事情闹得沸沸扬扬的时候，可盈却和男朋友分手了。可盈一直梦想着能到北京去上大学，但是可盈的男朋友就是一个小混混，没什么大志向。他对可盈极好，好得让可盈三番四次都想放弃自己的梦想了。他是第一个帮可盈洗袜子的男生，那个时候，可盈差一点就想放弃北京，永远和他厮守下去了。

最后，可盈还是和他分手了，考上了北京的大学。后来再遇到可盈的时候，她已经在一家外企上班，有了新的男朋友。无意中谈及当初的那段感情，她说，当时有些小小的虚荣，希望能在大城市的咖啡馆里悠闲地喝着咖啡，于是和他分手了。她还说，每次想起他帮她洗袜子的那一幕，心里总是有种莫名的感动，但是不后悔当初的决定。

　　轰轰烈烈的青春谁都有过，只是，聪明的女人明白，轰轰烈烈过后，必然只是平淡如水。那些傻傻的女人，却被天空中绚烂的烟花遮住了双眼，看不到绚烂过后的寂寥。

年轻的时候，我们为了一场轰轰烈烈的爱情，什么都可以不要。可是当我们为一段爱情舍弃一切,眼中心中只有爱情的时候,我们便不能够处之泰然,也不能够像起初一般不计较得失了。

一个失去自我、失去梦想的女人,是男人的一个负担,会让他感到疲惫,感到痛苦。而当我们为了恋爱放弃梦想的时候,我们便开始希望能得到更多,从而来补偿我们所失去的痛苦。只是,爱情里没有谁欠谁的说法,大家都是你情我愿的。那些把爱情当作一切的女孩却始终不能懂得,有一个词语,比爱情更加美妙,那就是"梦想"。

拥有梦想的人是最美丽的,也是最吸引人的。失去梦想的人就失去了所有的光彩,成为了一个附属品。当你没有爱情的时候,请给自己一个与爱情无关的梦想;当你已经拥有爱情的时候,也请坚持一个无关爱情的梦想。

【恋爱魔法贴士】

爱要全心投入,梦想要坚持到底。不管你是否在恋爱之中,都要记住你的梦想,在迷途的时候,它会成为指引你的明灯。每个人都该有一个梦想,与爱情无关。

不要把恋爱当作一切,只有这样,你才能充分享受到恋爱的美好,而不是成为恋人沉重的包袱。

女人不可丢的东西:自尊和自爱

在爱情中,我们总是要付出一些东西,从而才能够维系这一段感情。然而,虽然一段感情是来之不易的,但我们的让步必须要有底线,一个没有原则、没有底线的女人,只会被男人所看轻,而不会被男人所喜爱。同样,如果一段感情需要你不断地退让和付出来维系,甚至触及了底线,那么这一段感情也是不值得留恋的。

在人的一生中，有许多东西是十分重要的，无论什么时候都不能丢弃。尤其是女人，这些东西胜过所有的一切，那就是自尊和自爱。一个没有自尊的人难以在社会上立足，一个不懂自爱的女人更是无法获得真正的爱情。

有许多女孩因为没有邂逅到真爱而放纵自己，等遇到真爱的时候，却往往已经失去了最宝贵的东西；也有许多女孩为了保护自己的爱情一味地退让，迁就自己的恋人，最后却往往恋人和自尊一起失去；还有许多女孩因为失恋的伤痛而走向堕落之路，断绝了自己幸福的机会。这样的女孩是多么傻啊！爱是我们追求的最美丽的情感，然而在追寻爱的过程中，自尊和自爱却是永远不能丢弃的宝藏。

在我常去的一间酒吧里，有这样一个女人，她叫卫澜。她是这间酒吧里非常特别的一个服务生，是有名的"公共汽车"。据说只要是客人想，不用多少钱就可以轻易地得到她。她已经不是十七八岁的年轻小姑娘了，有些憔悴，但从五官上看，是个美人胚子。我注意她，是因为好奇，这样一个青春在流逝的女人，莫非从没为自己考虑过未来？

后来非常机缘巧合的是，一个朋友居然和卫澜曾经是同学。听朋友说她曾经是个非常优秀的女孩，交了个男朋友，是个花心大少。两人分分合合在一起很长时间，卫澜非常爱他，为他堕过胎，还在大庭广众之下跪着求男友不要分手。多少人都觉得不值，然而这姑娘就是死心眼，仿佛没了他活不了似的，其间还因为闹分手、闹自杀搞得人尽皆知。

可是后来，那个男人和另一个女人好上了，还是把卫澜给甩了。原本有着大好前途的姑娘，竟然受不了这个打击，跑到了另一个城市，做起了酒吧的侍应生。而在这人生地不熟的环境中，为了排遣寂寞，她开始和不同的客人发生关系。刚开始的时候，许多客人把她当宝一样地捧，后来知道无论是谁，几乎都可以和她在酒吧偏僻的小巷里来上一次，就渐渐自然而然地把她当成了泄欲的工具。

Chapter 1 完美恋爱，从改变自己开始

我也是女人，从卫澜的眼中，我能看出一个女人的寂寞和痛苦。然而，她却从未想去改变，或许说她曾想过，但是一切都来不及了，而她，也许也没有勇气再次离开这个熟悉的地方，再奔向另一个陌生的环境。

相信失恋过的女孩都经历过痛苦、迷茫、寂寞，尤其是那些依赖性极强的女孩们。我也相信不少女孩在失恋的痛苦之中曾经走上过堕落的路，放纵自己游移在不同男人和酒精之中。但我相信，大部分的女孩是可以从中恢复的。

我也曾在失去初恋的时候走向了堕落，寂寞得时时刻刻需要找一个人来陪伴、来温暖。然而，一具陌生的身体，又怎能给予你想要的温暖呢？我庆幸自己及时抽身，更庆幸自己没有犯下不可挽回的错误，否则当我遇到我的又一次幸福的时候，如何能够再抓牢呢？

在人的一生中总会遇到无数的挫折，失恋也只是其中一种罢了。也许真的痛不欲生，但无论怎样的痛也不能让我们失去自尊和自爱。在爱情中若是失去了自尊，我们就不再和恋人是平起平坐的，而是低人一等了，试问，他又怎会为一个低他一等的人再有所付出呢？如果在失去爱情以后我们连自爱都不懂，又怎么让人来爱我们呢？试想，哪一个男人会希望自己的女人是个随便的人呢？

守住你的自尊和自爱，才能够获得一份真正的爱情，也才值得爱你的人去好好爱你。

【恋爱魔法贴士】

在这里也不多说了，只有两个劝告：

1. 你可以退让，但绝不可以下跪。男儿膝下有黄金，女儿家也是一样的，忍让也需要一个限度，当它触及你的自尊时，你需要想一想，这段感情是否还值得你留恋。

2. 不管你是在寻爱的路上，还是在失去爱的痛苦中，永远都要记得，比起贞操，更重要的是自爱。相信我们一定会遇到属于我们的爱情，为了那一份幸

福,好好爱自己,好好保护自己,不要成为"随便"的女人。

好男人不是等来的

　　缘分是一种非常神奇的东西,可以作为我们幻想世界里的主线,也可以成为我们作为大龄未婚青年用来搪塞亲戚朋友的借口。在懒人哲学里,缘分更是占了主导的地位,爱情靠的都是缘分,而只要有缘,真命天子可能有一天就突然来敲你的门了。可是,等待许久未果的我们,是不是还真的依然相信有缘分呢?这个时候,缘分恐怕已经不是一种期盼,而成为一种自我安慰了吧。

　　有人说结婚就像买菜,有的人赶早儿,上早市里去挑各种各样的好菜;有的人懒得出去抢,于是就在等,等熬到了晚市,便也只能随便挑几颗别人剩下的菜来下饭了。如果你不是一开始就打定主意单身的女人,那么,还是早些去早市吧,不要等到把自己熬到晚市以后再去随便挑一个可以陪自己吃饭的男人。

　　李蓓和李薇是一对姐妹,但两人性格却迥然不同。李蓓从小就是个学习非常好的内向的女孩子,总是规规矩矩的。而李薇呢?活泼外向,特别爱玩。

　　在爱情观上,李蓓和李薇也有着极大的不同。李蓓一直认为,年纪还小,谈什么爱情,只是认认真真地学习,直到上了大学也一直都没有交男朋友。李薇可不一样,初中、高中就偷偷背着家里来了场无伤大雅的早恋。大学以后呢?更是马不停蹄地参加各种活动,认识许多不同的男孩子,大有要赶快把自己嫁出去的意思。

　　李蓓就这样一直都想着,缘分到了,好男人自然会出现的,然后一心好好学习,一直到读了硕士、博士。而在李蓓好好学习的时候,李薇却已经换

Chapter 1 完美恋爱,从改变自己开始

了几任男朋友了,最终找到了一个对自己非常好又十分有前途的年轻人。

年底的时候,李薇结婚了,成了美丽的新娘子。李蓓呢?已经成为博士了,可是却始终没有等到一个她想要的好男人出现。看着妹妹披上婚纱的时候,李蓓突然觉得,自己是不是也该考虑终身大事了呢?于是,李蓓开始了一轮又一轮的相亲。

李蓓是个优秀的女人,只可惜,来相亲的男人,未婚的要么就是些不怎么样的,要么就是离异的。自然,也有一些成功的人士出现,但大多是单纯地想结婚了,并不是想来一场恋爱。李蓓这才突然发现,自己已然过了轰轰烈烈恋爱的年龄,而自己的生命中,还没来得及去邂逅一个好男人,去谈一场恋爱。

生活中这样的乖乖女不在少数,按部就班地走着中规中矩的路,却突然发现不知不觉中,自己已经成了剩女,而那个远方的王子,却仿佛迷了路一般,一直没有来敲门。这个世界上有着那么多的男人和女人,并不像童话中主角只有王子和公主。当许多好女人把好男人都挑走的时候,你还剩下些什么呢?

好男人是等不来的,等过了青春的年月,等过了美好的时节,还有什么资本去争取呢?在最美好的时候,谈一场最美丽的恋爱,何必把最美丽的岁月都浪费在等待上呢?不知道大家有没有算过,我们一共有多少个明天,我们的青春又有多少个明天,而我们又浪费了多少个昨天。等待,是一场繁华的凋落,何不把等待变为追求。好男人不是等来的,恋爱是需要你勇敢去谈的。

在恋爱的过程中,你能得到的,不仅仅是一场婚姻,更多的是学会如何去爱,学会如何被爱,学会如何与爱人相处,学会如何去相守。同时,也给自己一个无憾的人生,给自己一场美丽的记忆。爱与被爱都是幸福的事情。

【恋爱魔法贴士】

有句话说,信命的人往往不如造命的人过得好。当我们相信上帝给我们安

排了一段缘分的时候,你有没有想过,如果那个人你不喜欢,如果那个人并不优秀,甚至那个人并不能给你幸福,那该怎么办呢?倒不如自己去挑选一个自己喜欢的,那不是更好?

一个年轻女人不一定需要婚姻,但是却需要谈几场恋爱,身边至少要有个可以考虑结婚的人。进可攻,退可守,也不用到最后慌忙委屈下嫁一个了。婚姻是一辈子的承诺,恋爱则是幸福婚姻的必修课程。

"我知道我很美丽"

有人说,自信的女人是最美丽的,这是有道理的。

一个自信的女人,她走路的时候昂首阔步,敢于把自己最美丽的地方秀出来让大家看到。无论是坐在大餐厅也好,坐在大排档也罢,她都可以处之泰然,不失优雅。一个自信的女人,她做事果断坚决,永远都相信自己。更重要的是,一个自信的女人,从来不会在男人身上寻找安全感,从来都敢于承担自己的感情。

试问,哪个男人会不喜欢自信的女人呢?

一个充满自信的女人,也许她不一定长得貌若天仙,也不一定身材窈窕得媲美模特,但是,她的自信却让她在任何时候都熠熠生辉,她的自信却让男人忍不住多看一眼。自信的女人,必然有着足以用来炫耀的资本。

说起小S,相信大家都是非常熟悉的,她主持的《康熙来了》可以说是台湾综艺节目的榜首,甚至在内地,也有许多人通过网络收看她的节目。她的漂亮时尚、精灵古怪让每个人都爱不释手,她收获了美好的爱情,事业也依然红红火火。这一切都让人不禁羡慕这个聪明而漂亮的女人。

看过《康熙来了》的人应该都知道,小S一向是十分自信的,自信自己的

Chapter 1 完美恋爱，从改变自己开始

美貌、自己的才能。而看过她刚出道时候的照片的人也应该会大吃一惊吧，当初的丑小鸭，已然蜕变成为了今天的白天鹅。

即使在姐姐大S美丽光辉的掩盖之下，小S也一直都是自信的，她没有因为别人说她不如姐姐好看就自惭形秽，把自己藏起来。她开始了变成美女的路程，大方秀出她带牙套的种种造型，《小S的牙套日记》也大受欢迎。直至后来成家、怀孕，小S也大方以"辣妈"的形象和大家见面。怀孕的她不仅没有害怕自己走样的身材被记者拍到，反而依然注意打扮自己，大方出现在公众场合。

客观来说，小S的长相在众多女明星中并不是十分出众的，然而她的自信，她的敢于表现，让她显得如此光彩照人，胜过了许许多多有着美丽脸蛋的女明星。她敢于告诉自己"我知道我很美丽"，自信，是她最光彩照人的地方。

自信的女人，何时都是最美丽的，因为她敢于秀出自己最优秀的地方，她敢于在任何场合都露出迷人的笑容。艳丽的容颜会随着岁月而消磨，而自信会是女人永恒的魅力。

自信是需要资本的，一个女人，如果没有足以让自己自信的资本，那又何谈自信呢？许多女人因为没有自信，总是畏首畏尾，可能因此错过许多美好缘分。也有的女人，因为对自己的不自信而缺乏安全感，总是对自己的伴侣疑神疑鬼，久而久之，对伴侣造成了沉重的负荷。

女人，除了爱情，还应该有自己的事业、自己的骄傲，这些都是你自信的来源。当你成为一个独立自信的女人的时候，你会发现，你已经能够清楚地知道，自己需要什么，你也能够放松地去享受爱情带给你的快乐，而不是总去追查他的真心。因为一个真正自信的女人，永远都知道，要让一个男人对你流连忘返，最好的方式，就是让他心甘情愿地乖乖留在优秀的你身边。

——♡【恋爱魔法贴士】♡——

自信和自负只有一线之隔，然而这一线却有着截然不同的效果。

自负的女人总是放大自己的优势,凌驾于众人之上,这样的女人不管是多么优秀,都只会让男人觉得非常有压力,自然不愿意亲近。当然,那些有受虐倾向、喜欢被女人控制的男人除外。

而自信的女人呢?她不一定是女强人,不一定在事业上有多成功,但是她一定有自己的爱好,并且有自己擅长的东西。她可能没钱,可能不漂亮,可能身材也不是很好,但是她有一份自信,知道自己的优势在哪里。她不卑不亢,和每个人都友好相处。她是美丽的,是聪明的,在和男人的交往过程中,她从不会患得患失,只是快乐地享受着爱情带给她的一切美好。

你是一个自信的女人吗?如果不是,那么赶快认清楚你的优势,为自己建立信心吧。你要相信,每个女孩都曾是天使,纯洁而美好。你要知道,你真的非常美丽。

"臭嘴"的女人没好命

世界上有什么东西能比那些温暖友好的举动更让人感到窝心的呢?而温暖的语言就是拉近人和人之间距离的最为重要的桥梁。有句俗话说得好,"良言一句三冬暖,恶语伤人六月寒。"懂得讲好话的姑娘自然惹人疼,而那些"臭嘴"的女人,恐怕连大好的缘分也会给破坏掉。

我身边那样"臭嘴"的女人还真不是什么稀世珍品,总是在不合时宜的时候说些不合时宜的话,长了一张"乌鸦嘴",真是不管多美丽的衣裳都无法遮住。

根据多年以来的观察,那些"臭嘴"的女人,大多情路都不会顺利,并且在和朋友交往的时候,也常常让朋友不欢而散。

聪明的女人懂得用一句话让尴尬的气氛变得轻松和谐,可是那些"臭嘴"的女人却偏偏有能力用一句话让和谐欢乐的气氛瞬间降至冰点。这样的女人,又怎么能奢望得到别人的喜爱呢!

Chapter 1 完美恋爱，从改变自己开始

何小珍长相还挺好，但是天生就不会看人脸色，生了一张"乌鸦嘴"，无论别人怎样规劝她别乱说话，她都没法子听进去，总认为自己说得挺有道理，都是自己心里的大实话。可正是因为这些大实话，她都快30岁了，还没能嫁出去。最后在家人的张罗之下，愣是不怎么让她说话，相亲"骗"来了个老公李强。

李强是个实诚人，虽然心中对何小珍的"乌鸦嘴"也感到不满，但刚结婚，也处处让着她，没和她计较。

有一次，李强的几个哥们凑份子请其中一个哥们阿伟吃饭，打算好好安慰他。因为阿伟最近生意失败，一直打不起精神。何小珍也去了，说想认识认识老公的几个好兄弟。

大家在安慰阿伟的时候，何小珍冷不丁一句："回家可得看紧点儿啊，你现在这穷酸样，小心老婆跟人跑了。"顿时大家气氛凝固住了，阿伟最近正怀疑自己老婆和一个小老板不清不楚，听到这句话，撂下饭局就走了。

就这样一而再、再而三，李强的哥们都非常不愿意和这个嫂子相处，让李强十分为难。

李强是开车的，出门讲究个吉利，每次出门何小珍都要开黄腔，不是说"小心撞到人"就是告诉李强"最近车祸可多了，你那破车出车祸几率可大了啊"……日子久了，李强也对何小珍一肚子窝火。

有一次李强又去跑车，结果外头真翻车了，人没什么大碍，住院期间何小珍照顾着，也没忘每天补几句"臭话"。李强出院的那天，坚决要和何小珍离婚……

做人应该诚实，但诚实的意思可不是说把你心里那些话都口无遮拦地说出来。我们对爱人的嘱咐会让他觉得窝心，但像何小珍这样如同诅咒一般的"嘱咐"，那还是算了吧！

由上面的故事，我们可以看到，"臭嘴"女人，始终带着三重祸患。

首先,这"臭嘴"女人祸害朋友。凡是有她在,必定没有好心情。本来打算安慰人,最后倒好,把主角给气走了。原本在发生事情的时候,朋友之间就该互相关心,互相安慰,给予心灵上的一种支持。而"臭嘴"女人呢?总是不会看局势,一句话出来,让刚恢复的情绪瞬间变得更加糟糕了。

其次,这"臭嘴"女人祸害伴侣。试想,这人天天出门就被人说会遭雨淋、会跌倒、会被车撞什么的,你吃得消吗?谁不想每天都有个好兆头,听些吉利话,"臭嘴"女人只能招人厌烦,让人失去好心情。

最后,这"臭嘴"女人还祸害家人。你想啊,她没有朋友,没有伴侣,那只能在家里发牢骚了,天哪,家里有一个这样的女人,不吉利的话语整天回荡在耳边,谁能忍受得了啊!

所以,女人啊,首先要管好你那张嘴。虽然八卦是女人的天性,但不懂得说话的艺术,往往会变成人见人厌的"乌鸦嘴"。

【恋爱魔法贴士】

如果你天生不会说话,那么就记住一句话,"少说话,多做事"。千万不要因为一张嘴,坏了一段友谊,坏了一段情缘,坏了一天的好心情。

如果你实在不善言辞,当你想给予别人善意的提醒的时候,一句"请小心"或"请保重"就已经足够了。

说话之前记住,那些像是诅咒别人的话的"提醒",还是咽到肚子里烂掉吧。

可以没有意见,但却不能没有主见

男人大多会喜欢那些没有主见的女人,因为这样她便可以任由自己摆布,不用担心她会变心,不用担心她会对自己有所怀疑,不用担心她会造反。

Chapter 1 完美恋爱，从改变自己开始

但正因为如此，男人有时也会不喜欢这一类型的女人，因为大多时候要为她操心，她生活中的大小决定全部要由男人来做，要决定自己的人生就够辛苦的了，还要承受双人份的，这太辛苦了！

那么，女人究竟该怎么办呢？

两个人在一起需要互相迁就，作为女人，对于男友的依赖性会比较强烈，在许多事情上，我们会更容易去接受男友的意见，做一个温顺的小女人。但如果两个人想要长久在一起相处的话，一方完全依赖另一方，总有一天会让他感觉到沉重。

所以，女人，你可以没有意见，但是却不能没有主见。没有意见，是因为你相信他、迁就他；但没有主见，就是在放弃你的人生，放弃你的自我。这样的女人，会让身上的魅力和光环慢慢失去，最终成为沉重的负担。

齐是我认识的一个弟弟，第一次见他女朋友的时候非常偶然，是在一个商场里面。当时我和朋友逛街，看到了齐和一个女孩子在讨论吃什么。女孩提出了很多建议，但齐都没有采纳，最后由齐决定了。

齐是个有些霸道的男生，我从那之后一直认为，齐的女朋友是个听话的小女人，什么都听齐的。但让我吃惊的是，那个女孩竟然是某公司的主管。

一次，和齐说起了他的女朋友，那个令我吃惊的女孩。齐告诉我，他对她也感到十分惊奇。刚开始他们交往的时候，女孩一直是小鸟依人的，不管什么事情几乎都由齐决定，他也以为她天生就是个没主见的人。

可是后来有一次，女孩打算换工作，放弃原本优越的工作，跳槽去另一家公司。当时，无论是女孩的家人还是齐都强烈反对，但女孩却毅然决然辞去了工作，丝毫没有犹豫。现在，还把项目做得有声有色，让所有人都大吃一惊。

齐在说女友的时候，眼睛里一直都充满了疼爱和欣赏，我也非常佩服

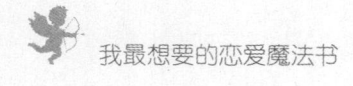

这个女孩子。

  一个女孩子可以没有意见，但是却不能没有主见。男人总说喜欢听话的女孩，但是一个没有主见的女孩子只会让男人越来越累。

  如果女人没了主见，那是一件多么可悲又可恨的事情啊，因为就连她自己都不知道自己要做些什么，应当怎样去爱自己、保护自己。她的人生，甚至不是自己在主导，因为她看不清楚前方的道路，不知道该往哪里前行。

  但有主见的女人也并非时时都必须要表现自己的观点。对于那些无关紧要的小事情，女人一向可以迁就男人。不发表意见，表示她们愿意迁就所爱的人，并且这些事情对自己并没有什么损害。

  上天赋予了女人温顺乖巧的性格，也让女人被冠上了优柔寡断、逆来顺受的负面形象。但这并不能阻挡女人成为内心独立、有自己想法的坚强个体。

  有主见的女孩子，在工作上，她会认真思考自己的兴趣所在，适合什么样的工作，怎样的工作才最有前途。

  在爱情上，她会冷静分析，她永远都懂得自己需要一份什么样的感情，自己需要一个什么样的男人。她会认真对待自己的爱情，永远不会徘徊在边缘，永远不会不清楚自己的想法。

  在亲情上，她永远都知道，那些唠唠叨叨听起来逆耳的话语，是对她的爱护和关心，尽管她偶尔会表现得不耐烦，但永远都不会不放在心上。

  在友情上，她能够分辨出什么样的朋友是酒肉玩乐的朋友，什么样的朋友是可以倾谈的真心伙伴。她不会背叛自己的至交，更不会一意孤行或任人摆布。

  有主见的女人是富有魅力的，是让男人无法抗拒的。

♡【恋爱魔法贴士】♡

  如何才能变成有主见的女孩子呢？有两件十分重要的事情要记牢哦！

其先,要充实头脑。

大多数女人没有主见是因为她们担心判断失误。而判断失误的原因无非就是对情况不了解和没有经验,以至于对自己没有信心。所以女人应该多读书、看报,充实自己的头脑,了解现实的状况。

其次,要有实际行动。

只有理论却没有实践就是空想、空谈。所以,一旦你储备了一定的知识和经验,就要着手行动,继而对你人生中的事情冷静、客观地分析,并得出结论。当然啦,你也可以先着手分析别人的事情,毕竟当局者迷,旁观者清嘛!

学会享受为自己花钱

记得网上有句话是这样的:女人一定要吃好、喝好、玩好、睡好,如果你把自己累死了,就有别的女人来住咱的房子,花咱的钱,睡咱的老公,还打咱的娃……

喜欢花钱的女人很多,舍得花钱的女人很少,舍得无所顾忌地为自己花钱的女人少之又少。对自己大方的女人一定比对自己抠门的女人过得舒服。

有些女人,天生就是存钱的命,拼命赚钱、存钱,却舍不得为自己花钱,到最后,赚了那么多钱,青春耗尽,也不知这钱有什么用处了。

也有很多的女人,在单身的时候,非常舍得为自己花钱。恋爱的时候,开始为男人花钱,也喜欢男人为自己花钱。可是,当谈及结婚的时候,当一切都稳定下来的时候,却反而开始舍不得花钱了,甚至也舍不得自己的男人为自己花钱。

可这样守财的女人,最后,却连自己的幸福都守不住。

秀琳是个非常懂得过日子的女人,非常朴素,当初柯俊就是看中了她这一点,觉得这个姑娘懂得节俭又淳朴,所以便和她结婚了。

柯俊虽然不是什么百万富翁,但收入也算中上,养活一家人不成问题,还可以时常去奢侈一番。秀琳嫁给柯俊以后,一直尽心做一个好妻子,把家里家外打理得井井有条,对一切都精打细算,左邻右舍都夸秀琳会过日子。

有一次,柯俊完成了一个项目,心里十分高兴,便到商场给秀琳买了一件裘皮大衣,想着回来给秀琳一个惊喜。可是让柯俊没想到的是,原本是一个惊喜,秀琳看着非但没有表现出开心,反而皱起了眉头,一个劲地追问柯俊价格,一直说柯俊浪费。原本充满兴奋的柯俊在秀琳的喋喋不休下,顿时像被泼了一盆冷水,心里十分不开心。

那件事之后,类似的事情又发生了几次,柯俊在高级餐厅订了烛光晚餐,秀琳却觉得太浪费,不如在家里自己做;柯俊订了高级酒店想带秀琳享受享受,秀琳却觉得柯俊浪费钱,不如回家睡觉。

后来,柯俊再也没有为秀琳花钱,再也没给秀琳制造浪漫了。因为他的身旁已经有了另一个女人,甜蜜地享受着这一切。

当秀琳知道丈夫在外面有女人的时候,她怎么也想不通,自己究竟哪里做错了,自己为这个家付出那么多,甚至已经许久都没有再添一件新衣服了……

女人啊,爱情要有,家庭要有,奢侈和自爱也一定要有。一个不懂得爱自己、宠自己的女人,又怎么能要求别人爱自己、宠自己呢?一个没有爱和宠的女人,又从哪里有半点儿美丽可言。

男人喜欢为心爱的女人花钱,你不花,自然有别的女人替你花。女人一定要吃好、喝好、玩好、睡好!生命是短暂的,女人的容颜如果不精心呵护,就更加短暂。而且,一辈子要过好,说的是要有一个好的过程,而不是只有一个好的结果。享受生命,就是要让这个过程多姿多彩。

假若让别人都锦衣华服,年少如初,并且从奢靡当中脱颖,换得几分优雅,

Chapter 1 完美恋爱，从改变自己开始

而你却是人老珠黄，你的那个他必然不会因为你的节省而对你爱怜有加，说不定正暗自心烦，想着如何把你抛却，自己则趴在墙头别枝红杏去了。

做女人，就应该抓紧一切机会享受自己应得的生活。吃得好，身体健康；穿得好，美艳动人；玩得好，情趣高雅，气质优雅……这样的女人，她的魅力是永恒的，做这样的女人，你的男人会爱你一辈子，并且尊重你。

女人，不要拒绝男人为你花钱，更要学会为自己花钱。女人要懂得宠爱自己，男人才会更加宠爱你。

【恋爱魔法贴士】

有一种女人，她的信条是：男人的钱，不花白不花。不管是什么男人，也不管自己爱不爱这个男人，只要有钱可图，她就能与任何男人谈情说爱。这种女人，有点像是货架上的商品，可以随便出售给任何顾客。用这样的信条去花男人的钱，实在是可悲。

有一种女人，只花自己男人的钱，但她为了有钱花，总是逼着自己男人拼命去挣钱，而不管自己男人累死累活。实际上，她心里并不爱自己的男人，她只是掠夺男人，压榨男人。这种女人不仅自私，而且冷酷。

有一种女人，虽然只花自己男人的钱，可她天性爱挥霍，总是随心所欲地乱花一气，而不管家境可否维持。这种女人，尽管往往显得可爱，但也可悲。

另一种女人，同样爱花男人的钱，但前提是，那男人必须是自己心爱的男人，花他的钱是一种快乐。这种女人，除了把钱花在自己身上，也花在自己男人身上。这样的人，男人最疼爱，男人最乐意让她花钱。

其实，真正的好男人，往往都很愿意为自己心爱的女人花钱，因为那是他的一份快乐。在他眼里，女人在花他的钱的时候，显得最可爱，就像是怒放的花朵，分外娇艳，男人为此感到满足，感到自豪，感到自己的价值，感到自己挣钱的意义。

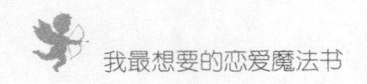

看清自己所站的阶梯

人的一生有很多不同的阶段,每个年龄段就是一级阶梯,我们都站在属于自己的阶梯上,并且时刻不停地向上攀登。

女人们都希望自己能永远年轻、永远美丽,但事实却是,我们每一个人都要面对时间的残酷,都要看着岁月拉扯尽我们的少女时光,然后我们走向成熟、走向年迈,直至走向死亡。

不管是否愿意面对,每一天,我们都在衰老;每一天,青春都在流逝;每一天,我们都在攀登着我们的阶梯。可是,偏偏有的人,青春已经溜走,却始终不愿意看清楚自己所站立的阶梯,依然停留在已经过去的时间里,做着与自己不合时宜的事情。

女人,不可能青春常驻,却可以美丽依然。那些真正美丽的女人们,永远都知道自己的位置,永远都懂得在合适的位置做着合适的事情。

18～28岁

多读书、多思考,其好处到你 25 岁以后会逐渐显现。知识才能改善命运,而老公只能改变你的生活。

争取考入一个起码二流的大学,当然一流最好。读大学的时候不要错过谈恋爱,更不要错过一切可以自我表现和锻炼的机会。

每天把自己打扮得漂亮可爱一点,投入地爱一次。

如果你不打算"丁克",条件又允许的话,趁着父母还可以做兼职保姆,抓紧时间生个小 baby。这种结果对于一个重视正常流水线生活的女人来讲是有必要的。

28~38岁

不要忘了抽空读读书、看看报,时尚杂志的数量最好不要超过40%,因为你已经不是个女孩子了,尽管你十分不情愿,但你还可以买毛绒玩具。

能不错过婚姻,还是不要错过。当然一旦错过,千万不要将就,找错人给你和他带来的伤害可能比不结婚还要大。

要有几个红颜和蓝颜知己,红颜知己可以让你了解和放松自己,蓝颜知己有助于你了解男人和这个社会。

学会与已婚男人愉快而又不越轨地交流,要学会拒绝的技巧。

超过28岁有男朋友的,如果没有什么大不了的矛盾最好不要考虑分手,尤其你还是个以结婚作为归宿的人。年龄越大,与陌生人磨合的成本越高,变成第三者的几率越大,不过,生活是自由的,单身有单身的寂寞和快乐,结婚有结婚的苦恼和孤独,如果不考虑以婚姻为归宿,那你就不必在意。

一定要做一个经济独立、思想独立的女人,在这个前提下,找个尊重你的好老公,毫无压力地做只小乖猫。

38岁以后

无论如何你都找不回从前的青春感受,看到周围的年轻人,只有两个字:羡慕。这时候的女人气质最重要,气质离不开内涵,感谢你曾经读过的书和奋斗、自省,以及乐观付出的生活历程吧,气质是装不出来的。

38岁以后的女人一定要有自己的事业,这个事业不一定是公司、生意,而是能让你的生活充实同时也能给别人带来或多或少正外部性的活动。

如果没结婚,还可以来一次恋爱。

聪明的女人永远知道什么时候该做什么,在不适当的时候做了不该做的事情,有一天回头审视自己的时候就会发现,自己的错误给自己的一生造成了多么大的影响。人生是一条不能回头的路,时刻都要看清楚自己所站的阶梯。

年轻的时候,女孩若是沉迷于谈情说爱而忘记充实自己,等到美丽在岁月中逝去的时候,除了孤独和残破的青春,你将什么也得不到。

该结婚的时候,如果你不打算一辈子单身,错过了婚姻,年龄越大,越难找到合适的伴侣。

结婚以后,如果还依然做着少女的白日梦,错过了体味平凡的幸福,甚至可能失去身边最珍贵的东西。

总之,聪明的女人懂得如何让自己在相应的阶梯之上扮演好自己的角色,安排好自己珍贵的一辈子。

【恋爱魔法贴士】

少女的时候,我们不妨偶尔尝试那些便宜而夸张的装扮,青春无敌,在年轻的时候,就该有些癫狂。

已经走向轻熟女的时候,就要适时收敛自己的张狂,懂得挑选有质感的装扮,以此来提升自己的档次。

当我们已经成为一个成熟的女人的时候,再也不是装天真的年龄了。成熟知性的韵味,才是这个年龄的追求。

当我们垂垂老矣的时候,更多的应该是一份悠然自得。那些艳丽的装扮和浓烈的妆容也该离我们远去了。

Chapter 2
他不是你的白马王子

我们会遇到各种各样的人,和他们发生各种各样的故事。在寻找真爱的途中,我们磨难重重,也许有时不小心就走错了道路,进错了城堡。女孩们,擦亮眼睛,看清楚那些穿着华服的不同脸庞,也许他让你动心了,也许他给了你希望,也许他十分优秀,但是,他不是你的白马王子!

第三者没有无辜

记得曾经看过一些对女孩子的劝告,其中一句是"别人的男人,不要碰"。有一段时间,电视剧《蜗居》特别火的时候,对于剧中海藻和宋思明出轨的那一段感情也是众说纷纭。有人说他们之间是感人的爱情,也有人大骂这两个是背叛婚姻、背叛爱人的人。

其实,暂且不说出轨的爱情到底是不是爱,但无可例外的是,这些故事很少有完美的结局。谁都无法预测到自己什么时候会爱上那个别人的男人,爱到被万人唾骂而无法离开。谁都知道"三儿"这个名称有多么难听,但有时候要放弃一段爱情却又痛苦万分。

爱上了别人的男人,注定要背负"第三者"的骂名,不管最后你是否上位,是否成为了那个男人的妻子,这段爱情都不是完满的。你伤害了另一个女人,并且还要随时担忧自己也会受到同样的伤害。

小璐在大学时候就爱上了一个已婚男人,那个时候她去做家教,教的是一个初中的小女孩。小女孩的父亲是一个生意人,非常年轻,也非常绅士,每次小璐上完课,小女孩的父亲都会开车把小璐送到学校,还时常会给小璐买很多有趣的小东西。开始的时候,小璐隐约感觉到不太对,但是又觉得对这个中年男人十分有好感,喜欢和他聊天,喜欢和他在一起。他和所有身边的男孩子都不一样,温和有礼,文质彬彬。并且,不可否认的是,和他在一起,也满足了自己对物质的欲望。

就这样,小璐成为了他的情人,并且最后真的是死心塌地爱上了他。他总对小璐说,自己是多么爱她,但是自己要对家庭负责。就这样,小璐做了他三年的情人,痛苦万分的三年。毕竟不是自己的男人,永远都见不得光。而让小璐更为痛苦的是,当她离开的时候,男人居然给了她2 000元。原来在小璐心中的一段爱情,就值20张纸币! 离开了,才发现,这三年除了那些残破的记忆,什么也没有。

　　何莉就比小璐幸运多了,她遇到那个男人的时候,已经走入社会开始工作了。何莉不是个单纯的小女生,她知道自己要的是什么。在和这个男人交往了一段时间以后,她爱上了这个男人,并且从物质方面来考虑,这个男人也是非常优秀的。而何莉比较聪明的地方就是沉得住气,逼得原配夫人闹上了单位,这一闹,婚自然是要离的。就这样,何莉顺利地上位了。可是结婚以后,何莉却发现,丈夫反而对自己似乎没多大兴趣了。她时常担忧着丈夫出轨,做过"小三"的她异常敏感,稍微有点风吹草动就竖起了耳朵,闹到最后,丈夫竟然真的出轨了。

　　爱情是最美丽的东西,总是让人欲罢不能,但除了爱情,我们还有更重要的东西。如果你爱上了一个男人,而他已经有了婚姻的责任,那么,请相信我,他不是你的白马王子! 他已经走进了别人的世界,你又何必苦苦追求呢?

　　女孩呀,你要知道,世界上有些东西比爱情更加重要,那就是自尊和自爱。也许你认为你们是前世注定的缘分,也许你认为你们彼此相爱,是天造地设的一对。那么,如果真的是这样,为什么不等他结束他所谓的错误的婚姻以后,你们再开始呢?

　　有些女人,你们想做一个伟大而善解人意的姑娘,你们静静地在他背后等待,把所有的眼泪往肚里咽。但背负的除了骂名还有什么呢? 爱情是两个人的事情,如果你能为他付出一切甚至是自己的名声,而他却不肯为你而付出些什么,这又何必苦苦抓住呢? 也许分离是痛苦的,但纠缠又何尝不是一种痛苦呢? 当你青春不再的时候,当你一个人孤独寂寞的时候,他不一定会陪在你的身边啊!

―――♡【恋爱魔法贴士】♡―――

　　对于一个已婚男人而言,他可以在外面对千万个女人说出情意绵绵的话语,但一般不会为了她们而放弃自己的婚姻。

对于一个已婚男人而言,他可以对你百般温柔、万般呵护,但那是因为你不是他的妻子。

对于一个已婚男人而言,所谓"真爱"只不过是一次充满刺激的猎艳。

同时,女孩们,你们要知道,他不屑一顾的妻子,曾经也是他深爱的女人。你现在是他深爱的女人,以后也会变成他不屑一顾的人。真正的好男人不论何时都懂得承担属于自己的责任。

是粗心,还是变心

男生总是粗枝大叶的,容易忘记今天是我们的生日,今天是特别的纪念日,甚至有时候忘记了我们喜欢什么或讨厌什么。不可否认,这样的男生当然是有的,他们永远不懂为什么女生如此看重每个日子,甚至还非常看重"今天是我们认识多少天啊",或者"我们第一次见面的时候我穿了什么呀"这一类的奇怪问题。

可是,当男生忽略了许多东西、忘记了许多日子的时候,他们真的是粗心吗?当你感觉到你的他忽略了你的时候,当你感觉到你的他开始改变的时候,真的要小心了,好好看清楚,他是粗心还是变心。不要总是安慰自己,男生都是粗心的,要知道,当他爱你的时候,他比任何人都要在意你的一切、你的一举一动。当你的他对你越来越粗心的时候,亲爱的,不要再用各种借口欺骗自己,与其等到他的离开,不如自己走得潇洒。

男人变心和粗心有什么区别呢?

1. 漠然。粗心的男人也许看到你哭泣会手忙脚乱,想不出哪里让你伤心了;但变心的男人看到你哭泣只会给你无尽的冷漠。

2. 装傻。再粗心的男人也能看到你脸上的疲惫和不开心吧,可是变心的男人只会对一切视而不见,当你责备的时候便开始装傻,"我不知道呀"、"我没注意"这些话层出不穷。

3. 忙碌。有的人确实是工作狂,总是不小心就忽略了你。但是某一天你突然感觉到他莫名其妙地忙碌起来,并且再也不会围着你转的时候,要小心了啊!

4. 嗜睡。工作完一天十分疲惫是自然的,可是如果长此以往的,家里只是睡觉的地方的话,那么你对于他已经没有任何意义了。

5. 沉默。也许你要说,很多男人都不爱说话呀。可是爱你的男人会倾听你的话语,尽管不爱说话也能让你感到他在倾听;变心的男人可就没有那么多耐心给你了。

6. 忘记。粗心的男人可能突然忘记今天是情人节,但不会忘记你最喜欢吃巧克力;当他不爱你的时候,就算记得也只会忽略过去,选择忘记。

7. 自私。爱你的时候,会给你所有一切;不爱你的时候,自然不会考虑你的感受。当你觉得他变得自私而不再顾及你的时候,还是离开吧。

8. 愤怒。爱你时候的他是不轻易对你发火的,就算脾气再暴躁的男人也不舍得你因为他而掉眼泪;但不爱你的男人,你的眼泪只会增加他的怒火而已。

9. 绝情。当你的他对你任何一点点小错误都表现得非常绝情的时候,难道你认为这还会是他的天性所致?不要那么傻了!

10. 陌生。是不是突然觉得你们之间虽然没有争吵,仿佛相敬如宾,却多出了几分陌生感呢?那是因为他在和你保持距离。当两个人之间爱已经不存在了,你还指望什么呢?

有句话叫"当局者迷,旁观者清",沉浸在爱情中的女人总是因为舍不得一段苟延残喘的爱情而选择自我欺骗,自己蒙上眼睛,不去看,不去想。但是,当

Chapter 2 / 他不是你的白马王子

一切都不可挽回的时候,就算你不看、不想,也永远不会回归到原来的面貌。

和一个粗心的他在一起,也许会偶尔因为被忽略而流眼泪,但是却不会多添寂寞,连擦眼泪的人都没有。女人总是容易欺骗自己,妄图用一个个谎言来掩饰着感情的千疮百孔。我们知道该发生的始终要发生,却不愿意在梦里醒来,害怕独自面对那些曾经的记忆。可是,女孩们,你们可曾想过,当你们在留恋着一段苟延残喘的感情的时候,也许会错过真正属于你们的那一份美丽的缘分。

既然不能好好拥有,不如潇洒放手。给他一个喘息的机会,也给自己一双寻找幸福的翅膀。

——♡【恋爱魔法贴士】♡——

到底你的男朋友是天生粗心呢,还是在默默变心?擦亮眼睛看清楚,才能想好对策百战不殆哦!

如果你真的爱他,那么这个时候你要知道,和他谈话是没什么用的,他也许并不愿意对你承认,而当他承认的时候,感情也就走到了尽头啦!不如想想你们当初在一起的美好的事情,可以和他再一次重温曾经的激情。

当然,如果连美好的回忆都无法引起他的共鸣,亲爱的,还是算了吧,收拾好你的心情,他不是你的真命天子。

"破镜重圆"却少不了裂痕

年轻的时候,我们容易冲动,可能仅仅因为一次争吵,下不了台阶便选择了分手。于是等这劲头过了以后,又不由得回忆起了他的好。就这样,年轻人中总是少不了分分合合的情侣。有的甚至就这样一直分分合合,到最后竟然也一起相伴走向了婚姻的殿堂。

可是，既然说是年轻人的冲动，那么等我们都日趋成熟以后，是不是要认真地想想，这种分分合合究竟是冲动呢，还是两个人真的不合适？人总是容易在一个合适的场景，释放出一些曾经的热情。尤其是当遇到旧爱的时候，在一个寂寞的夜晚，两个人相逢，突然回忆起曾经在一起的种种，于是就很容易旧情复燃了。不排除有的人真的依然相爱，在一起以后能幸福美满，但是有许多的人都只是应了当时的景，而又因为没有什么合适的人，也许是寂寞了，也或许是想回到过去的幸福之中，于是两个人就这样再次携手并进。只是结局往往都不会太美好，曾经的争吵再次重演，甚至更甚于上一次。

况且，再复合以后，我们总是忍不住去探究，在分手的一段日子里，对方的感情是否有过变化，对方的世界是否有过其他人的插足。这就是人的天性，总是忍不住要打破砂锅问到底。然而大部分的时候，那些答案都不是我们想要的。破镜重圆是一个美好的向往，然而，破镜就算真的能够重圆，也再不是之前的那一面完整无损的镜子了。

何华和李明就是一对总是分分合合的情侣，当初谈恋爱的时候就不知道闹过多少次分手了。可是偏偏很奇怪的是，两人硬是一直没分掉，大家都说这就是一段孽缘。就这样，磕磕碰碰的，居然还把证给领了。

结婚以后，两人的争吵并没有减少，反而越来越多，结婚两年以后，居然以离婚收场。何华觉得对这段感情也十分疲惫了，于是便想从中跳出来。这个时候，她遇到了安伸。安伸和李明不同，安伸是个非常成熟稳重的男人，对何华这种小女人万般呵护。就这样，何华和安伸在一起了。但是何华已经对婚姻缺少了安全感，迟迟没有答应安伸的求婚。

在何华和安伸在一起快一年以后，有一次安伸去出差了，那天晚上，李明居然来找何华，让何华大吃一惊。李明在何华面前十分憔悴，开始诉说自己分手以后有多么后悔，求何华回到自己身边，还一直说着两人当初在一起时的种种美好回忆。何华看着眼前这个男人,毕竟是和自己在一起那么多年的人,不禁有些心软,再回忆起曾经的种种,潸然泪下。那一晚,何华和李明发生了关系。

在安伸回来以后,何华苦苦挣扎了许久,忍痛和安伸分手了,再次和李明过起了婚姻生活。但是第二次再和这个男人在一起时并没有如何华所想的那样比前一次好多少。更让何华痛苦的是,复婚以后,李明总是有意无意地追问起何华和安伸在一起的时候有没有发生过什么。何华再一次陷入了苦恼之中,却不知道该如何是好,她没有勇气再去离一次婚,更加没有勇气再回到安伸身边了。

一面摔破的镜子,不管修补得多么严丝合缝,背后始终少不了裂痕。分手可能不一定代表这段感情是错的,但分手至少说明了你们之间有许多的问题,如果不能解决这些问题,那么不管复合多少次,也会因为同样的问题而最终分开。何华就是如此,明明遇到了一个更加合适的男人,却因为对未知的恐惧,而选择了那个更加了解却始终节奏不合拍的前夫。许多女人何尝不是这样呢?因为不敢接受一段新的感情,因为在那么一瞬间被回忆所感动了,于是重蹈覆辙,再一次陷入了错误的故事之中。

俗话说,好马不吃回头草,虽然不是事事绝对,但毕竟有它的道理在。已经尝试过,并且以失败而告终,为何不去寻找更加适合自己的恋情,而非要走进死胡同把自己困死在里面呢?一辈子,我们有无数次的机会与爱情邂逅,不要画地为牢,禁锢住了自己寻找爱情的步伐。

【恋爱魔法贴士】

对前男友要小心,先明确你们是因为什么而分手的,如果你们之间依然存在这样的问题,不如把美好的回忆储存起来,留给彼此一些美丽吧。

对前夫更是要小心,试想你们连结婚了都能离婚,彼此是多么不合适啊,何必非要再次把自己关进那个牢笼呢？回忆再美好也只是回忆而已，没有任何力量，重要的是眼前的幸福。

如果他的妈妈不喜欢你

谈恋爱是两个人的事情，我们彼此之间的喜怒哀乐别人都管不着。但我们不可能一辈子都在恋爱呀，大部分的女孩子都希望自己的恋情能以婚礼的殿堂作为归宿。但是，结婚就不仅仅是两个人的事情了，选结婚对象比选男朋友更加困难。

结婚是两个家庭的联合，而不仅仅只是两个人的爱情故事。有许多女孩子在没有经历婚姻之前，总是抱着一种非常单纯的向往，以为结婚只要爱情就足够了，结婚以后可以日夜厮守，他会为你遮风挡雨。如果你真的是抱着这样的想法去结婚，那么我还是要请你三思而后行了。

做一个男人的老婆，同时也就意味着你要成为他们家的媳妇，更加意味着伺候公婆的重任已经压在你身上了。而当你嫁入他们家以后，可能你们约会的次数会急剧减少，而比起和他甜蜜，你更多的时间将会用在料理家务以及与他母亲的沟通上。料理家务等都不是难事，你要记住一句话，在同一个家庭里，容不下两个没有任何血缘关系的女人。对！最难的事情，就是如何搞定他的母亲。搞不定你未来的婆婆，那么劝你还是不要嫁进去的好。

前一阵子有个电视剧，名字叫《媳妇的美好时代》，讲述的是一个非常特别的故事。女主角毛豆豆就嫁进了一家有两个婆婆的家庭。为什么会有两个婆婆呢？那是因为男主角的父亲离过婚，后来又结婚了，前妻和现任妻子加起来，就是两个婆婆。真是三个女人一台戏啊。

毛豆豆真的是个非常贤惠的姑娘，当初嫁进去之前也都得到两个婆婆的喜欢，但是那两个婆婆说起来还是情敌呢，这毛豆豆就成了她们互相较劲的棋子。最后好不容易终于嫁了进去，却发现婚姻之中潜藏着太多的问题。无论自己做什么，婆婆总是万般挑剔，嫌这里不好，那里不好。尤其是还要面对两个婆婆，对这边好吧，怠慢了那边，对那边好吧，又怠慢了这边。

我记得有个情节印象特别深，是毛豆豆老公的亲妈病了，接到了他们家里住，因为要上班，毛豆豆就寻思着请个保姆。结果呢？让老公去说了这个想法。这婆婆一听就生气了，说肯定是毛豆豆给出的坏主意，说她不想照顾自己。好在毛豆豆的老公也深知他妈的脾气，把所有事情都往自己身上揽，好说歹说才终于同意了。这原本是件好事，可是却把婆婆给惹怒了。这些在现实生活中也是层出不穷的，一段婚姻的结束，除了夫妻本身的问题，大多时候与婆媳关系是有着非常直接的关系的。

没看过电视剧，相信有一篇文章是大家都读过的吧——《孔雀东南飞》。一个贤良淑德的女子嫁入了夫家，两人琴瑟和谐，恩爱非常。可是丈夫的母亲，也就是刘兰芝的婆婆不喜欢她，硬是把这对如胶似漆的夫妻给拆散了。棒打鸳鸯，最后闹出了一个千古爱情悲剧。

"婆婆"这个角色在婚姻生活中的地位，可以说不是主角却胜过主角。如果在你们结婚之前，你的婆婆不喜欢你，那么你可要三思。在她能接受你之前，千万不要贸然地把自己搭进去。要知道，恋爱只需要爱情，婚姻却还需要很多客观条件，日日与婆婆斗法的日子并不会好过。重点是你要记住，对于你的丈夫而言，母亲只有一个，就是那个生养他的女人。而妻子呢？无论他有多么爱你，始终只是妻子而已。也许在他心里，你非常非常重要，但任何一个有些孝心的男人都不会为了你而伤害他母亲的心。而如果一个不懂得尽孝道的人，相信也不是个值得托付终身的人吧。

婆媳关系有时其实就如同情侣关系一般，任何一个母亲都始终觉得自己的儿子是全天下最好的人，你的任何一点小失误都会让她觉得你配不上她的儿子。而自己生养多年的儿子身边突然有了另一个女人，自然也少不了有那种儿子被抢走了的感觉。在婚姻里，男人很难，他要做老公，也要做儿子；在婚姻里，女人更难，她不能让老公有太大压力，又要善于化解与婆婆的矛盾。

———♡【恋爱魔法贴士】♡———

如果他的妈妈不喜欢你，那么如果你能做好忍受一切委屈的准备的话，我不反对你嫁进去。

如果他的妈妈喜欢你，恭喜你，你的第一关过了。但是你要记住，她永远不是你的母亲，不会像母亲一样包容你的许多错误，反而她会比一个陌生人更加挑剔。

送给每个准备结婚的女人一句话：对你的婆婆就像对你的妈妈那样好，但永远不要以为她是你的妈妈。

酒吧里遇到的男人，要小心

酒吧长期以来就是一个充满了神秘感的场所，一联想到酒吧，仿佛就能想到那些背后藏着故事的男男女女，想到那些充满刺激的猎艳故事。酒吧是一个完全夜生活的场所，每个人都能把自己藏在黑夜里，窥探着别人的一举一动。有的人就仿佛猎手一般，观察着自己的猎物，随时准备出击。

酒吧里的男人大多是"猎手"，但有时也会被那些有备而来的"猎物"所抓住。但不管是猎手或者猎物，凡是深谙酒吧"潜规则"的人，都不会抱着寻找另一半的心去酒吧。对于他们而言，酒吧只是一个猎艳的场所，一个排遣寂寞的地方。所以，当你在酒吧认识一个男人的时候，要小心，也许你已经在不知不觉之中成为了他的猎物。

Chapter 2　他不是你的白马王子

　　小雅刚上大学的时候就爱上了泡吧，尤其喜欢夜晚打扮得性感妖娆去酒吧。小雅非常漂亮，每次都能成为男人的焦点，每次也都有人会为她埋单。

　　一天晚上，小雅像平时一样打扮得非常漂亮，坐在吧台前面没多久，就有一个长相帅气且全身散发着成熟魅力的男人靠了过来。男人举止非常优雅，当时就让小雅仿佛被电击中了似的。男人用非常好听、非常有磁性的声音告诉小雅，他已经注意她好久了。小雅突然被这种陌生的气息所征服了，内心一阵狂跳。

　　这一夜，小雅没有像往常一样回去，而是接受了男人的邀请，和他一起去兜风、散步。男人的车非常漂亮，小雅坐在里面的时候心中一瞬间觉得自己就仿佛是灰姑娘一般。小雅一直等待着男人询问她的名字、她的一切，但男人始终没有开口。那一夜，小雅第一次感到有一个人会那么呵护自己。散步的时候，男人轻轻揽住小雅的肩膀，轻柔得像是怕把她弄碎一般。在湖边的时候，男人在她耳边说着软绵绵的情话，仿佛他们就是一对热恋中的情侣。每次一触及男人火热而深情的目光，小雅就不由自主地陷了进去。

　　那一夜，小雅上了他的床，那对于小雅而言，是一场美丽的回忆，她就仿佛是他的女神一般，受到无限温柔的呵护。可是，这个故事并不是一见钟情然后幸福快乐的童话故事。第二天，小雅醒来的时候，他已经不在了，没有留下任何东西，只有一场尚存余温的欢爱。

　　小雅再一次见到那个男人的时候，是在另一间酒吧里，她看到他温柔地揽着一个女孩的肩。小雅对他展示了迷人的微笑，之后便转身离开了，回去以后大哭了一场。那一夜，她付出了自己的真心，却原来也只是酒吧"潜规则"的一次艳遇而已。

　　很多时候，我们在酒吧里遇到的男人总是柔情似水、情深似海的，仿佛比我们在日常生活中遇到的所有男人都温柔、都优秀。他们对你每一分、每一秒都呵护备至,但你最终会发现,他们要的不是一段情,只是一夜的温柔。因为短暂,所以每一分、每一秒都当成最后一分、最后一秒来过;因为短暂,所以可以把自己所有的温柔、所有的热情都全部倾注。而女人却往往容易被这短暂而热烈的激情所蛊惑,不知不觉中付出了自己的真心,以为是一段刻骨铭心的爱情,却只收获露水姻缘,一夜风流。

其实,男人的柔情都是一样的,那个愿意永远陪在你身边的人,因为时间的漫长,往往不会一次把所有柔情都倾注在你身上,甚至有时候还可能对你有所冷落。那些只想拥有一个美好夜晚的男人往往愿意在这一夜为你疯狂,但这一夜之后,也就只是点头之交罢了。酒吧里的男男女女都抱着各自不同的目的,希望能排解自己的寂寞。酒吧里遇到的男人,要小心,也许,你已经成为了他的猎物。

【恋爱魔法贴士】

当你在酒吧里遇到一个男人,而你已经爱上了他的话,劝告你,千万不要成为他这一夜的床伴,这样,你或许还有希望能和他有一段恋情的发展。

当你已经成为了他的床伴,却又偏偏爱上了他的话,劝告你,把这一夜当成美好的回忆就好,不要试图找到他,向他索要一颗真心。

当你想要寻找一个终身伴侣的时候,劝告你,不要去酒吧找男人。

他要的是一夜情,还是一世情

在古代的时候,一个女人的脚要是被一个男人看了,就算不上是清白之身了,男人是要负责任的;但是现在,别说是脚被人看了,就算爬上了他的床,睡在

Chapter 2 他不是你的白马王子

了他的身边,你也未必能够让他负上责任。

男人是能够把性和爱分开的动物,女人在发生性的时候,却往往会开始幻想爱。只不过,聪明老练的女人懂得及时制止自己的幻想,把自己控制在安全的范围以内;而那些不谙世事的女孩子却往往以为性的发生总是伴随着些许爱恋的。

在结识一个男人的时候,我们必须要明白,他和你发生身体的关系,并不代表他将与你共度后半生。男人往往不会拒绝送上门的好处,但也往往不会愿意把送上门的女人装进心里。看清楚他要的究竟是一夜的温柔,还是一生的守候,不要把自己的心搭进去以后,还把最后的尊严也给丢了。

刘爽刚进一家公司,活泼漂亮的她成了公司里的开心果。刘爽的上司是个非常英俊的男人,刘爽是新人,对上司也不畏惧,有时候还敢和上司在公司里开玩笑。而刘爽的上司也特别喜欢这个性格像个假小子的漂亮姑娘。

有一次,公司的人出去聚餐,那晚上司喝了很多酒,听说好像是和女朋友吵架了。临走的时候,刘爽和上司正好顺路,便大义凛然地接下了送上司回去的任务。刘爽费了九牛二虎之力扶着跌跌撞撞的上司回到了他家。上司是一个人住的,家里收拾得井井有条。进门以后,刘爽把上司扶到了沙发上,帮他敷毛巾。上司一把抓住了刘爽的手,气氛突然变得十分暧昧,上司突然吻了刘爽。

原本两人只是朋友关系,而刘爽更是没有想过会和上司发生什么,然而,这一吻却让刘爽突然陷入了这份柔情当中。刘爽突然感动了,觉得上司对自己那么照顾,一定是深藏着一份感情。这一夜,刘爽没有离开,她留在了上司的家里,两人发生了一夜风流。刘爽沉浸在爱情到来的喜悦之中,久久不能自拔。

后来,事情并没有像刘爽想象中的那样发展,上司对自己并没有什么变化，依然和以前一样。再后来，刘爽还看到上司和他的女朋友依然一起出双入对。刘爽感到自己被欺骗了，非常伤心，跑去质问上司，而上司却是一脸不屑地告诉刘爽那只不过是逢场作戏罢了。

对于他而言，他只是在一个寂寞的夜晚应景做了该做的事情罢了，两个寂寞的人一起取暖，哪说得上谁该对谁负责啊。

有暧昧的气氛，心血来潮的兴奋，再加上一个没有拒绝的女人，这对男人而言就意味着将有一场风流情事。然而，风流仅仅也只是风流，男人从不认为自己会让这一场风流插足自己的生活。而女人呢？总是想太多，最后把自己给感动了，让自己坠入了一场爱情之中，于是总是错把男人所需要的一夜情，当成了一世的情缘，最后也不过是自取其辱罢了。男人给你的性，永远不代表他对你爱的承诺。

还有的女孩，以为只要把一夜情变为几夜情，就可以慢慢抓住男人的心，从而变成一世的情。这又是何等的愚蠢啊！在他正好寂寞的时候，你来了，他自然可以毫无顾忌地把你抱在怀里取暖。然而，这并不意味着他想让你成为他生活中的伴侣。而这时候，女人如果再去要求他负责，那对于他而言是多么可笑，一切都是你自己主动的，怎会变成了他的责任！

认清楚男人的心，他想要的究竟是什么？如果他只想要一夜风流，那么不要妄图因此而插足他的生活，倒不如潇洒离开，留给他最美丽的记忆。美好的东西，如果一次次为他而敞开，也会变得一文不值。女人，要有自己的坚持，更要守住自己的尊严。

——♡【恋爱魔法贴士】♡——

如何才能知道他想要的是一夜情还是一世情呢？其实非常简单，一般在一种合适的暧昧氛围之下，没有任何承诺的男女是非常容易发生事情的，这个时候你要做好他想要的只是一夜情的准备。尤其是当他对你没有任何言语的承诺,只是想寻求你的温暖的时候,那么,现在的他并不想和你相守,只是想要做一件应景的事情罢了。

当事情发生以后,如果男生没有进一步的表示,那么亲爱的女孩,还是把它当成一场艳遇吧!此时的你如果去找他讨要真心,那也只是自取其辱罢了。更不要试图自己在寂寞的夜晚成为他的安慰,这并不会让你在他的心中变得更有地位。

爱你,所以和她上床?

男人在性的面前总是非常软弱的,这也是男人容易因为性而出轨的原因,然而,男人也是有大脑的动物。

男人总是会用一些谎言来遮掩自己身体的不忠诚,而让人大吃一惊的是,相信这种谎言的女人还不在少数。女人们总是听着男人的谎言,把男人所犯下的错误都归结到了自己的身上,而对这种谬论的相信,也只是女人为了逃避现实而已。

然而,背叛,无论用多么华丽的词句去装饰,都掩盖不了它的本质。口口声声说着爱我,那为什么却不能因为对我的爱而守住你身体的忠诚呢?如果这份爱连身体的忠诚都无法守住的话,我们又何苦为它投入一切?到头来,伤痛的,也只是我们对爱情的期望和一颗忠诚的心罢了。

佳禾是我认识的一个非常单纯的小姑娘,她是个非常传统的女孩,一直认为婚前是不该发生性行为的,应该把自己的一切都为未来的老公而保留。

后来,佳禾恋爱了,对象是一个大学同学,那个男人一副文质彬彬的样子,对佳禾特别好,佳禾也基本上认定了他就是她未来的丈夫。在交往的过程中,佳禾的男朋友也向她提出过那方面的要求,但是都被佳禾拒绝了。男方表示能理解佳禾,这让佳禾更是觉得自己选对了人。可让人没想到的是,有一次,佳禾的一个朋友居然看到佳禾的男朋友和一个女人进了宾馆。后来在一班朋友的帮忙下抓了个正着,佳禾感到十分伤心。

后来,佳禾的男友来向她道歉,佳禾起先不肯原谅他,男友痛哭流涕地对佳禾说,那个女人是自己的前女友,因为他爱佳禾,想要娶她,但自己也有生理问题需要解决;还说什么他的心在佳禾那里,而那个女人只不过是他发泄生理问题的工具而已。让人没想到的是,他这一番厚颜无耻的言论居然让佳禾回心转意了。然而,一个男人可以这样子贬低和他上床的女人,这样的男人真的值得依靠吗?

无独有偶,丽娟也是这样一个心软而相信了男人谎言的女人。丽娟性情非常温和,和丈夫原本也是过得相亲相爱。后来丽娟怀孕了,丈夫居然憋不住,出去找了小姐。丽娟知道后非常气愤,但让丽娟没想到的是,丈夫不但没有改过的意思,甚至一副很有道理的样子,说国外的妻子都会拿钱给丈夫去找小姐,是因为那些妻子深明大义,知道丈夫也有生理问题需要解决;又说自己出去找小姐发泄,是因为丽娟在怀孕,为了她的身体和他们的孩子而做的权宜之计。一番颠倒是非的言论,让丽娟无话可说。为了孩子,丽娟不希望这个家被拆散,只能睁一只眼闭一只眼,直到丈夫在一次找小姐的时候被抓进了警察局。

女人总会因为男人几句甜言蜜语就心软,从而原谅了一次又一次的背叛。究其原因,还是因为女人太想求安稳,总是害怕生活中出现变故。于是,当变故发生以后,想到的不是去面对,而是去逃避,一次又一次地逃开,装作看不见,装作听不见。尤其是这个时候如果男人再发表一些言论,说一些甜言蜜语,女人就真的以为什么都没有改变,他还爱我,他的心还在我这里。这就是女人的"鸵鸟"思想,总以为只要蒙起眼睛,就可以置身事外。

Chapter 2　他不是你的白马王子

人非圣贤，孰能无过，每个人都会犯错，有的错误我们可以挽回、可以原谅，但有的错误却会造成一生的伤害。尤其是当男人犯了错误而认为是理所当然的时候，如果此时女人纵容了，那么这个错误将会一再扩大，直至把你努力维持起来的现状全部打垮。

【恋爱魔法贴士】

当他说他的心在你这里，身体却没有对你忠诚的时候，不要犹豫了，给他一个耳光转身离开吧！这是女人最后的一丝尊严。一份连身体都守不住的爱情，不值得用你的自尊去死守。

男人总会犯错，懂得认错的男人尚有一丝希望，把这次错误看作理所当然的男人，可以直接给他判死刑了。不要以为视而不见男人就会感激你，这只会助长他再次犯错的心思而已。姑息养奸，永远都是自取灭亡的第一步。

仰望的姿势让人累

门第观念是中国自古就存在的，尤其是古人，相当看重"门当户对"。其实直到现在也是如此，只不过现在的恋爱比起从前来说，算得上是自由许多的了。因为这门第观念的存在，使得历史上出现了许多因家族反对而发生悲剧的恋人。当然，其中也不乏许多少爷和丫头、小姐和园丁恋爱的情事。

我并非一个有着强烈等级观念的人，但对于"门当户对"这一说法，我却认为是我们祖先的一个无与伦比的智慧。我所说的门当户对，并不是看重财富的对等，而是一种价值观和世界观的对等。要知道，一个人在成长的过程中，家庭给予他的影响是不可估量的，他背后的家庭直接对他的世界观和价值观造成了影响。而一段婚姻的稳固更是基于家庭成员价值观和世界观的相近，如果两个人这方面相差太大，在许多问题上是无法互相理解并且沟通的，除非有一个人肯作最大的让步。

　　我们总是希望能找一个优秀的老公，但是就如同我上面所说的，一个比你优秀太多的人，你们之间存在着鸿沟，这是难以跨越的距离，他未必能带给你你想要的幸福。要知道，一直抬着头仰望一个人，是件多么辛苦的事情。

　　安琴就像是个现代版的灰姑娘一般让所有朋友都欣羡不已。但她的苦处，恐怕也只有她自己知道了。

　　安琴长得非常漂亮，虽然家里情况非常一般，但美丽温柔的她总是有许多人追求，其中也不乏一些富家子弟。穆成就是追求安琴的人之一。

　　穆成是个非常优秀的人，家世非常显赫，除了巨额的财富以外，穆成和那些暴发户不一样，他的家族是一个非常庞大而古老的家族。穆成从小接触的人中，大多是被培养得聪明能干的富家千金，而温柔可爱的安琴，让他感觉十分新奇，同时也激起了他的保护欲。就这样，穆成和安琴在一起了，还上演了一出现代爱情剧，穆成不顾家族的反对，毕业以后直接把安琴娶进了门。就这样，安琴跟随穆成到了他的家乡，一个完全陌生的地方。如果是美丽的童话故事，到这里就该画上句点了。只不过，生活依然还是要继续的，不可能永远定格在这一点上。

　　穆成娶了安琴以后，对她十分呵护，但是渐渐地，穆成发现，也许是由于生活的背景不一样，安琴身上许多的小缺点让他开始感到有一些厌恶。

　　安琴的家庭并不是十分富有，懂得过日子的安琴十分节俭，对超市的大特价也十分热衷。虽然嫁给了穆成，但安琴仍然一直非常节俭，这原本是一件值得称道的事情，但在穆成看来，安琴却像是一个喜欢占小便宜的市井小民；并且安琴和穆成谈论的话题，永远都是东家长西家短，穆成跟她说工作上的事情她也不懂。原本穆成深爱的就是安琴的小女人，现在却让穆成感到了厌烦。

Chapter 2 他不是你的白马王子

而安琴自己呢？也感到十分痛苦，她不知道自己做错了什么，总是让穆成不高兴。而且在这个家里，安琴也向来是没有什么地位的，受了委屈也没地方可以诉说。穆成从小娇生惯养，少不了大少爷脾气，安琴的日子过得噤若寒蝉，一点儿都没有当初想的那样幸福。

两个人的家世背景不一样，直接导致的是他们对事情的看法也不一样，而往往这个时候，矛盾就产生了。安琴嫁入豪门让许多人都艳羡不已，但是作为一个没有背景、自己也没有能力的女人而言，这无异于把一头小绵羊丢进了狼群之中。

两个人过日子，争吵是在所难免的，但在婚姻中的争吵却意义非凡，它不仅仅是两个人的抗衡，更是两个家族的抗衡。如果你没有足够的能力敢站在和他同等的位置上与他争执，那么至少你的家族要有能力作为你的后盾。如果两者都没有，那么你注定就是那只被狼群包围的小羊。

选择一个比自己优秀太多的男人不一定是一种幸福，除了收获外人的羡慕，还能得到的，只是噤若寒蝉的生活。真正能给你幸福的人，必定是和你站在同一条线上的人。抬头仰望，是一个太过于辛苦的姿势。

——♡ 【恋爱魔法贴士】♡——

当你准备和一个王子级别的人展开一场婚恋的时候，先问问自己，你是否有足够的能力让这位王子深深地折服？你又是否有足够的能力可以不卑不亢地平视他背后庞大的家族？如果没有，那么，你的家族又是否能够强大到足以弥补这一切？如果不能，亲爱的，为了你的幸福，请你放弃吧。有的人，你真的要不起。

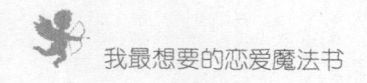

如果你是公主，请选择骑士

性格不合应该是分手理由排行榜上的榜首了吧，任何时候，只要你想分手，你都可以用这个作为借口。当然，这也是可以搪塞外界对你们恋情关心的万能借口。一句性格不合，还能说什么呢？江山易改，本性难移，谁能为谁真把自己的性格都改掉呢？

性格不合确实是让人非常头疼的事情，很多时候并不是不爱了，而是真的不合适。大家对事情的看法不一样，大家在乎的东西也不一样，不免时刻引发"世界大战"。原本两个人在一起就是希望能够比一个人过得快乐，可是偏偏在一起后比自己一个人还要痛苦，那又何必苦苦纠缠下去呢？但这世界上不开窍的人还真的很多，以为爱可以化解一切，以为只要有爱就可以幸福美满，最后只是让自己更加遍体鳞伤而已。

宝玲是家里的小公主，活泼可爱，但是脾气非常不好，时时要人宠着。宝玲上大学的时候是第一次离开家去住校，没过多久，就哭着嚷着要回去，像极了一个不懂事的小孩子。宝玲好不容易适应了学校的生活，没多久就谈恋爱了。

宝玲并不是第一次恋爱，她对恋爱有着一种小女生的执着，也许是享受那种被宠溺的感觉吧。和宝玲恋爱的男孩子在家里也是那种大少爷，被人宠惯了。宝玲喜欢上他是学校艺术晚会时候的事情。宝玲唱歌特别好，报名参加了艺术表演，后来经过调整，便和这个陌生的男孩搭档一起唱一首情歌。男孩长得非常帅气，也特别会打扮，这种颇有浪漫气氛的相遇，让宝玲觉得，他就像是王子一般。就这样，两个人看似顺理成章地在一起了。

Chapter 2　他不是你的白马王子

可是，恋爱以后的宝玲却仿佛烦恼更多了。两人的争吵从来没有停止过，谁也不愿意让步。宝玲非常黏人，希望自己的男朋友能时时刻刻陪伴在自己的身边，但是男孩却是个喜欢和朋友一起出去玩的人，希望能有自己的空间。就这样，宝玲觉得自己委屈，总是发脾气，男孩觉得宝玲幼稚，脾气不好，也对她发脾气。于是，争吵就这样愈演愈烈。

原本这事儿也容易解决，直接分手就好了。可是宝玲偏偏就特别依赖他，不愿意放手，仿佛认定了他就是自己的王子一样。

其实，在这期间，宝玲也认识了一些不错的男孩子，对宝玲也特别好。但是每次宝玲总是在心里把他们默默地比较以后，还是觉得那些男孩子要么不够帅气，要么家里不够富裕，总之，总是有一样不如自己的男朋友。宝玲就这样一直抱着她的王子情节，和男孩纠缠不清，最后两人勉强是结婚了，却因为争吵闹得家无宁日，宝玲始终没有得到她想要的"王妃"一般的幸福生活。

许多女孩其实都像宝玲一样，想要找一个王子，而当那个王子出现了以后，你却发现你们各方面有许多差异，总是争吵不停。但是他各方面"硬件"却又都是如此符合你的心意，于是你便怎么也舍不得放手了。可是，女孩们，如果你们自己就是个任性的公主，怎么去和一个同样任性的王子组建美好的家庭呢？两个螺丝怎么也不可能组成一套的呀！

如果你是公主，你的骑士比王子更加适合你。也许你和王子在一起会引来众多欣羡的目光，但王子不会像骑士一样纵容你的任性，王子更不会像骑士一样，只要你需要他，他随时都为你效劳。也许你的骑士相貌平平，也许他没有王子所拥有的财富，也许你觉得作为一个公主，嫁给他是一件多么吃亏的事情，但如果这些能换来你想要的爱和幸福，难道你还不愿意吗？

如果你是公主，如果你不愿意一步步为那个王子退让，就选择你身边的骑士吧。也许你更喜欢眼前的王子，但你要知道，不适合你的东西，强行留下，也永远都不适合你。恋爱也许可以随心所欲,但如果要走向永远,适合的才是最好的。

───♡【恋爱魔法贴士】♡───

选择男朋友的时候,虚荣心也会左右我们的选择。在你的虚荣心作祟的时候,闭上眼睛好好想一想,是别人的目光重要呢,还是自己的幸福重要。

世界上没有最好的东西,只有最适合你的东西。两个合适的齿轮能运转一部巨大的机器;但如果两个齿轮不适合,不管这部机器有多么精妙,也是不可能运作起来的。

他和前女友是好朋友?

萧亚轩有一首歌叫做《最熟悉的陌生人》,里面有句歌词是这么唱的:"我们变成了世上最熟悉的陌生人,今后各自曲折,各自悲哀,只怪我们爱得那么汹涌,爱得那么深,于是梦醒了,搁浅了,沉默了,挥手了,却回不了神……"爱过,因为爱得太深,也伤害彼此太深,所以难以介怀,再难以成为从前的好朋友。熟悉而又陌生,这就是经历了爱以后分手的情侣们。

有许多人都说,分手了也依然可以做朋友。当然我不反对这种说法,不能说所有人分手了以后就一定要形同陌路。但我们也不可否认的是,有许多人和旧爱做朋友,想要的并不是单纯的友谊,其中还掺杂着不愿放手的情思。分手了,也许真的可以做朋友,但那些共同经历过的美好回忆,却让彼此难以再找到单纯的友情。与旧爱做朋友,永远都有一段"危险距离"。

辛雅是个非常开明的女孩,给男朋友许多自由。按照辛雅的说法就是,

Chapter 2 他不是你的白马王子

男人这种东西，抓得太牢反而会跑得太快。

辛雅的男朋友一直都和前女友有联系，而辛雅对此十分释然，因为她其实也和前男友有联系。辛雅觉得，分手了，两个人也依然是可以做朋友的，于是也就觉得男友和他前女友是好朋友也没什么不可以。

但就在前几天发生的一件事情，却让辛雅开始对自己长期以来的想法有了怀疑。那一天晚上，辛雅的前男友来电话，好像是因为和女朋友吵架的缘故，喝醉了。当时辛雅的男朋友正好有事不在，辛雅便想，朋友间去帮个忙也是正常的。可是让辛雅没想到的是，当辛雅把前男友搀扶着跌跌撞撞走到一条小巷的时候，前男友竟突然压住她开始强吻她。辛雅从没有想过会和前男友再发生什么，所以非常气愤地推开了他，回到家里以后大哭了一场。

第二天，前男友给辛雅发短信道了歉，说以为辛雅一直在他身边是因为还对他有感情。辛雅非常吃惊，她从没想过前男友竟然一直这么认为，而她同时也想到了男友和他前女友。那晚，男友回来以后，在辛雅的追问之下，男友终于说出其实前女友一直希望能和他复合，在和辛雅交往的期间，曾经有一次和前女友一个冲动，再次在一起了。之后因为自己非常内疚，所以前女友每次一有事情叫他去，他都不会拒绝。虽然男友再三保证自己的心里只爱辛雅一个人，只把前女友当作好朋友，但是此时辛雅心里却十分迷茫，也十分难过。她不知道，男友和这个"好朋友"的藕断丝连，自己应该如何去面对；也不知道对于男友的一次出轨，在以后的日子里，她是否还能一如既往地爱他。

回忆虽然仅仅只是回忆，但不可否认，我们对旧爱始终还是有那么一些留恋。毕竟两个人曾经有过美好的回忆，在一个合适的时间、合适的地点，曾经的那些美好总会让我们陷入头脑不清醒的状态之中，从而很容易就犯下了错误。尤其当分手并不是双方都自愿的情况下，总是会有一方抱着破镜重圆的幻想。

分手以后，也许我们会偶尔问候，但却不能再成为形影不离的好朋友，因为我们彼此相爱过，也彼此伤害过。

所以，当你的男朋友和他的前女友依然频繁见面，并且告诉你他们是好朋友的时候，亲爱的，你需要好好考虑，这份爱情你是否还需要保留。我曾经认识一个女孩，她的男朋友背叛了她，和另一个女孩在一起了，他们五年的感情就这样付诸东流。然而，女孩原谅了他，并且说愿意继续和他做朋友。女孩告诉我，他们在一起五年，虽然爱情没有了，但其中已经存在了一份亲情，难以磨灭。后来女孩再次恋爱了，非常幸福。在过年过节的时候，女孩依然会给前男友发祝福短信，但除此之外再无其他交集。我记得曾经问她怎么平时不和他联系，女孩告诉我，因为存在一份感情，所以说好还要做朋友；但因为彼此已经有了各自的生活，那就没有必要再去打扰。

——♡【恋爱魔法贴士】♡——

分手了依然可以做朋友，但是却要留给彼此一段距离。如果只剩下友谊，对彼此有一定的关心也就够了，不需要像情侣一般时刻形影不离。亲爱的女孩，当你的男友和他的前女友是好朋友的时候，你该估量的是，他们之间的距离够不够远。如果她总是不论什么时候都会找你的他帮忙，那么不要犹豫了，果断地告诉你的男朋友"Stop"。要记住，"前女友"永远都是一个充满了危险的对象。

委屈不一定能求全

我们都听过一个成语叫做"委曲求全"，我们也都看过许多电视剧中，贤惠的妻子不管受尽多少苦痛，都依然傻傻地等着自己的丈夫回头，最后终于感动

Chapter 2 他不是你的白马王子

了铁石心肠的丈夫。古人也都说"浪子回头金不换"。然而，在今天，我们不由得要思考一下了，委屈真的能够求全吗？而这求来的"全"真的是你的幸福吗？

女人的青春非常短暂，如果你的男人让你委屈，你真的值得用自己最美丽的年华去委屈，等待着他那一点点的垂怜吗？或许有一天他的青春也不再了，他回到了你的身边，因为他再也没有资本去为别的女人挥霍了。这个时候，当你终于"守得云开见月明"的时候，这些真的是你想要的吗？眼前的男人终于懂得疼惜你了，可惜现在的他已经把所有美好的东西为别的女人付出了，而你呢？也在委屈中失去了自己一生最美妙的时光。

女人，是要被疼惜的，不应该在委屈之中让自己的青春悄悄溜走。委屈，求到的，不一定是你想要的幸福。

韶华年轻时候是个非常漂亮的姑娘，她和她老公是在火车上一见钟情的，要说他们的故事，真是比电视剧还精彩，比言情小说还浪漫。韶华和她的丈夫一见钟情以后，一个女孩子家直接"杀"上门去了，就这样，两人经历了一段惊心动魄的恋爱，之后结婚了。

韶华的丈夫是个长相帅气、性情风流的小伙子，似乎天生就是为了招蜂引蝶的。他对韶华并不是不好，但是在外面始终有着那么几段不清不楚的关系。韶华嫁给他以后并不像之前想象的那么幸福，丈夫的风流让她十分痛苦。韶华脾气并不是很好，她并不是那种忍气吞声的人，一抓到什么就和丈夫劈头盖脸地吵起来，而每次争吵的结果，要么就是丈夫一言不发进了房间，要么就是直接穿了外套就出门了。韶华在这段婚姻中受尽了委屈，可是又偏偏舍不得放弃。有时候争吵得哭了，丈夫就抱着她说："不然我们离婚吧……"每次说到这句话，韶华就会哭得更凶，说什么都不愿意离婚。

后来有一年，家里发了大水，日子过得非常苦。那个时候，韶华刚生下儿子没多久，眼见家里日子日渐辛苦，丈夫便决定带了家里的钱到深圳下海做生意。那段日子真的非常痛苦,韶华带着儿子完全靠亲戚的接济过日子,丈夫一去没了消息。到后来好不容易有消息的时候,韶华才知道,原来丈夫被骗进了传销团伙,身上所有钱都没了。那段时间,丈夫还和别的女人同居了。韶华的心已经千疮百孔,但看着年幼的儿子,再加上自己对丈夫的爱,韶华一咬牙,把孩子托付给了娘家,独自一人去深圳,把落魄的丈夫带了回来。

许多年以后,韶华的青春已经不再了,这个家还是完整的,虽然丈夫依然会出去,偶尔她能听到些流言蜚语,但丈夫始终也安定地陪在了自己身边。每次看着丈夫和儿子,韶华心中都有着复杂的情感,这些年来好不容易是守住了这个家,可是那些痛苦却在心里留下了永久的烙印。

原本该是最美好的岁月,原本该成为最幸福的女人,可偏偏爱上了那样一个男人。有人觉得韶华很傻,为了这样一个男人付出了自己所有的一切;也有人觉得韶华很伟大,坚守住了一个完整的家庭。我们很难去说韶华的付出到底值不值得,恐怕连她自己心里都一直不清楚吧。委曲求全是一个充满了痛苦的过程,你在其中将要遇到的苦难谁都无法预知。甚至,在你受尽委屈以后,能否得到一份完整,也依然是一个未知数。

爱情是一种缘分,有的人偏偏就是爱上了那样一个男人,愿意为他付出一切,在付出的时候也许算是一种幸福吧。我无法责怪一个甘愿付出一切去死守一个男人的傻女人,只是想告诉千千万万的女孩们,当你爱上一个让你受尽委屈的男人的时候,问问自己,你真的愿意为了一份未知的感情,为了一个不懂得疼惜你的男人,把自己的青春、自己的美丽、自己的一生都投进痛苦的深渊吗?人生只有一次,青春也只有一次,当美丽凋零的时候,回首自己走过的路,后悔也不能重来。

——♡【恋爱魔法贴士】♡——

拥有一段美好的婚姻,胜过一个人的生活;但拥有一段痛苦的婚姻,不如一个人好好过。我不能阻止下定决心要为爱情付出一切去委曲求全的女孩们,但我想告诉你们,当你们为了一个男人受尽万般委屈的时候,要知道,你们的美丽正在为此而慢慢消磨。而如果你们依然固执,那我只能祝福你们了。

不要爱上"穷男人"

选男人就等于变相地选择了你的人生,不管你是居家型的小女人,还是职场上叱咤风云的大女人,你的伴侣对你人生的影响是不可忽视的。在这里要奉劝各位姐妹们,千万不要爱上一个"穷男人"。

我是个相信爱情的女人,更加不会因为面包而放弃一份来之不易的爱情。但现实给我们的启示就是:没有面包,连爱情都要不起。当然,在这里要先说明一点,我不是个金钱至上的人,但为什么会告诉各位不要爱上"穷男人"呢?这里我们先来看一个真实的故事吧,从中我们可以知道,什么样的男人叫做"穷男人"。

柯丽是我的一个同学,一个长相非常漂亮的女人。柯丽的家庭并不是十分富裕,大学毕业以后,工作也就一般吧,但这些工资也足以让这个年轻的女孩过得不错,并且能把自己打扮得光鲜亮丽。

柯丽不是一个拜金女,她非常信奉爱情。当时有两个男人在苦追她,一个家境不错,但人有些木讷;另一个家里没什么钱,人长得倒是很帅气,也懂得讨女孩子欢心。柯丽义无反顾地嫁给了那个帅气的男人,把金龟婿给拒绝了。然而,这位爱情至上的姑娘能得到所谓的幸福吗?我们一起看看她结婚以后的生活吧。

柯丽的丈夫只是一个打工仔,没什么本事也没什么上进心,在柯丽嫁给他以后,不得不把自己的工资用来补贴家用。甜言蜜语总是有说尽的一天，实实在在的生活才是爱情最后的结局。柯丽和丈夫开始有了争吵，大多时候为了钱，后来柯丽怀孕了，孩子在肚子里八个月的时候，她还要挤公交车上班。柯丽的丈夫工作也十分累，但钱却挣得不多，回来以后就坐在电脑前打游戏，所有家务都由柯丽一手包办。再见到柯丽的时候，曾经那个水灵的姑娘却仿佛已经老了十岁。

与柯丽有着类似遭遇的梅安却幸运多了。梅安的丈夫是个从农村来的小伙子，当初梅安也是不顾家里人的反对，硬是和他结婚了。夫妻两人日子过得也很清苦，梅安的丈夫一直觉得对不起她，对梅安十分好。后来小两口商量着开了一家火锅店，生意倒也红火。虽然梅安的父母依然觉得女儿受了委屈，但见梅安的丈夫对她那么好，又有上进心，也就接受了这个女婿。

恋爱和结婚是两回事，恋爱的时候我们可以去爱一个长相帅气的男孩，我们可以为一个会说甜言蜜语的男孩倾心；但是结婚却不一样，长相帅气不能当饭吃，甜言蜜语也不能给你盖一座房子。嫁给一个一无所有的男人，意味着你今后的人生也许会一无所有。

那么，现在我们回到"穷男人"的问题上来。我们看到，故事中的两个丈夫都不是有钱人，一个是打工仔，另一个是从农村到城里来谋生的小伙子。然而，两个女人的人生却不一样。柯丽的丈夫是一个真正的"穷男人"，不仅是有没有钱的问题，更重要的是，他很"穷"，"穷"到没有上进心，没有能力去担起一个家的责任，没有能力去让自己的妻子幸福，没有能力让自己即将出生的孩子有个温暖的家。

而梅安的丈夫呢？他虽然没有钱，但是他不"穷"，他不是一个"穷男人"。他不能给妻子买别墅，不能给孩子锦衣玉食，但他却有一颗懂得感恩的心，也懂得担起照顾这个家的责任。他从来没有怠惰，而是和妻子两个人一起去创造财富，创造未来，这样的男人，我们能说他是"穷男人"吗？

Chapter 2 他不是你的白马王子

一个男人是否贫穷，钱财是次要的，最重要的是，他是否能有责任心，是否能为自己的妻子遮风挡雨。不管有多少财富，如果一个男人连起码的责任都担不起的话，那么，他依然是一个"穷男人"。不要爱上一个"穷男人"，爱上了他，注定是为自己选择了一条与幸福背道而驰的路。

── ♡【恋爱魔法贴士】♡ ──

选男人就像买股票，除了有没有眼缘，还要看有没有潜力。

买蓝筹股风险小，能保证收益；看准了潜力股，投资回报大；但要是不小心持有了一只垃圾股，不狠心斩仓，可能会被套牢。

男人也一样，你选择一个家世好又有能力的男人，那么你的生活自然是不用为钱财操心了；你选择一个虽然家世不好但有上进心且有能力的人，你们可以一起拼搏，虽然过程少不了艰苦，但创造的价值是一直在攀升的。最忌讳的，就是你偏偏爱上一个没能力又没钱的"穷男人"，没有钱，也没有能力去创造钱，那以后是你养着他呢，还是你陪他一起挨饿？

贫贱夫妻百事哀，我们不会因为面包而放弃爱情，但有一天，爱情却可能因为面包而放弃我们。

有的男人，你要不起

我们总希望遇到一个男人，爱你爱得死去活来；我们也总是期盼着，那个男人能对我们百分百忠诚，百分百细心爱护。可是我们却忽略了一点，那样的男人，我们真的要得起吗？真心是要用真心去换的，那个人越在乎你，就希望你越在乎他，爱情之中如果一方过于在乎，而另一方却无法给出回应，矛盾也就由此产生了。

《道德经》中有句话说："盛极必衰，物极必反。"其实爱情也是一样的，爱到八分刚刚好，保持一点距离，给自己留一点空间。爱过头必然会导致伤害，爱情就是这样一柄双刃剑。

亲爱的女孩们，当你有幸遇到一个对你有着十分爱的男人的时候，你是如此幸运又是如此危险。也许起初你会陶醉在这样的呵护备至之中，然而，千万不要忘记，衡量一下你们之间的感情，你能给他如同他给你的这么深的爱吗？这样的爱你消受得起吗？不要使爱情最后成为了伤害彼此的利剑。

许多年前我在报纸上看过一个新闻，说的是一个女老师遭前男友报复，被泼硫酸毁了容。其实类似这样的报道并不少见，只是当时这件事情发生在我的家乡，并且这个女老师和我们家多少有一些亲戚关系，于是回家以后，家里人时常也会提起。

那个女老师是个农村女孩，她的男朋友和她是从小一起长大的。女老师家里很穷，但她学习成绩却特别好，于是一直读到了初中。可是初中以后，家里就决定要她辍学嫁人。当时她的男朋友到她家里提了亲，跪下来求她父母让她继续读书，自己愿意负担她的学费。就这样，她得以上了高中，而她的男朋友则一直在外面打工，供她念书。后来，她考取了一所不错的大学，她男朋友便尾随她到了那个城市，继续做一个打工仔，把钱给她交学费，给她买好吃的，买漂亮的衣服。

她对男朋友一直是心存感激的，但一个女孩子的虚荣心让她再也无法快乐并坦然地和刚从工地上收工回来的男朋友一起吃个饭。

大学毕业以后，她没有回乡下，而是到城里一所中学做了老师。虽然只是一个中学的普通老师，但这对于村子里的人来说，可真是出人头地了。她感觉到自己的地位提高了，已经和男友不是在同一条水平线上了，再加上那个时候，学校里的教务主任看上了她，一直在追她。就这样，她动心了，她觉得不能因为一点点的恩情就把自己的一生都委屈在那个男人的身

Chapter 2 他不是你的白马王子

上。

悲剧就这样发生了,伤心欲绝的男友买了硫酸,想要和她同归于尽。

他对她的爱无疑是深沉的,是绝对的。他可以放弃一切,帮她完成读书的梦想。也许非常多的人会骂她忘恩负义,会骂她无情无义。但是,一个女孩想要追求更好的生活,想要寻找一个更适合自己、更能带给自己幸福的爱人,这没有错。错的,是她消受了一份她要不起的爱情;错的,是她接受了一个她要不起的男人。

有的男人,执着得可怕,他们可以为一份爱情,为一个女人,用一生去奋斗,去拼搏。我们都希望身边有这样一个男人,但我们并不都是能够要得起这样一个男人的女人。

爱是自私的,我们希望爱人一直在我们身边,我们嫉妒每一个与他交谈嬉闹的女人,我们希望他的眼里心里除了我们什么都放不下。男人也是如此,当一个男人全心全意爱你的时候,这就意味着你要用自由去换取这份爱。当这份爱无限放大的时候,他会变得善妒,会开始管束你的一言一行。

匈牙利诗人裴多菲说:"生命诚可贵,爱情价更高,若为自由故,两者皆可抛。"他追求自由,于是可以放弃束缚了他自由的爱情。那么女孩们,追求着全心全意的爱情的你们,又是否可以为了爱情而放弃自己的自由,甚至放弃以后生命中别的选择呢?如果你犹豫了,不要接受那个可以给你一份十分爱情的男人,你消受不起。

【恋爱魔法贴士】

喝酒不要超过六分醉,吃饭不要超过七分饱,爱一个人不要超过八分。这就是生活的健康法则。

同样,被爱八分最为幸福,他爱你八分会给你两分自由,他爱你八分会给你许多甜蜜。不到八分的爱总是略显冷淡,超过八分的爱却随时可能变成伤害。

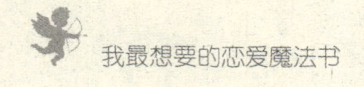

爱一个人八分就好，接受一份爱，八分最好。

你的家人比他更重要

我们在电视剧里总少不了看到一些桥段：一对琴瑟和谐的年轻男女情投意合，两人在一起仿佛就已经拥有了全世界。但是这个时候，因为某一方的家庭条件不是很好，或者说因为某一方的工作不是很体面，父母开始站出来反对了。于是，一般两个人都会开始与家庭抗争，然后闹出了很多事情，大团圆结局的话，一般都会使父母感动，继而承认两人的关系。

用爱情与家庭来抗争，这是一件浪漫而又辛苦的事情，我们认定了自己的爱情，便义无反顾。但还有非常重要的一点是不可忽视的，电视剧中的男主角不论女主角的父母多么反对，从来都是抱着一颗宽容的心，从不会因为她父母的反对就讨厌她的父母。爱屋及乌，因为爱她，所以对她的亲人也同样抱着一颗爱与宽容的心。

有一阵子电视剧《我的青春谁做主》非常火，钱小样和方宇就是这样一对与家庭抗争的男女，因为两人计划私奔，结果一个意外害得小样的父亲瘫了。这个时候，这样的变故让小样放弃了她的爱情，而方宇呢？在发生这件事情以后，他痛苦至极，用尽各种方法替小样的父亲筹钱，为他治病。可以说，方宇是个有担当的男人，他帮助小样是因为愧疚，更是因为爱，而他的爱并不局限在对爱人的占有上。这样有责任感的男人是值得托付的。

同样，如果一个人口口声声说爱你，却对你的家人万般挑剔，这样的人，那份爱究竟又有多少呢？爱你，却连你最亲近的家人都不能包容，这样的爱，还值得留恋吗？亲情是上帝送给我们的第一份珍贵礼物，家人之间永远有着血浓于水的牵绊。

Chapter 2 他不是你的白马王子

罗曼是村子里飞出的金凤凰，从一个贫穷的小山村里，摇身变成了城里的小白领。罗曼的男朋友是个有钱的公子哥儿，这个山里出来的小姑娘简直成了连城里姑娘都羡慕的对象。

罗曼的母亲第一次到城里来的时候，专程为了看看自己的女婿。母亲只是一个常年待在村里的妇人，说话粗鲁，吃完饭就开始毫无顾忌地剔牙。罗曼注意到男友的脸色随着母亲举止的不雅而沉了下去，心里一阵难受，有那么一瞬间觉得母亲给自己丢脸了。

果然，第一次见面以后，罗曼的男友当着面没说什么，背后对罗曼把她的母亲数落了一遍，神情鄙夷。这样一个富家公子又怎么能懂得山村里的生活呢？在罗曼心里，那个小山村充满的除了童年的回忆以外，更多的便是贫穷带来的痛苦，现在的一切对于她而言是那么重要，一份体面的工作、一个带出去会引来羡慕之声的男友。于是，母亲到城里的日子里，罗曼总是借口非常忙碌，没几天，母亲便回了乡下。罗曼给母亲的一笔钱，母亲偷偷塞在了罗曼的枕头下面，带着简单的包袱就这么走了。母亲走了以后，空荡荡的房子让罗曼有了几分寂寞。罗曼突然想起了很多小时候的事情，因为父亲去世得早，是母亲晚上一针一线地做针线活、白天一锄头一锄头地挖地来供自己上学的。在自己的记忆里，似乎只有母亲操劳的身影，却不记得她最年轻、最貌美的时候了。

没过多久，罗曼和男友便决定结婚了，理所当然地，罗曼的母亲应该到场。可是男友家是有头有脸的人物，男友自然不希望罗曼的母亲来给他"丢脸"。种种的矛盾加在一起，罗曼和男友大吵了一架。

罗曼自己跑回了家，那是她离开以后第一次回家。母亲没有问为什么，忙前忙后地给她准备，把家里所有好吃的东西都拿了出来。看着母亲忙碌的背影，罗曼开始哭泣，从很小的时候开始，她便是看着这样的背影成长的。这一夜，罗曼做了一个决定，她要把母亲接到城里和自己一起住。一个体面的男友又怎么能比得上生养自己的父母呢？一个连自己母亲都

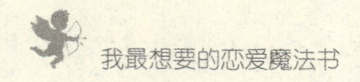

不爱的男人又怎能托付终身呢?

家是你永远的避风港,百行孝为先,是父母生养了我们,我们才能够有今天。我们可以爱上一个父母不喜欢的人,因为我们知道他的优点,知道我们的幸福在哪里,同时也相信,等父母看清楚他的优点以后,会原谅也会祝福我们。但我们却不能去爱一个连我们的父母都不愿意爱的男人,连生养你的人都不能去爱,那份爱又有多少含金量呢?

如果他不懂得爱你的家人,那么他并不是你期盼已久的王子。你要明白,只有你的父母会无私地包容你的一切,他们比世界上所有的男人都重要得多。

——【恋爱魔法贴士】——

只说一句,父母恩情大过天,不懂得这些的人,又怎能真正懂得爱?父母对子女的爱,是大爱,不要等到子欲养而亲不待,留得自己一生后悔。

遇到错误的人没有正确的时间

我们总是会感叹,在正确的时间里,却遇到一个错误的人,于是误了一生。可是,既然是错误的人又怎会有正确的时间呢?如果这个正确的时间指的是,我们正好想恋爱了,正好想结婚了,于是他出现了,我们便匆匆把自己给嫁了出去……如果是这样,那这误了一生的事情又怎能推给他人呢?只是自己失去了自信,害怕等待而已。

女人的青春是短暂的,最美丽也不过那几年而已,那个时候的女人是自信的,是有资本去挑选的。然而,在青春逝去的时候,女人开始对自己感到不自信,感到没有安全感。这个时候,女人想的只是尽快让自己安定下来,有一个安

Chapter 2 他不是你的白马王子

稳的家,于是就匆匆选择了那个刚好出现的人。待一切尘埃落定以后,可能你突然发现,这个人有太多太多和你不合适的地方,只是刚好在正确的时间出现了而已。

心怡在不知不觉间已经29岁了,她并不是一个需要靠男人来养活的女人,她是一家大公司的主管,可以说是事业有成了。可是在心怡看来,一个女人始终是要结婚的,过了30岁以后就是大龄女青年了。

由于以往一心忙着读书、忙着事业,心怡只谈过一次恋爱,并且没多久就因为双方都忙着打拼事业而分手了。于是,29岁的心怡开始了相亲之路。没多久,心怡遇到一个男人,并没有多少爱恋,只是感觉各方面也不差,草草见了几次面以后便开始谈婚论嫁了。可是就在谈婚论嫁的过程中,心怡发现自己和他有着许多性格上的冲突,但这个时候,心怡是那么渴望婚姻,她总以为,一切的小问题都可以在结婚以后慢慢解决、慢慢磨合。于是,心怡就这样终于在30岁大关之前把自己嫁了出去。

相信凡是试图改变过男人的女人都应该知道,想要彻底地改变一个男人,几乎是不可能完成的事情。

如愿拥有了婚姻的心怡也是如此,她想改变丈夫身上一些自己实在不喜欢的东西,然而就正如丈夫试图改变她一样,两人总是以争吵结束,最后都演变到相敬如"冰"了。名存实亡的婚姻让心怡开始怀疑自己当初的选择了。对婚姻的执着莫非真的是个错误吗?

我们可以看到,心怡这样一个成功的女人,却草草把自己嫁了出去,最后只能哀叹,在正确的时间里出现了错误的人。为什么会这样呢?人生那么漫长的时间,莫非再没有时间去挑选,而是只得匆忙嫁了自己吗?归根结底来说,还是女人缺乏安全感,对自己缺少自信。虽然心怡有着事业上让人欣羡的成功,但是却没有一份可以支撑自己的感情,对未来的一种不确定感,青春的流逝,让她

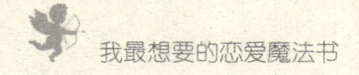

选择了一条充满着伤痛的婚姻之路。

　　不管多能干的女人，始终也有脆弱的地方。如果你没有一直单身的决心，那么还是趁着年轻的时候多谈几场恋爱吧。不管你现在想结婚还是不想结婚，女人身边总应该有几个可以结婚的男人，不是那种随便抓来匆匆结婚的男人，而是真的可以和你有共同的追求、能和谐相处的男人。女人一生的时间里，遇到错误的那个人，永远都不是正确的时间。

── 【恋爱魔法贴士】 ──

　　谈恋爱要趁早，青春的流逝容易让女人失去自信，看不清自己的优势，看不清自己的渴望。可是婚姻却是一辈子的事情，宁愿推迟"正确的时间"，也不要和那个错误的人将就。不管你结不结婚，谈几场恋爱，才能让女人的人生变得完整。

错误的时间里没有正确的人

　　记得有一年，我去了丽江，在那里如同小说一般，遇到了一个非常优秀的男人。只可惜，这个男人已经有了妻室，我们匆匆一缘，别后再没相见。有时候和别人说起来，我总说，是在错误的时间里，却遇到了正确的人。然而，就是这点哀伤，竟让我许久再未恋爱，心中总是哀愁着与那个男人的匆匆缘分。

　　直到某一天，我突然在想，在那个错误的时间里，真的有正确的人吗？如果他是正确的人，我们真的是前世注定的缘分，又怎会在那个错误的时间里相遇？他又怎会在遇到我之前就已经走进了别人的梦中？他，不过是我生命中的一个过客而已。错误的时间里，遇到的，永远不会是正确的人，这不过是女人给自己编的一个浪漫的谎言罢了。

Chapter 2 他不是你的白马王子

熙妍遇到那个男人的时候，状况和我大同小异，只不过并不是那个男人已娶，而是熙妍已嫁。

熙妍和老公之间并没有过太惊心动魄的爱情，熙妍的老公是个隐忍的男人，不会说些甜言蜜语，但总是会帮熙妍把一切都打理好。这种绵绵不断的温暖让熙妍感到十分幸福，却总是觉得缺少一些激情。直到她遇到了那个男人。

熙妍喜欢旅行，老公很忙碌的时候，她便常会自己去旅行。熙妍和那个男人便是在旅行的时候认识的。那个男人比熙妍小5岁，却对熙妍一见钟情。他攀登上很高的山为熙妍采摘一朵鲜花，他在酒吧众目睽睽之下为熙妍唱充满爱情的歌曲，他在雨天拉着熙妍在雨中重现电影里的经典情节……他的活力和激情让熙妍有一种前所未有的体验，甚至感觉他才是自己的真命天子。

旅行结束以后，熙妍回归到她的生活，却依然放不下那段生命中的小插曲，总是感叹她在错误的时间里遇到了正确的人，而这个正确的人自然让她十分放不下。熙妍浪漫的小女人情怀开始作祟，开始觉得木讷的丈夫哪里都不顺眼。甚至熙妍还千方百计地找到了那个男人，和他开始了一段婚外恋。

纸始终是包不住火的。熙妍的丈夫知道了这件事情，十分伤心，一向温和的丈夫这一次却坚决地签了离婚协议，再无回旋的余地。要说对这场婚姻，熙妍也是十分留恋的，丈夫对自己的呵护备至时时都印刻在心头，可是事情到了这个地步，她还能再说什么呢？于是，她最后如愿地和这个"正确的人"同居了。

然而，生活在一起以后，熙妍才发现，这个可以为她做浪漫事情的男人却不愿意照顾她生活的种种，这个跟她山盟海誓的男人却始终不愿意娶她这个大他5岁的离婚女人。但一切都是自己的选择，还有什么可后悔的呢？

错误的时间里,遇到的,永远都不是正确的人。在时间的磨合之下,再多的激情也将转化为平实的幸福。我们被小小的幸福包围的时候,总是身在福中不知福,不知不觉就被外界的光怪陆离所吸引。然而我们却总把那个为你放烟花的人,当成了前世就注定的恋人,却忘记了身旁替你遮风挡雨、替你把被子轻轻盖上的人。

不管什么时候,在错误的时间里遇到的人,只不过是生命的过客而已。不要为了一个过客,毁了自己原本的幸福。人的一生有许多的过客,但真正陪伴你的,是那个被你忽略已久却一直在你身边默默付出的人。

【恋爱魔法贴士】

当我们感叹在错误的时间里遇到正确的人的时候,无疑为自己增添了一番感伤,给自己画地为牢,禁锢住了再去发现美好爱情的脚步。

不管是你的时间错误,还是他的时间错误,如果在这不正确的时间里你们相遇了,请相信,你们只是彼此生命中的一个过客而已。一场烟花的美丽,留给一场烟花的时间就足够了。在错误的时间里遇到的人,永远都不会是你的真命天子。

Chapter 3
真爱才是童话完美的根源

童话故事里的爱情主角不一定都是王子和公主,但其中有一样东西一直都贯穿始终,那就是 true love ——真爱。不管是有巫婆的阻挠,还是远隔了千山万水,真爱是战胜一切的力量。童话故事之所以惹得多少女孩幻想不断,其完美的根源便在于真爱。

Chapter 3 / 真爱才是童话完美的根源

被男人包围的你真的快乐吗？

人都是有虚荣心的，尤其是女人，而女人最大的虚荣心就来自男人。一个女人被众多男人包围的时候，嘴上说着很烦，心里却不免也会暗自高兴，这说明了自己是非常有魅力的。年轻的时候，我们都有这样的资本，享受被人追求、被人包围的感觉。可是，这样的虚荣却让许多女孩子忘记了更为重要的事情，一心扮演着大众情人的角色，却错过了自己真正的幸福。

我记得曾经看到过一句话，说大学的时候千万不要谈恋爱，因为恋爱会使得你的圈子变得很小，而大学时候是你人际关系的一个扩展时期。但我却认为，大学的时候，你一定要谈一场恋爱，尤其是当你曾经一直都是一心学习的乖孩子，从来没有早恋过。工作以后的恋爱会加入许多的杂质，曾经的单纯和享受会慢慢被生活的压力所掩盖。尤其是正值青春年华的女孩们，用一场恋爱来记录你的青春，把最美丽的自己留在最美丽的记忆里。

何璐就是个完美的"大众情人"，长相漂亮、身材窈窕又有家教的她是大学里的校花，受到了众多男人的追捧。何璐曾经和一个男生交往过，那个男生是何璐的同学，同样也是学校里的风云人物，何璐和他简直就是校园里的金童玉女。不过，大学里优秀的男人可不少，只要还没有结婚，每个人都依然认为自己是有机会的，所以尽管何璐已经名花有主，依然少不了多如牛毛的追求者。

何璐对自己男朋友并没有什么不满，但是她同样也喜欢被众多男人包围的感觉，虽然说着很烦，但也总是会抽出时间去参加一些聚会，比如追求者的生日宴会之类，偶尔也收下追求者的礼物。虽然何璐并没有背叛男友的意思，她只是享受着被追捧的感觉，可是久而久之，男友非常不高兴，与何璐谈了好几次话。何璐呢？一心只认为，自己从来没做过什么对不起男友的事情，便从不把男友的话放在心上。终于，在交往了两年之后，男友提出了分手。心高气傲的何璐虽然万般不舍，但并没有表现出来，一生气就和男友分手了。她以为男友会回头，可是直到毕业也没有等到男友回来。

工作以后，何璐也依然是众人瞩目的女孩，青春靓丽，自然而然地，她成了公司之花。她依然被一群"狂蜂浪蝶"所包围，她挑剔着每个人的缺点，忍不住把他们和前男友比较。也许是从小被人宠惯了，何璐总觉得每个人都有配不上自己的地方，就这样，被众多男人包围的她反而一直都没有找到可以托付终身的对象。到后来，公司又有了年轻漂亮的女职员，她们又成为了公司里男士争相追逐的对象。

女人的青春也就那么几年，女人的资本也总有耗尽的时候。被男人包围的你得到的除了虚荣心的满足以外，没有其他任何东西。古人说"易求无价宝，难得有情郎"，真正的幸福，并不是拥有三千弱水，而是找到自己真正想要的那一瓢。

何璐原本拥有那样的幸福，却因为小小的虚荣心而错过了自己的爱情，也因为那些小小的虚荣心而没有办法用心去寻找另一段感情。我们都希望能找到优秀的男人，却不知道一山还比一山高，我们永远没办法找到最优秀的男人，只能找到最适合自己的男人。

包围着你的男人大多是因为你的美丽，当你美丽的容颜随着时光的流逝而消逝的时候，他们便会转向另一朵娇艳的鲜花。不管是蜜蜂还是蝴蝶，都从来不为凋零的花朵感到悲伤。真正会守护一生、带给你幸福的人，始终只是那个一直在你身边的男人。

———♡【恋爱魔法贴士】♡———

亲爱的女孩，如果你也是被众多男人包围的鲜花，首先要恭喜你，你是如此美丽而吸引人。但其次也要提醒你,我们年轻的时候享受着无数男人的追捧,但总有不再年轻的时候,与其沉浸在这种幸福之中,不如去了解他们,找一个真正愿意陪伴你终身的人。

同时还要提醒你,当你找到陪伴你终身的伴侣以后,不要再留恋那些追捧,让你幸福的责任,一个人足以能够担起了。一份真正的爱情,胜过千千万万的甜言蜜语。

缘在天定,分在人为

我一直都相信缘分,但我更相信的是,缘在天定,分在人为。在茫茫人海中,我们彼此相识就是一种缘分,上天让我们相遇了,让我们相识了,就是给我们提供了一个契机。但我们之间会有什么样的结果,还在于彼此的努力,而不是上天的安排。

我们在电视剧中会发现,男女主角都有着千丝万缕的缘分,但是又要几经波折。每当两个人擦肩而过的时候,彼此都开始感伤,也许真的没有缘分。可是就在要放弃的时候,偏偏上天又让他们相遇,冰释前嫌。但生活和电视剧是不一样的,生活中的老天爷没有电视剧中的那么勤快,可以为你们安排这么多次的缘分来证明你们是缘定三生的。我们的缘分只在于相遇、在于相知。如果连爱情都要等着上天的安排,那我想,我们可以准备好成为剩女军团中的一员了。

李小优是个长相平凡的女孩,也没有什么突出的特长。她没有灰姑娘那样的美貌,更没有让人惊叹的才能,可就是这样的她,却找到了一个"王子",这让许多人都大惑不解。

李小优的"王子"就是王南,一个年轻有为的企业家。王南长得帅,又是成功人士，身边自然不乏香车美女。可是王南却一直都没有结婚，首要原因还是因为在他上大学时候的一件事情。

  大学时候，王南有一个女朋友，是学校里的校花，那个时候王南还是个穷小子。王南非常爱自己的女友，可是让他备受打击的是，女友最后和他分手，跟一个小开好上了。也因为如此，王南毕业以后一心打拼事业，非要争回这口气不可。而已经成为一个成功男人的王南，对爱情也变得不信任了，到了母亲一直催促结婚的时候，王南便想着去相亲算了。

  王南就是在这个时候遇到李小优的，李小优是王南的第一个相亲对象。外表没有丝毫亮点的李小优可以说并没有吸引到王南，而王南之所以没有和李小优一开始就断了联系，是因为李小优还是王南大学时候的学妹，这一层关系让王南觉得，两人就算不能成为男女朋友也可以作为朋友来交往。而就在这些偶尔的来往过程中，王南也发现了这个貌不惊人的女孩的许多优点。由于从开始就对李小优没有戒心，王南非常愿意去了解李小优，发现她能做一手好菜，发现她会讲很多笑话，发现她有时候撒娇很可爱。

  而王南和李小优正式在一起，是在一个冬天，王南的母亲心脏病去世了，王南回到家乡料理后事，十分痛苦。而仅仅是听王南说过一次自己家乡在哪的李小优就这样独自一人去了王南的家乡，她知道王南现在非常需要有人陪在身边。当她出现在王南眼前的时候，王南抱住了眼前的女孩，他知道，她就是将会陪伴自己度过一生的女人。

  而有一件事情也是王南后来才知道的，那家婚介所的老板是李小优的姐夫，李小优成为自己的相亲对象并不是一个巧合。

  我们认识各式各样的人，这是上天安排的缘分，而聪明的女人懂得如何利用这点缘分成就一段浪漫的爱情。王南找到李小优姐夫的婚介所，这是上天给的缘分，而成为王南的相亲对象，甚至和他做朋友，成为他的精神支柱，这一切

Chapter 3 / 真爱才是童话完美的根源

都是李小优争取爱情的小小计谋。一个如此聪明而又对自己一往情深的女人，哪个男人不动容？

亲爱的女孩，如果你爱上了一个人，请相信，上天让你们相识就已经是最大的缘分了，之后的故事都是由你自己去写的。勇敢地去追逐自己的爱情，就算失败，至少以后回想起来，没有遗憾，也没有后悔。有的机会只有一次，当你错过以后，便是错过终身的遗憾了。请相信，任何一个和你相识的人，都和你已经有了缘，而之后的分，还靠你自己的努力。

【恋爱魔法贴士】

缘在天定，分在人为。爱情不需要太多心机，但却免不了小小计谋。爱一个人就要勇敢去追，爱一个人就要勇敢去说。哪怕你们无数次地擦肩而过，他依然没有把视线停留在你身上分秒，你也要相信，上天让你们遇见，已经是一种缘分。

爱情免不了会有失败和痛苦，但如果不能把爱说出来，就注定了是百分之百的失败。勇敢追逐自己的爱情，是每个人都有的权利，也许真爱就在你的眼前。

真爱不是自以为痴情

你身边或许也有这样的女孩吧，心里装着一个难以忘怀的人，总是在喝醉的时候开始哭泣，念着过去的种种，样子脆弱得叫人心疼。她痴情得可怜，让人心疼，有时却又不免有些心烦。如果你心里也有这么一个难以忘怀的人，也许你会觉得感同身受，也开始感怀过去；如果你并没有那么难以忘怀的人，也许你会怎么也想不透，莫非时间真的无法冲淡感情？

我相信每个人心中一定都会有一段难以忘怀的回忆,但我同时也相信,无论多么深刻的感情,也会被时间慢慢冲淡。也许在你脑中的,难忘的并不是那个人,只是那时那刻、那些回忆、那些感受。可是有的人,却错误地把那个人死死抓住不肯放手,自以为痴情,却一次次让自己陷入痛苦之中。痴情的人并不可怜,可怜的是那些自以为痴情的女人,自己用枷锁束缚住了自己,让幸福一次次擦肩而过。她们总是顾影自怜,感伤已经逝去的感情,却不懂,真爱并不是自以为痴情,那个人在心里也许早已经化作云烟。不肯放过自己的,是自己的幻想,那些自以为是痴情的"痴情"。

　　白琳的初恋男友和她是青梅竹马一起长大的,两人认识十几年了。原本白琳一直以为,他就是自己的白马王子。可是后来,大学毕业以后,因为男友要出国留学,而白琳已经签了一家不错的公司,两人都不想用承诺来束缚住对方,于是便分手了。

　　虽然是分手了,但白琳其实内心一直对男友念念不忘,后来听说男友在国外已经有了新的女朋友,并且要谈婚论嫁了,白琳才意识过来,自己也该为将来谋划了。没多久,白琳认识了现在的丈夫鸣。鸣是一个大学老师,非常儒雅,待人也好,尤其对白琳极好。白琳和鸣认识没多久便结婚了。虽然在别人眼中,白琳是非常幸福的,但白琳心中却一直对前男友痴情难忘,甚至有时候到了一个她曾经和前男友到过的地方,都会开始感伤。有时候和朋友出去,几杯酒下肚便收起一副幸福的样子,开始郁郁寡欢。

　　鸣对白琳非常好,白琳也非常爱鸣,但白琳总是会自己一个人看着以前男友送给她的东西,然后重重地叹气、伤感。那些年和前男友在一起的回忆总是会不由得回想起来,而白琳也一直努力想起每一个小细节,像是上了瘾一般。这些悲伤让白琳幸福的婚姻蒙上了一层阴影,鸣也似乎隐约察觉到什么,他虽然从不问白琳,但从其抑郁的神情中也能看出些许来。而白琳虽然对鸣感到抱歉,但对自己的"痴情"也无可奈何。

Chapter 3 / 真爱才是童话完美的根源

后来,白琳的初恋男友回来了,听说和国外的女友分手了。白琳知道这个消息以后,心中感情非常复杂,她很爱鸣,但是也忍不住想要再见见心中一直难以忘怀的男人。在一个阳光灿烂的日子,白琳把自己打扮得很漂亮,去见刚回来的初恋男友,当然,这一切鸣都不知情。可是当白琳怀着忐忑的心情再见到那个让她魂牵梦萦的男人的时候,她却突然感到陌生了。他已经不再是她记忆中的少年了,不管是谈吐还是外形,一切都和记忆中有着天差地别的感觉,一瞬间,白琳突然意识到,自己难以忘怀的,并不是眼前的男人,只是记忆中那个和自己走过了春夏秋冬的少年而已。

有时候,回忆是会骗人的,我们总是对已经变成回忆的事情加以更多的修饰,将已经失去的人在记忆之中完美化。我们忘不了那段被我们无数次美化了的回忆,认为它是如此完美,同时也以为那回忆中被我们完美化的男人一直都停留在那里,依然是那个和我们走过一段美好人生的男人。然而,这种自以为痴情的情怀,让我们一次次忽视了眼前的幸福,让我们把眼前需要我们珍惜的人抛之脑后。其实我们所爱的,只是那段记忆,而不是记忆中的那个人,随着时间的流逝,他也在变,就如我们也在变一般。

自以为是的痴情,并不是真爱,只会让我们停留在过去,停留在那个梦中的岔路口,从而不敢前行,一次次与幸福失之交臂。而当你再见到那个让你魂牵梦萦的男人的时候,你才突然发现,他的肚子大了,他有了白发,他的眼睛也不是那么好看,他说话的时候唾沫横飞……你可能突然发现,他和你记忆中的那个男人怎么有那么多的区别。也就在这个时候,你才发现你已经在梦中停留得太久,已经错过了太多幸福的机会。

———♡【恋爱魔法贴士】♡———

每个人都会无意识地美化自己的记忆,如果你有一段美好又无法忘怀的过去,那么,请把它当作珍宝一般收藏好,作为人生中的一段美丽风景。而记忆中的那个人，只存在记忆中而已，只有珍惜眼前人，才是你真正的幸福，真正的爱。

相信真爱，但不要相信"命中注定"

有一阵子一部偶像剧特别火，名字叫《命中注定我爱你》。剧情依然是老套路，一个灰姑娘一般的"便利贴"女孩和一个王子般的人奇迹地相遇相识，谱写了一段充满坎坷的情缘。虽然其中有着万千波折，但一切都仿佛命中注定了一般，两人的缘分始终没有斩断过。然而，偶像剧只是偶像剧而已，"命中注定"这种事情，只是小女生还在期盼着的浪漫罢了。

当然，如果你还是十六七岁的小姑娘，这个社会允许你还抱着相信"命中注定"的浪漫情怀。但如果你已经走入社会并面对婚嫁问题了，亲爱的，这样的幻想最终只会让你恋途坎坷而已。已经过了做梦的年纪，就应该保持清醒的头脑，我们现在要选的，不仅仅是一段浪漫的爱情，更重要的，是一个能相携一生的伴侣。

Anna一直都是我十分佩服的女人，她总是知道在什么时候应该做什么事情。Anna是个典型的小女人，有一些天真，一些浪漫。我们从高中时候开始就是同学，那个时候她身边已经围绕了许多各式各样的男孩。那时候的她非常喜欢看小说，看偶像剧，对那些司空见惯却依然感动万千少女的狗血桥段充满了向往。

大学毕业以后，我们非常有缘分地待在了同一个城市，平时便会一起约出来喝茶聊天。那个时候，有一个骑摩托车非常酷的男孩在苦追Anna。那个男孩简直就是偶像剧中男主角的翻版，总是会突然给Anna许多的惊喜，鲜花不断，浪漫不断，可是Anna却始终没有答应他。一次聊天的时候聊起了那个男生，Anna说一开始那个男生追求她的时候，认识她的桥段真的

Chapter 3 真爱才是童话完美的根源

是和偶像剧如出一辙,甚至一天制造三四次的偶遇,搞得像是两人很有缘分似的。刚开始确实挺感动的,但现在的她只想找一个能够过一辈子的男人,结婚过日子的那种,不是那种依然玩乐、还不想对生活负责的男人。

后来,Anna如愿找到了一个这样的男人,一个事业有成、为人谦和的男人。Anna的婚姻至今依旧非常幸福,虽然她的丈夫并不会告诉她什么"前世注定"的甜言蜜语,但是却能给她一个温暖的可以依靠的肩膀。

我们不再是抱着幻想的少女,偶像剧也只是我们生活的调味品而已,千万不要把它作为生活的参照指南。我们要相信爱情,相信真爱,但在选择男人的时候更要擦亮双眼,明白自己想要的是什么,是一段如同偶像剧一般浪漫的爱情故事呢,还是一个可以过日子的家呢?懂得自己需要什么,给自己一个明确的定位,然后在特定的群体里去寻找那个合适的人。不要再说什么缘分是命中注定的,就算你一天遇到了他无数次,也不代表你们的前世早已订了鸳盟之约,我们每天和楼里的大爷都要遇到好多次呢!年少时候的爱情可以冲动、可以抛开一切,而作为一个成熟女人的爱情,却要加入几分理智。

女人,太过于现实并不好,但是太脱离现实就更加不好了。保留一些天真、一些幻想的女人是可爱的,然而还相信着那个人是前世埋你的人这样故事的女人,却只是会让人不禁发笑的傻女人而已。女人的天真和可爱仅在于相信真爱就够了,相信你一定能寻找到那份属于你自己的真爱。没有任何事情是命中注定的,手心里的三条线就是你的命运,全在你的手掌之中。

【恋爱魔法贴士】

有句话说的是,人定胜天。不要相信会有命中注定的王子突然来敲你的门,给你一枚钻戒,一份幸福。爱人是需要自己到茫茫人海之中去寻找的,你遇到的每一个人都和你有着千丝万缕的缘分,你们之间存在着无限的可能。就仿佛玩恋爱游戏一般,男主角会遇到许多的女孩,不同的选择会导致不同的结果,

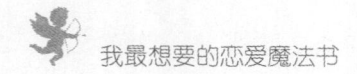

但并没有说非要选哪一个才是正确的。

拥有一份幸福的爱情其实很简单，先明确自己想要什么，再明确什么样的男人才可以给你这些。等你有了一个明确定位的时候，在那些男人之中去寻找你的真爱吧，不要担心也许你的真命天子并不在其中，要知道，没有什么事情是可以命中注定的，一切都是你自己的选择而已。

要钞票，还是要爱情

钞票和爱情，听上去像是并没有什么抵触，但现实的社会是，我们总听说有许多的优质美女挤破头地要嫁进豪门，但从未听说有美女挤破头地想要嫁给一个穷小子。那些知名的美女明星也一样，总是和各类富商、导演牵扯不清，运气好的顺利嫁入豪门，运气不好的可能赔尽了自己的青春，到头来也没个名分。

当然，我们不能一竿子打死一船人，说每个女孩嫁给有钱人都是为了钱而没有爱情的。那些人有钱，至少说明了他们在某一方面有着让人佩服的能力，能在社会上站稳脚跟，一个优秀的男人受到众多女人的青睐也不足为奇。女人都希望能找到比自己强大、足以让自己依靠的男人，这样的男人不仅是自己日后生活的保障，同时也有能力给自己一份幸福。只不过，如果那个人对你的诱惑仅仅只是钞票而无关爱情的话，又是否真的能幸福呢？

2005年的时候，知名女星贾静雯嫁入上海豪门的消息曾经轰动一时。贾静雯嫁的男人孙志浩是有名的钻石王老五，而女明星能够顺利嫁入豪门应该说是很幸运的。我们且不说当时贾静雯嫁入豪门是否只是单纯地爱上了孙志浩，这些除了当事人以外，别人都不得而知，我们姑且不论。然而让我们来看看嫁入豪门以后的贾静雯，她的生活又是否比婚前幸福呢？

贾静雯的丈夫孙志浩是个花花公子，有丰厚的家底，帅气的外形，身边

Chapter 3 / 真爱才是童话完美的根源

自然不缺女人。结婚以后贾静雯依然在拍戏,而孙志浩也从来没有闲着,在各大场所风流潇洒。而在婆家呢?贾静雯和婆婆的关系并不好,婆婆嫌弃贾静雯学历不高,配不上自己家的身份。甚至还传出了在贾静雯生下女儿以后婆婆要求先验 DNA 的说法,不管这个消息是否属实,我们也可以看出,这个豪门婆婆和自己媳妇的关系是多么不和谐。

而贾静雯和丈夫呢?在贾静雯生产的前一晚,她的丈夫孙志浩被拍到酒后车上载着其他女人的照片。在两人关系恶化以后,一次争吵中,丈夫甚至直接抱走女儿,导致贾静雯和女儿竟然有四个月之久不能见面。一系列的问题,使得这场曾经轰动一时的婚姻在 2009 年拉下了帷幕。然而,离婚以后事情并没有完结,为了和丈夫争夺女儿的抚养权,贾静雯再次焦头烂额。

贾静雯嫁入了豪门,嫁给了一个有钱人,但金钱带给她的快乐却远远不能抵消她的不幸。也许当时他们确实相爱了,但这份爱情并没有因为钞票而增值,反而到最后,他的地位、他的家境、他一切高高在上的东西,都成为了她的敌人。再多的钱,也买不回爱情,买不到幸福。

记得曾经看过一个故事,说一个年轻人到一个富有的人家去做客,女主人和年轻人谈起了自己年轻时候的事情,说在年轻的时候,有两个人在追求她,一个是富商,非常富有,但是她并不喜欢他,而另一个是穷画家,他十分贫穷,但才华横溢,她自然是非常倾心那名画家的。故事没有说完,有客人到访便打断了。年轻人看着女主人富丽堂皇的家,心中自然知道,她选择的必定是那名富商了,不然又怎会有今天的生活。在招待完客人以后,女主人回来了,打算继续讲述她的故事。年轻人虽然心里已经知道了结果,但出于礼貌并没有打断女主人。女主人告诉年轻人说,刚才到访的客人就是自己故事里的那名富商,在前几年他生意失败了,现在来访是希望他们能给予他援助的。年轻人大吃一惊,而女主人微笑着告诉年轻人,她选择的丈夫是一名伟大的画家。

选择一个才华横溢的爱人,远远比选择一个坐拥金山的富豪更能让你得到幸福。钞票堆在那里,不会给你温暖,也不会给你笑脸。爱情虽然不能给你漂亮的衣服、美味的食物,但是它却能给你欢笑,给你灵魂的甜蜜。没有钞票可以买到你的爱情,但也请相信一件事情,没有爱情可以让你吃饱。

—— ♡【恋爱魔法贴士】♡ ——

要钞票还是要爱情,这是一个问题。

没有钞票,你在这个社会上寸步难行;没有爱情,更是缺少了甜蜜和奋斗的目标。钱不是万能的,没有钱却是万万不能的。同时,钱也不是越多越好,能够满足日常需求就已经足够了。爱情是世界上最美妙的情感,然而,爱情也不是万能的,至少它不能解决你的温饱。

如果他并不有钱,但是他有一颗为你拼搏的心,他有能扛起一个家的责任感,那么,选择你的爱情吧,他是一只能带给你幸福的潜力股。

如果他并不有钱,但是也没有上进心,甚至没有责任感。相信我,你不选择他是对的,不是因为钞票,而是因为他不能担当。

在爱情面前,钞票是一文不值的;而那些甚至不能提供保障生活的钞票的男人,在爱情里,是一文不值的。

永远不要试图考验爱情

记得在某杂志上看到过这样的一个纪实故事,说的是一个女人即将和男友结婚了,可是这个时候,她却想知道,男友是否对自己真的如同他所表白的那样坚贞。于是,她想了一个办法,让自己的女友假扮成一个女网友,对男友投怀送抱。结果很惨,她如愿以偿,发现男友没有拒绝送上门的诱惑。她伤心欲绝,自

Chapter 3 真爱才是童话完美的根源

然取消了婚礼。而那个男人呢？一怒之下，对"网友"先奸后杀，然后投案自首。三个人的人生就因为这场考验，被硬生生摧毁了……

女人真傻，总是希望能拥有一份坚贞的爱情，也总是以为自己的爱情经得住任何考验。可是女人却忘记了，爱情是如此脆弱，需要百般呵护，又怎么经得起被放到风雨下去摧残呢？

爱情的力量非常伟大，伟大到可以两个人携手向着一个共同的目标，伟大到让两个陌生的人从此牵绊一生。但爱情本身却是如此脆弱，在时间、谎言、距离、冷漠……的摧残之下，不堪一击。

有一对好朋友，他们青梅竹马，从小学一直读到大学，感情的种子是早早种下的，大学时，爱的种子生根发芽开成了花。毕业后，他们各自找了不错的工作，顺理成章地结为恩爱夫妻。谁都认为，那情感，早已坚若磐石。

结婚两年后，他获得了出国学习三年的机会，希望她放弃国内的工作，一同去陪读。那时，她的事业正处于巅峰，放弃，她舍不得。再说，出去还是要回来的。思忖许久，她还是决定放他单飞，笑说："就让时间和距离来考验我们的爱情吧。"

他虽然舍不得她，但还是毫不犹豫地答应她，他们的爱，一定经得起这样的考验，一定经得起所有考验。这一点，他们当时都深信不疑。

但渐渐地，电话还是少了。他学习紧张，累了，偶尔会睡过头。她也舍不得他总是如此辛苦。没有真实的相依相伴，电话里的内容，渐渐成了模式化的重复。无非是汇报每天各自的生活细节，日复一日，通话时间越来越短了。

一年多后的一天，她忽然意识到他们之间好像有一段时间没有联系了。打电话过去，他那边是午夜，接电话的，却是一个讲着流畅英文的女子……

她没有怨他，因为此时，她也已为一个时时出现在身边照顾她、呵护她的男人动心了——他们，几乎是同时背叛了爱情，不为别的，就为不能承受长久分离后的孤单。

我们都不是完美的天使，总有自身的缺陷和软肋，正因为如此，许多的爱情就这样在有意无意的考验之中，曲终人散。

可是，这真的不是爱情的错。我们都是太平凡的人，生活在太平凡的烟火人世，我们真的不够完美，有私心，有性格缺陷，或者不够执着，或者不够坚强，或者不够真诚，或者经不起太多的诱惑……所以我们构建的爱情，也有着本能的脆弱，需要相爱的两个人来用心呵护并尽全部力量让彼此的爱情远离诱惑、远离能够考验爱情的是是非非，这样，爱情才能长长久久地走到最后。

永远不要去考验你的爱情，而是要去细心呵护它，并且尽量避免让你的爱情遭受诱惑的考验。

【恋爱魔法贴士】

想要知道他的心，不一定要用爱情去冒险。从小细节中也能看出他的爱情、他对你的在乎。

1. 过马路等红灯时，你等得不耐烦了，试图闯红灯，他会冲出去拉住你，如果遇到有车驶来，还会紧张地骂你。

2. 在公共汽车上，你突然伸手握住他的手，他会把你的手握得更紧。

3. 看电影时，银幕上出现一些温馨的场面，你把头倚在他的肩上，他会搭着你的肩膀，尽量令你倚得更舒服。

4. 乘公共汽车时，虽然有很多座位，但如果你偏偏选择只有一个位置的座位，他宁愿站着也要在你身旁。

5. 他知道公司有人追求你后，会借故到你公司楼下接你。

6. 他每次出差，无论多忙，都会打电话给你报平安。

7. 他给你的礼物，很多都是你曾经表示过喜欢的。

8.你所说的话,他都会很耐心地细听。

9.他很清楚你喜欢吃什么,绝不会带你吃一些你讨厌的菜式。

10.每次分离时,他会一直目送你离去。

爱和性之间的神秘距离

一直有一个话题存在于我们的生活之中,它伴随着我们的一生,充满了吸引力,又非常隐秘,它就是性。中国人对于"性"的态度都较为含蓄和保守,从来都是谈性色变的。而随着西方思潮的倾入,同时越来越多的人对性有了其他的认识。

在年轻的时候,男人对性的渴望是十分强烈的,反而女人对此不是那么有兴致。而随着年龄的增长,女人对性的渴望也会愈演愈烈。性是两性之间再平常不过的一件事了,如同喝水吃饭一样自然,然而却不能对外人道也。对性的需求是一种再正常不过的生理现象,然而因为有了一种叫做爱情的东西,我们不禁会用爱情来束缚自己的欲望,将性看作爱情的一种升华。当然,也有不少人认为爱和性是独立存在的,性只是正常的生理需求,而爱不过是情感的一种而已。

不管持有什么样的观点,对于女人而言,性和爱之间有着神秘的距离,这个捉摸不定的距离可能左右着一个女人的一生。

林双和第一个男友恋爱的时候已经是二十几岁了,林双和他非常合得来,无论是两人的喜好,还是未来的理想,一切都有着不谋而合的地方。可是林双有件事情却始终非常困扰。原来,男友已经多次向她提出了性的要求。林双虽然很爱男友,但观念较为保守的她始终认为婚前性行为是充满了罪恶感的,虽然她一心是以结婚为前提和男友交往,但始终还是不希望在结婚之前走到那一步。就为这件事情,男友十分懊恼,但无论怎么说,林双就是不同意。

两人在一起差不多过了两三年,男友突然提出了和林双分手,坦白自己和别的女孩好上了。林双非常痛苦,她不明白男友分手的原因,难道就是因为性吗?经过一次失败恋爱后的林双开始思考自己的观念,她查阅了许多的资料,上面说男性对于性的渴望比女性要强烈得多,于是林双开始觉得,也许自己的性观念是错误的,也许是自己的错误,导致了爱情的毁灭。

林双的第二个男朋友是她的一个同事,第二个男友同样向她提出过性的要求,林双在经过激烈的思想斗争后同意了。可是,事情并不像林双所想的那样,虽然林双把自己的处子之身给了男友,但每次当林双提及结婚的事情的时候,男友就会岔开话题,从来不给她一个明确的承诺。林双开始觉得非常后悔,就这么轻率地把自己交托在了一个男人手上。也许是因为心中一直存在着疙瘩,也许是男友原本就没有那么深地爱她,两人开始频繁争吵,每次争吵,林双都会大骂男友没良心,说自己吃了大亏。日子久了,男友终于生气了,打了林双一记耳光后便拂袖而去,只留下林双一个人号啕大哭。她始终不明白,性和爱的距离究竟是很近还是很远。

两个人相爱,到一定时候自然而然就会发生性关系,此时的性爱是一种身体和精神的相互交融,是非常美好的。但同时我们也要知道,一个男人和你上床并不意味着他一定是爱你的,而他就算是爱你的,和你上床也绝对不意味着他会娶你。

曾经有一次,我十八岁的表妹问我说,什么时候才是把自己交托给男友的最好时刻,她说男友一次次向她提出要求,而她很爱他,不想失去他,想一直和他在一起,但是她也怕,怕付出以后会后悔。其实,性是两个人的事情,有许多女孩总认为,和男友发生性关系,吃亏的是自己,好像一切都是为了男友的需求而配合的一般。性爱是两个人你情我愿的事情，根本不存在谁亏欠谁的说法。

如果你还没有结婚，你在犹豫要不要答应男友的要求，那么你需要思考以下几个问题。首先，如果你和男友发生了关系，你能坦然面对，不认为男友亏欠了你吗？其次，如果你们以后分手了，你可以承受这一切的结果吗？最后，如果以后你遇到了一个男人，你想和他结婚，但是很可能因为他很保守，在乎妻子的操守问题而导致你们分手，你会后悔吗？如果这一切你都可以承受，而你也爱你的男友，爱到想和他肌肤相亲，那么，你可以接受。

性和爱的距离很近，近到你总渴望能和相爱的人相拥到天明；性和爱的距离也很遥远，远到陌生的两个人之间也能拥有一夜欢愉。

【恋爱魔法贴士】

当生理和心理发生冲突的时候，你不希望因为不能帮男友排解欲望而导致两人分手，但同时你也不希望走出这一步而将来后悔，那么其实你可以和男友商议，用一些其他的方法，既可以满足他的欲望也可以守住自己的贞操。

当"性福"成为"爱情"的阻碍

当你问那些还懵懵懂懂的少男少女，如果有爱情但是却没有性，你能接受吗？相信大多数少男少女都会斩钉截铁地告诉你，爱情胜过一切。但是，当你询问的是一个成熟的男人或女人的时候，可能答案会大大相反。"性福"真的强大到能成为"爱情"的阻碍吗？答案是，对，它能够。

胡瓜在主持《非常男女》节目的时候，曾经问过不少嘉宾，可以接受有爱无性的婚姻吗？答案几乎是否定的。一个人的婚姻没有爱情，注定了不会幸福；但一个人的婚姻没有了性，同样也不会幸福。性是爱情的一种升华，同时也可能成为爱情的阻碍。性的和谐也是婚姻家庭和谐的一个重要条件。

魏灵和康辰结婚的时候，魏灵的父母都没有到场，这是一场他们始终不愿意承认的婚姻。倒不是因为心狠，而是已经预见到了女儿不幸的未来。那个时候，魏灵和康辰都才刚过二十。他们从高中时候就开始相恋，大学毕业以后，发生了一场意外，康辰在一次车祸中下体受到了剧烈的伤害，完全丧失了性能力。而就在这个时候，在魏灵的心里，爱情是胜过一切的，她义无反顾地在康辰出院以后和他举行了婚礼。

我们看到一个为了爱情献身的女人，可是人生是非常漫长的，而性也是一种非常正常的生理需求。爱情给了魏灵接受一段无性婚姻的勇气，然而要把这段艰难的路走完，单单只有爱情又怎么足够呢？

魏灵还是风华正茂的年轻女子，自然也有正常的需求。刚开始的时候，两人过了一段如胶似漆的生活，但有时情到浓时却不能排解也让魏灵十分郁闷。当生活回归到本来的轨道的时候，柴米油盐的琐碎事情更是让人时常感到烦躁。而失去了性能力的康辰虽然有魏灵在身旁支持，心中却一直都十分自卑，始终难以振作起来。日子久了，康辰更是如此，甚至有时候看到魏灵和男同事在一起就会开始怀疑魏灵在外面出轨。

终于有一次，魏灵和康辰大吵了一架，和一个同学出去喝酒了，酒后两人发生了关系。再次尝到那种滋味的魏灵心中虽然愧疚，身体却是欲罢不能了。魏灵就这样陷入了这边对丈夫心存愧疚，那边却情人不断的日子，同时还要应对丈夫的百般怀疑。当初那份义无反顾的爱情在欺骗和痛苦之中早已消磨殆尽。

恋爱的时候，我们沉浸在爱情之中看不清楚方向，总以为真爱无敌，只要有了爱情，我们就可以战胜一切的困难。但是，我们不怕世界末日来临，我们不怕洪水猛兽侵袭，比这些更能考验爱情的，是时间。当爱情在时间的洪流之中被

Chapter 3 / 真爱才是童话完美的根源

消磨得看不到棱角的时候,是否还能天长地久地相守来抗争一切挫折呢?维系一段婚姻的,不仅仅只是爱情而已,还有外界的压力、夫妻共同的利益和稳固的家,同时还有和谐的性生活。

近年来离婚率一直都在上升,其中因为性生活不和谐而离婚的也大有人在。拥有和谐的性生活,不仅仅对人体健康有益,同时也能够使得夫妻生活幸福美满,婚姻自然牢固有保障。

为了性而放弃爱情听起来似乎是非常肤浅的,但是却非常现实。爱一个人可能是一辈子,也可能是一瞬间,而性却是伴随你一生的事情。性生活的不和谐随时可能粉碎你的爱情,把你曾经一心想要维系的婚姻炸得四分五裂。当"性福"成为爱情的阻碍时,如果你是正常的女人,一定要三思而后行。就算我相信你可以为了这份爱去死,我也难以相信你可以在无性的婚姻中获得你期盼已久的幸福。

【恋爱魔法贴士】

如果非常不幸,你和你的爱人之间性生活有不可调和的矛盾,我推荐你们可以尝试一些情趣用品。但如果甚至连这些也无法解决的话,在你想和他履行婚姻承诺之前,我建议你们先尝试生活一段时间。人生有非常漫长的道路要走,当你确定了你能在无性的婚姻中保持忠诚而获得幸福的时候,我祝福你。

处不处女重要吗?

中国人是十分重视女人的贞操的,虽然现在性观念也开放了,那层小小的处女膜再也不像从前那般甚至比生命和幸福还要受重视,但我们依然要面对一个问题:许多男人依旧有着解不开的处女情结。

处女真的那么重要吗？如果你问我，我会告诉你，处不处女不重要，一个懂得自尊自爱的女人，即使不是处女也值得男人疼爱和敬重。但如果你告诉我，你所交往的对象是一个有着处女情结的男人，那么我告诉你，非常重要，这关乎你未来的日子好不好过。对于不在乎的人来说，那只是一层膜和一个已经过去的故事；但对于那些在乎的人来说，这却是未来道路上的重重阻碍。

安洁和陆明是相亲认识的，陆明的文质彬彬吸引了安洁，而安洁的美丽大方也让陆明十分心动。两人相亲以后很快就开始谈起了恋爱，由于各方面都十分合拍，没多久陆明就向安洁求婚了。

安洁曾经交过几个男朋友，和之前的男朋友也发生过关系，但由于在后来的相处中，安洁发现前男友并没有结婚的意思，也就不想勉强他，便分开了。遇到陆明以后，安洁觉得遇到了自己的真命天子。可是让安洁没有想到的是，这段婚姻来得过于仓促，仓促得难以捕捉到幸福。

新婚之夜，安洁怀着幸福的心情等着陆明去洗澡，这个时候，婆婆却突然进来了，和安洁说了一大堆话，还把一块白布铺在了小两口床上。安洁先是非常惊讶，虽然以前从电视上也看过这是婆家要验媳妇的处女身，但安洁却没想到，怎么在这个年代还有这样的事情啊！等陆明回来以后，安洁把这当成笑话给陆明讲，还指了指床上的白布。陆明却一脸严肃地告诉安洁，这可不是开玩笑，的确是要证明一个女子的贞洁的。看陆明这么认真，安洁突然愣住了。安洁是个观念非常开放的人，她从不认为不是处女有什么不对的。她懂得自爱，从来不会出去滥交，虽然不是处女，但她始终不认为自己的生活有什么不检点。于是，安洁把自己不是处女的事情告诉了陆明，原本是想取得丈夫的谅解，却没想到，陆明一副被欺骗了的样子，非常愤怒，自己脱了衣服就上床睡觉了。新婚之夜，却无半点温存。

原本恩爱的两个人结了婚反倒成了陌路夫妻，陆明每次看安洁总是一副嫌恶的表情，婆婆也对安洁不冷不热的。这样的婚姻让安洁感到十分痛

Chapter 3 真爱才是童话完美的根源

苦,想离婚又有些不舍,原本想自己努力来修补这段婚姻,但令安洁万万没有想到的是,几个月以后,丈夫居然毫不避讳地在她面前说和别的女人上床的事情。而丈夫的理由就是,你既然都和别人搞过了,我为什么不可以。万念俱灰的安洁,终于狠心结束了这段短暂且毫无幸福可言的婚姻。

亲爱的女孩,你要相信,只要你懂得自尊自爱,就算你不是处女,你也同样值得尊重。但同时你更要相信,你是不是处女的重要性,取决于你的伴侣是否有处女情结。近些年来,有许多女人都大骂那些有处女情结的男人,但退一步说,如果那个男人自己本身是处男,想要追求一个完全属于自己的纯洁的女孩,这并没有什么错。

每个人都有自己的追求,而处女情结也是一种根深蒂固的思想,难以从灵魂中拔出。如果你已经不是处女,那就不要爱上那个有处女情结的男人,如果你爱上了他,那么就尽快斩断情丝,永远不要奢望他会给你像对处女一般的疼爱。

爱情是伟大的,它可以带领你走向幸福。但同时,爱情也有无法战胜的敌人,那些敌人随时可能摧毁你的爱情,摧毁你的幸福。

———♡ 【恋爱魔法贴士】 ♡———

一个女人,不需要去执着那一层小小的处女膜;但是,一个女人,却需要去执着自己的操守,对自己的行为负责。

懂得自爱的女人才是灵魂上真正的处女,但你也要看清楚,那个男人在乎的到底是什么,如果身体和灵魂对他来说同样重要,那么请你三思,自己是否能符合他的要求,是否能做他愿意给予爱和包容的妻子。如果不能,不要存在侥幸心理,认为努力就可以改变一切,根深蒂固的东西,是永远无法彻底根除的。

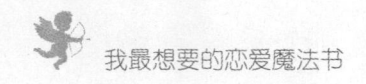

性不是用来惩罚爱人的刑具

无论对于男人还是女人来说，性都是必不可少的。普遍来说，年轻时候，男人的性欲比女人的更强，性表达也更直接，于是在性爱的过程中，往往是男人采取主动。可是也正因为如此，有些女人开始走入了误区，认为在性爱中，女人都是在配合着男人，一切都是男人受益。于是，这样的想法，让许多女人开始用性来惩罚男人的错误，牵制男人的行动。

性是两个人的事情，尤其对于相爱的人之间，性并不是一种恩赐。聪明的女人，千万不要把性作为惩罚爱人的刑具，原本非常美妙的性，原本应该是爱情中最为美妙的表达，一旦沦为了惩罚的一种方式，两个人的爱情必然会蒙上无法洗刷的污点。

用性惩罚男人，只会让两个人的距离越来越远，甚至变相地逼迫着男人去出轨。性惩罚了男人的欲望，可同时，也惩罚了女人的爱情啊！

伟和玲是一对结婚不到四年的小夫妻。我认识伟的时候是他老婆怀孕5个月的时候，也是他们闹别扭闹得要死要活的时候，于是我就意外地做了一回和事老。从我认识这对夫妻那天起，他们之间的战火始终没断，而且愈演愈烈，每次吵架都会提到离婚，每次玲都会抱起孩子回娘家，每次都要用"性"来惩罚伟，非要等到伟低三下四地去求她，玲的父母及姐妹再三教育、严加训斥，伟又是发誓又是保证，玲才抱着孩子满意地从娘家回来。

伟和玲是同学，玲喜欢伟，但当时伟已经有女朋友了，为了能追到伟，玲不惜一切代价，婚前极尽女人温柔之能事，苦苦倒追，皇天不负有心人，伟终于拜倒在了玲的石榴裙下，离开相交几年的女友，与玲步入了婚姻殿堂。

Chapter 3 真爱才是童话完美的根源

原本这样的爱情应该是个圆满的结局,造化弄人,婚后的玲突然一改婚前的温柔、乖巧、可爱,直接变成了一个市井悍妇,对伟颐指气使,无论家内家外,犹如暴君般河东狮吼,结婚几年了却还不会做家务,更不会做饭,伟一个人家里家外地忙活,上班、做饭、照顾孩子、洗衣服,大家都给了他一个"模范家庭妇男"的称号。都说"女人不能宠,男人不能惯",用伟的话说,玲纯粹是让他给宠坏的。

后来,伟终于出轨了,和前女友旧情复燃。这一次,玲再次抱着孩子回娘家,坚决要和伟离婚。但伟并没有挽留,虽然舍不得孩子,但这一次,他再也没有去低声下气地求她了。所有人都大吃一惊,但同时也觉得情有可原……

我想不明白玲究竟是为什么?费了九牛二虎之力追到的幸福,为什么不懂得去好好珍惜?在这个物欲横流、情感泛滥的时代里,"性"已经不再是可望而不可即的,只要愿意,随手就可以抓来,有的想看还看不住,为何她还要极力把老公往外推?

聪明的女人,请别用"性"来惩罚你的丈夫,等到你亲手把自己的老公送到别的女人怀抱的时候,等到你的老公不再眷恋你、不再眷恋这个家、在外面彩旗飘飘的时候,你才会醒悟吗?既然牵手,为什么不能好好地走?

聪明的女人,不要亲自毁掉自己身边的幸福,不要亲手断送自己得之不易的爱情,学会好好珍惜吧。

性是爱情的身体表达,是两个人能携手一生的重要维系,不要把它变为一种惩罚,更不要用它去牵制你的爱情。

【恋爱魔法贴士】

用性惩罚男人不对,但是女人有时候也要懂得适度地惩罚你的男人哦,毕竟要让他知道自己做错了,而我们很生气呀!那么,有些什么小妙招可以惩罚你的男人呢？

1. 带他出去逛街，穿上可爱的迷你裙，得意洋洋地吸引陌生男人的目光。

2. 带他逛大商场，在化妆品专柜和服饰店流连，不停地试，他要是故意不带钱包，你就说："哦，没关系，光看看也过瘾，走，还有20个铺面没逛呢。"

3. 用他的钱买一些糖果哄你邻居的小孩，让小孩跟在你屁股后面大声喊："谢谢姐姐！"

4. 买一些他平时最厌恶吃的食物，并当着他的面吃得津津有味。

品读《简·爱》的一番话

看过《简·爱》的人，应该都能清楚地记得，简对庄园主罗切斯特的一番经典话语："你以为，因为我穷、低微、不美、矮小，我就没有灵魂、没有心吗？你想错了！我的灵魂跟你的一样，我的心也跟你的完全一样！要是上帝赐予我一点姿色和一点财富，我就要让你感到难以离开我，就像我现在难以离开你一样。我现在跟你说话，并不是通过习俗、惯例，甚至不是通过凡人的肉体，而是我的精神在同你的精神谈话；就像我们的灵魂都经过了坟墓，我们站在上帝面前是平等的——本来就是如此！"

这番话成为了现代女性的爱情观，而舒婷在《致橡树》这首诗中也阐明了同样的思想。什么是爱情？爱情的前提就是平等。我们是平等的，因为站在同样平等的位置，所以能够大方地说出我爱你，这份爱情因为建立在一个平等的位置上，才显得纯粹而珍贵。

《简·爱》是一部女人的奋斗和爱情史，她用自己的一切向我们阐释了真爱中精神的平等。从《简·爱》中我们又能品读出什么来呢？

简和其他爱情故事中的女主角都不一样，她贫穷，父亲早逝，寄住舅母

Chapter 3 真爱才是童话完美的根源

家里。她的生活就如同灰姑娘的生活一般,但她却没有灰姑娘的美貌,自然也没有遇到她的王子。

后来,简被送进了孤儿院,但在孤儿院里的生活却是冷漠而孤寂的。在简长大了以后,留在那里做了几年老师,因为十分不喜欢那里孤独冷漠的气氛,简决定离开,找了一份家庭教师的工作。简就这样到了桑菲尔德庄园,也就是在那里,她认识了桑菲尔德的庄园主人罗切斯特。罗切斯特虽然富有但也并不像故事中的王子,他阴沉,有时又容易暴躁。然而就在短暂的相处中,罗切斯特和简发生了感情。

原本经历了许多波折的简也该获得幸福了,罗切斯特向她求了婚。然而,在婚礼上简才得知,原来罗切斯特已经有了妻子,并且这名妻子就是庄园里那个神经错乱的神秘女人,罗切斯特对她隐瞒了真相。就这样,简离开了罗切斯特。

在简离开以后,她一直走,想要远远离开,结果身上的钱都花光了,只能一路乞讨。机缘巧合地,简昏倒在了牧师圣约翰的家门前,后来才知道圣约翰是她的表哥。

圣约翰是一个长相非常漂亮的年轻人,是一个对神非常忠诚的牧师,虽然他心中爱恋着当地的一位小姐,但始终克制着自己。在和简的相处中,圣约翰觉得,简会成为一个非常好的助手。圣约翰准备去印度传教,临行之际他向简求婚,但也非常坦率地告诉简,他娶她并不是因为爱她。最后,简拒绝了圣约翰,她始终不能忘记罗切斯特。

后来,简想回到桑菲尔德庄园,直到看见了一片废墟才知道,原来在几个月前,罗切斯特的疯妻子放火烧了庄园,而罗切斯特想要去救她,却被大火烧伤了脸和眼睛。简终于找到了罗切斯特,和他生活在一起。两年以后,罗切斯特治好了一只眼睛,看到了简为他生的第一个孩子。

简的爱是平等的,她之所以答应了罗切斯特的求婚,是因为罗切斯特尊重她灵魂的平等。而她之所以离开，是因为她不能原谅他的欺骗。简并不是美丽的女子，也不是富有的小姐，但她的灵魂并不贫穷，也并不自卑。她敢于面对自己的爱情，更敢于放弃眼前的幸福。她为了诚实面对自己的心，不再去逃避曾经的伤害而拒绝了圣约翰。她回到了庄园，知道了发生的惨事以后依然对自己的爱人不离不弃。

简的爱情告诉了我们真爱的一个重要前提：平等。如果两个人的精神不能平等，又何谈爱情呢？如果一个站在仰望的位置，一个站在俯瞰的位置，两个人又如何能够并肩撑起一片属于两个人的天空呢？在真爱之前，先建立平等。只有平等地相爱，才能共同抗击风雨，迎接彩虹。

【恋爱魔法贴士】

通过简的故事，给各位女孩们一点忠告：

1. 不要因为自己的长相不如对方而放弃追求的打算，长相只是一时的印象，能否结合主要取决于双方的性格，我见过的帅哥配丑女、美女配丑男的太多了。

2. 有人说男人一旦变心，九头牛也拉不回来，难道女人变心，九头牛就拉得回来吗？男女之间只有生理差异，心理方面大同小异。

3. 如果真爱一个人，就会心甘情愿为他改变，如果一个人在你面前我行我素，置你不喜欢的行为而不顾，那么他就是不爱你。但同时，无论多爱一个人，也不能失去自我，人都要守住最后一条底线。

4. 成熟的人不问过去，聪明的人不问现在，豁达的人不问未来。

爱他，就不要妄想改变他

有人说，女人就像一所学校，可以改变一个男人。这句话我同意一半。女

Chapter 3　真爱才是童话完美的根源

人确实就如同一所学校一般,好的学校让男人更好,坏的学校让男人更坏。但是有一点,无论哪所学校,都是无法改变一个男人的个性和许多习惯的。女人也一样,当你试图改造一个男人的时候,你会发现,这一切只是妄想而已。甚至你只是想让他戒烟,都仿佛难如登天,更别说其他一些根深蒂固的习惯了。

男人身上永远都有着女人挑剔不完的毛病,其实人无完人,再优秀的人也一定会有让人看不过眼的缺点。一个完美主义者总是辛苦地试图改变一切不完美的事物,但最终其实他所能改变的,只有自己而已。女人总是希望自己的男人为了自己而变得更好,认为自己想改变他都是因为爱他,想让他变得更优秀,但往往总是忽略了一件事情,如果你那么爱他,为什么偏偏不能去接受现在的他,给他多一些包容呢?

王小洛和陈铭已经进行了7年的爱情马拉松了,婚期却一直都没有定下来。倒不是陈铭贪图单身快乐不想这么快娶老婆,而是因为王小洛一直犹豫不定到底要不要嫁给他。

王小洛是个好强的女人,事事都追求完美,她总希望能把所有的事情都做得无可挑剔。陈铭是个知足常乐又随性的人,和王小洛有很大的不同。两人当初能在一起,真是让所有人都跌破了眼镜。恋爱的时候虽然总免不了磕磕碰碰,但王小洛和陈铭就这么坚持下来了,7年了,两人依然携手。

这一年,陈铭再次向王小洛求婚了,王小洛考虑到自己年纪也不小了,总这么拖着也不是办法,虽然她对陈铭有许多不满意的地方,但王小洛也是爱着陈铭的。于是,王小洛终于答应了陈铭的求婚,同时王小洛也开始了她策划已久的"丈夫改造计划"。

王小洛在和陈铭谈恋爱的时候虽然已经非常想让陈铭有所改变,但一想自己只是女朋友而已,这么多管闲事似乎不好。现在两人既然已经决定结婚,王小洛自然而然也就担起了改造陈铭的重任。毕竟是要和自己生活一辈子的人，当然要培养得优秀一些。于是，从答应了陈铭求婚的那天开始，王小洛制订了满满的计划，规定以后陈铭不能带朋友到家里来看球，抽烟一定要去外面，臭袜子不能乱扔……满满的注意事项让陈铭都快昏了头。这也就罢了，王小洛甚至拿出了一份职业规划表，上面写了满满的工作目标。陈铭是设计师，王小洛简直是把他未来如何走向设计总监这个位置的道路都给写出来了。

两个月以后，婚礼被取消了，陈铭自己一个人走了，只留了一条信息给王小洛："对不起，我无法成为你心中的那个完美男人。"

很多人都认为，一个充满自信的女人才能牢牢吸引住男人，这是没有错的。但是一个过于自信、对男人颐指气使的女人，只会让男人望而生畏。你总是希望男人能做得更好，你也相信你的爱人有做得更好的能力，只是有一分惰性让他无法到达那个高度，于是，女人们开始把自己放在了监工的位置上，想要监督他，创造一番大事业，或者试图改造他的邋遢，让他懂得如何保持房子的清洁。

可是，当女人提出要他改变这个、改变那个的时候，男人想的不是你在为他好，他只能感觉到你对他有那么多的不满意。既然如此不满意，又何必非要勉强在一起呢？你以为是好意，却在无意中一直伤害着他。男人爱面子，需要尊重，他希望你爱他就接受他，对他宽容，而不是处心积虑地想要把他改变成为某一个人，或者某一种人。他们只是想要做自己而已。

将心比心，女孩啊，如果你的男朋友总是嫌你这里做得不好，那里做得不好，希望你改变这个，改变那个，你心里又是怎么想的呢？

爱一个人，就不要试图改造他，如果爱他，就接受眼前这个不完美的他。如果他身上有你实在无法接受的缺点，也不要认为婚姻可以给你足够的时间来改变他。永远不要试图去改变一个男人，最后得到的，只有失望，失望，还是失望。

———— ♡【恋爱魔法贴士】♡ ————

亲爱的姐妹们，永远没有谁可以变得完美无瑕，不要给自己太多假设，不要

> Chapter 3 / 真爱才是童话完美的根源

爱上一个假设中的人,你要爱的是在你眼前的这个人。也许他不完美,也许他缺点很多,但是你就是爱上了这样的他,不是吗?女人如同一所学校,你可以用一种聪明的教育方法去督促男人做一些事情,但永远不要试图对他进行一番大改造。

撒娇是女人的武器,称赞是男人的克星。当你希望他去做一件事情的时候,不妨对他撒撒娇,进行一番赞美,相信他在不知不觉之中就被你这所聪明的学校教乖了。但最重要的是,你要记得,一所想要强行改造男人的学校只会激起他们的叛逆和反抗。

教会他如何爱你

爱情是需要学习的,爱人的能力是需要培养的,如果你的伴侣不够体贴你,那么我相信,你一定也负有相应的责任。

总有许多女孩抱怨,自己的男友不够体贴、不够称职,自己付出那么多却不能得到相应的回报。可是,亲爱的女孩们,你们是不是想过,他做得不够好,会不会是因为你们付出太多了呢?

男人就像小孩,在爱情里你要教会他许多许多的东西,如果你只是一味地惯着他,自顾自地做一个体贴的小女人,那么,你的男人就会习惯你的娇惯,而不会想着如何对你体贴,如何对你好。

真爱并不只是一味地付出,爱情是两个人的事情,是需要两个人共同维系的。如果你希望你的爱情能够天长地久,那么,女孩,教会你的他,应该如何来爱你。

阿宝是家里娇宠的小公主,而阿宝的男友小林也是被家里惯坏的大少爷,两个人在一起时常常是互不相让的,谁也不愿意迁就谁。

刚开始两人在一起的时候,几乎天天都吵架,但两个人又离不开彼此。虽然很多朋友都劝阿宝说,她需要一个懂得照顾她的人,但阿宝却始终"执迷不悟"。

虽然这段感情并不被大家所看好,但到后来,却让所有人都大吃一惊。阿宝和小林非但没有分手,争吵也少了许多。在阿宝生病的时候,能看到小林帮她买药送饭,而那个被娇宠的阿宝甚至还会帮小林洗衣服。

身边的朋友都非常惊讶,而阿宝只是笑着告诉他们,爱情需要学习,她正在努力学习怎么去爱小林,也在教小林怎么样来爱她。

爱情中的男女本来是最近的人,却往往是最远的人,咫尺天涯。

爱情中的男女都把对方当内人,却忘了曾经是外人,个个都用自己的语言说话。他说的话她不懂,她说的话他不听。

我以为你该善解人意,你觉得我应该心有灵犀,偏偏都是家常男女,稍不留神就听错了话、会错了意,一言不合、二话不说,就怨声载道、积怨满腹。怨恨是藏不得捂不得的,需要拿出来晾晒,否则难免要发酵发霉。

爱情毕竟是两个人的事,你有要求,他有想法,要么亮出你的舌苔,要么就空空荡荡。言情言心的话要说,年年说、月月说、天天说,不说不足以回肠荡气,不足以平怨燃情。

说到底,我们对爱情的理解始终存在偏差,我们所希望的被爱的方式,对方并不能完全理解,如果不去教会他,他又怎么知道要如何爱你呢?

【恋爱魔法贴士】

想让男友懂得帮你分担家务,那么就在平时做家务的时候撒撒娇让他帮把手,完工了不要忘记夸奖他,让他知道你十分喜欢他帮你一起做家务。

想让男友懂得体贴你,那么不如时常央求他陪你一起去采购,帮你拎着重的东西,当然不要忘记帮他擦擦汗,给他一番赞美。

Chapter 3 真爱才是童话完美的根源

要懂得把希望他能帮你做的事情大方说出来,让他去做,要懂得教会他如何做才能让你感受到他的体贴和关爱。教会他爱你,也是爱情重要的一个环节。

童话结局之后的故事

童话故事总是讲到,从此王子和公主快乐地生活在一起,然后便戛然而止。那么,童话结局之后又会是怎样的呢?我们可以来猜想一下。公主嫁给了王子,两人应该会度过一个甜蜜的蜜月期,回想起两个人波折的爱情,战胜了一切的恶势力,终于得到了幸福。可是蜜月期完了以后,生活不再有那么多的波折和困难需要战胜了。两个人开始陷入了平静的生活,可能会因为一点小小的生活问题有争吵,也可能日子久了再没有多余的话可以交流。

轰轰烈烈的爱情过后,依然要回归到平静如水的生活中。尤其是结婚以后,当一段感情稳定下来,曾经那些如诗如画的浪漫、海誓山盟的天长地久,一切都会回归到平淡当中。有许多人只想追求你侬我侬的恋爱,只想把自己投入轰轰烈烈之中,而不甘愿享受平平淡淡的人生。但真爱始终要归于平淡,错过了浪漫不要紧,可是错过了真爱,却可能成为一辈子的遗憾。

安琪和蒋煜是一见钟情的,蒋煜是个非常有意思的人,总是会给安琪许多惊喜。比如突然会手捧鲜花出现在安琪面前,或者把礼物放到安琪意想不到的地方,和蒋煜在一起,安琪的人生似乎都充满了惊喜。

可是,不论有多少花招,也有用完的一天,蒋煜很爱安琪,但给她的惊喜也不可能持续一辈子啊。就这样,随着时间的流逝,蒋煜和安琪在一起的时间越来越久,蒋煜给安琪的惊喜也越来越少。毕竟,平平淡淡,这才是生活啊。但已经爱上了那些惊喜的安琪开始越来越失望,仿佛对蒋煜的感情也慢慢减弱了似的。在挣扎了许久之后,安琪终于决定约蒋煜出来谈一谈。

　　这天晚上,安琪和蒋煜来到了他们第一次约会的餐厅。虽然是故地重游,但两人的心情已经完全不一样了。安琪向蒋煜提出了分手,蒋煜似乎已经早有预感,动了动嘴唇,始终没说什么,只是默许了。

　　两人的心情都非常沉重,晚饭后蒋煜送安琪回家,这也许是最后一次蒋煜送安琪回家了。其实在说出分手以后,安琪心中已经开始后悔了,她突然发现,自己是那么爱蒋煜。可是,蒋煜没有挽留,安琪也不知道该如何开口。眼看着蒋煜已经把安琪送到了电梯口,两人礼貌地说了晚安以后,安琪进了电梯,眼泪开始掉了下来。突然电梯门开了,安琪看到蒋煜一脸失魂地站在电梯口,两人惊讶地对视了一下,略微有些尴尬地再次道别。看着电梯门关起来了,安琪在心中祈祷,只要蒋煜再次按了电梯,她就再也不和他分开了。正在这时,电梯门再次打开,安琪扑到了蒋煜怀里。他们俩紧紧拥抱着,谁也没注意到电梯旁边的提示牌:电梯故障。

　　在恋爱之初,我们都具有着火一般的激情,无限的创作灵感,就如同童话故事中的跌宕起伏一般。可是,无论多么热烈的情感,也有冷却下来的一天;无论多少的创意,也不可能时时制造惊喜。浪漫是爱情的调味料,让爱情变得更加美味,更加吸引人。但是,我们太过于关注这些浪漫,却反而会丢失了心中的真爱。当激情冷却,当生活归于平静的时候,爱情便如同细水长流一般,延续到天长地久。

　　每一段爱情在不同时期都有不同的表现形态,童话结局之后的故事也许只流于琐碎,再也没有之前的豪情壮志,一波三折。但是,在童话结局之后,真爱并没有结局,只是化作了涓涓细流,萦绕在生活的左右。执子之手,与子偕老,这样的爱情需要用一生来品味,才能品出其中的幸福与甘甜。也唯有这样的爱情才能够承担天长地久的诺言,太过于热烈的爱情,寿命如同昙花一现,虽然美丽让人留恋,却也只能长存于记忆之中罢了。

　　我们喜欢浪漫,但却不要因为太在乎浪漫而错失了真爱,留下一辈子的遗憾。懂得品味爱情的每一个阶段,才能得到天长地久的幸福。

【恋爱魔法贴士】

当你觉得你的恋爱越来越平淡无奇的时候,当你发现你的爱情已经不像从前一般惊喜不断的时候,不要急于去结束这一段感情,不要总以为你们之间的爱已经荡然无存。试着去生活中,在那些平平淡淡的事情中体味他的爱。

他总是牵着你的手,他总是记得你爱吃什么,在你生病的时候,他急得不知所措,当你生气的时候,他会想各种办法逗你开心,甚至可能他常常会打击你,不再说甜言蜜语,但依然喜欢温柔地抚摸你的头发。其实生活中每一个细节,只要你们还相爱,依然能觉察出那种柔情似水的浪漫。也许每天只有一点一滴,但汇聚起来却如同奔涌向前的河流。能承担一生的真爱如同细水长流,童话结局之后,依然是爱情的携手。

责任与爱同行

爱情是一个非常奇妙的东西,两个陌生的人在茫茫人海中相遇了,可能就因为这种叫做爱情的东西,两个灵魂产生了相交和碰撞,留下了一生的回忆,甚至从此便相伴一生。记得原先看过一篇文章,作者说,爱情是一种很纯粹的东西,它与婚姻无关,更与责任无关,爱情只是爱情而已。然而,就是这样的一番言论,这样的一种思想,没有让爱情更加美好,反而让许多人有了逃避责任的借口,甚至开始了以爱情为理由的放纵。

当你默默地爱一个人的时候,你自然不需要对他负有任何责任,但当你把这份爱说出口以后,如果他也用爱回报了这份爱,你们之间就存在了一种责任——忠诚。每一份爱情都有各自不同的道路,有的能最终走向婚姻,有的最终却没有选择婚姻。选择了婚姻的爱情,除了忠诚,更担负起了对一个家庭的责任。而那些没有选择婚姻的爱情呢?虽然无须对一个家庭负起责任,却应该对彼此负责,对彼此之间的这份爱情负责。就算有一天已经不爱了,也该坦诚相告,而不是瞒天过海,在外享受齐人之福。责任与爱同行,如果把责任剔除了,那么爱情也不是一份完整的爱情。

我有一个朋友,是一名已婚男士,他有一个很幸福的家,他的妻子非常爱他。后来有一次,他来找我谈心,说起了最近非常困扰他的一件事情。

他在结婚以前曾经喜欢过一个女孩子,对她情有独钟了整整7年,可那个女孩子却一直都没有答应他。后来,他遇到了现在的妻子,妻子温柔贤淑,对他又特别好,他们便结婚了。可是最近,他之前钟情的女孩子却回过头来找他,似乎婚姻生活并不如意,突然发现他以前对她真的很好,而她觉得非常后悔失去了那份美好。而这个朋友呢?对那个女孩始终未能忘情,可是现在幸福的家庭和贤惠的老婆又让他难以舍弃,他就这样陷入了两难的境地。他也算是个负责任的男人,虽然之前那个女孩一直对他百般示好,但在没有下定决心的时候,他并没有接受她的示好。

其实对于这种事情,周围的朋友无一例外一定都会劝他要保住家庭,而他自己也明白。只是当你陷入某一种感情的时候,非常容易冲昏头脑。后来,他并没有和妻子离婚,家庭生活依旧非常幸福,一年以后,他的妻子怀孕了,他充满喜悦地等待着成为爸爸。有一次,我提起了之前的事情,询问他为什么没有接受那个自己曾经苦追了7年的女孩,他说,他害怕自己也像她一样,等到失去深爱自己的妻子之后才觉得后悔。

现在的他非常幸福,有美好的家庭,同时还有一个即将出世的宝宝。

爱情如果失去了责任,便如同失去了忠诚,没有忠诚的爱情,到头来只会伤害到自己和身边的人。一个人可以爱上很多人,但却只能对一个人忠诚。当你肩上背负了一份责任的时候，你要知道，此刻的你爱不爱谁已经不是最重要的了，最重要的是，这些你爱的人，你将要与谁同行，继续你的生活。

两个人相爱的时候，就有了一份承诺，承诺对彼此的忠诚。当你不爱的时候，这份责任并不会凭空消失，那你至少要给爱人一个交代。如果有幸走到婚姻，更是增添了一份对于家庭的责任，这个时候你所背负的就更加多了，再不能任性地甩手离开。曾经因为爱，你们给了彼此承诺，给了彼此保证，而现如今更是应该记住，责任与爱同行。

宣扬爱情纯粹从而不该与责任或者婚姻扯上任何关系的人，根本不懂得爱情的真正内涵。爱情是两个人的事情，当爱说出口，责任便伴随而至。永远不要轻易许下爱的承诺，这是非常珍贵的东西，当你遇到你珍爱一生的人的时候，请一定要记住：责任与爱同行。

——♡【恋爱魔法贴士】♡——

忠诚是伴随着爱情而产生的一种责任。千万不要轻易许下爱的承诺，而你如果已经确定了对他的爱，那么就要承担起相应的责任。这不仅仅是对爱人负责，更是对这份爱负责。

而当你已经不爱他，不愿再与他携手的时候，也请一定要告诉他。这份诚实也是对于爱的责任。

同时要提醒各位的是，爱情是幸福的必要条件，但绝对不是充分条件。生活还在继续，重要的是，看清楚，你想要与谁同行。

坚守爱的原则

任何事情都有原则，爱情也不例外。爱情也有需要坚守的原则，如果打破爱情的原则,难免会被爱情伤害得伤痕累累。

也许有人会反对,爱情哪里有什么原则啊,我们不能预期自己会爱上一个什么样的人,甚至不能控制爱情会在什么时候发生,这一切都不需要原则。

爱是没有原则的,是不需要理由的,爱不知道怎么发生,不知道为谁发生。爱就是爱,是说不清、道不明的。爱在该发生的时候发生,降落在她认为最合适的人身上。爱降落的时候,叫幸福,受爱垂青的人,叫爱人……

那么,让我们一起来看看她的故事,一起分析一下这个叫做"爱情"的东西吧!

他和她的相识是偶然中的必然,一个是正用猎艳的目光寻找情人的成功男人,一个是厌倦了平淡如水的家庭生活的美貌少妇。像所有见不得阳光的爱一样,他们背着各自的家庭在外面偷欢,不久就深坠情网。

每一次相聚,他都会说自己多么多么地爱她,的确,她的柔情和风韵迷住了他的心,他也舍得为她花大把的钱,千金来买美人笑。而她呢?与其说她爱上他,倒不如说她更爱他的钱,看到那么多的钱,她连家都不顾了,两个人各取所好,最后到了难舍难分、如胶似漆的地步。

当他们都沉醉在这段上天赐予的良缘中时,她开始要为两个人的未来作打算,他知道了却说,凡事都有原则,爱情也是,她听了若有所思。她想他们各自的牵绊还太多,要想得到他,还是直接给他一个意外的惊喜吧。

当她把离婚证书放在他面前时,她以为这一定能让他感动。但他却冷冷地看了半天,甩出硬邦邦地一句话:"你违背了爱情的原则!"说完竟拂袖而去。

原来这就是他所谓的爱情的原则,他不过是喝惯了白开水,偶尔想换换口味,喝一杯可乐作为他一个新鲜的补充,而她只不过是他的可乐,终究他还是要喝白开水的。

看着自己残破的家庭,她恼羞成怒,在被他抛弃的一个月后,她执刀跑

Chapter 3 真爱才是童话完美的根源

到他的家把他八岁的女儿砍伤……

一幕戏在温情脉脉中开始，在两败俱伤中结束。

他们都有各自理解的爱情原则，他的爱情原则就是不触及生活和家庭，而她的爱情原则却是天长地久。然而，这份他们所谓的"爱情"，真正爱的成分又有多少呢？

每个人都有各自理解的爱情原则，但爱情也有自己的原则，只有遵守爱情自己的原则，我们才能拥有一份可以天长地久、可以相依相伴的幸福。

爱情第一个原则是平等。我们要有平等的身份、平等的位置，而不是一个仰望，一个俯瞰。建立在平等原则上的爱情，才是纯粹而不带任何杂色的爱情。

爱情第二个原则是互惠。爱情是个对双方都有好处的东西，是个互相给予和获取的过程。做生意要找好伙伴寻取双赢，爱情也是一样。可是很多人对于爱情，就好像生意场上的失败者，或者是只知道获取，总是说找不到爱自己的人，总说别人不够爱自己，没考虑到爱是需要付出的；又或者另一些人，爱得太无私、太伟大，无私得让人难过，为了所谓的爱人抛弃一切，艰难困苦自不在话下，还要忍受家人的反对和世人的指指点点，甚至是最后"爱人"的背叛。

人都说爱情是需要经营的，把爱情想得现实一点吧，爱情不是一见钟情的冲动，更不是情自心生的率性。要像做一份工作一样经营一段爱情，计算一份投资，考量一下利润，赢得现实的爱情。

爱情第三个原则是现实。爱情是一种理想，又是一种现实。对现实而言，理想是爱情最美丽的谎言；对理想而言，现实是爱情最痛苦的真实。但爱情归根结底是现实的，我们必须懂得考量现实的状况，要明白这份爱情是否能在现实中生存下去。

爱情有自己的原则，坚守爱情的原则，才能获得真正的爱情，也才能从爱情中获得渴望已久的幸福。

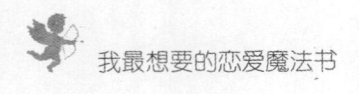

———♡【恋爱魔法贴士】♡———

给各位女人们的忠告:

不要爱上已婚男人,男人一般不会为了一个女人而背弃自己的家庭,他只是感觉生活平淡,需要一些新鲜的刺激罢了,不要笨得成为已婚男人的猎物,还把自己的心搭了进去。

不要打着爱情的旗号毁了你的家庭。如果你已经结婚,并且在平淡的婚姻生活中感到了厌倦,与其去外面找刺激,不如想想办法如何拯救你的婚姻,毕竟能够陪你一辈子的人,其实已经在你的身边了。

爱情最重要的一点是:真心。这一点比金钱、比名誉、比一切都来得重要。

Chapter 4
恋爱保质期，一边去！

　　世界上任何东西都有它的保质期，面包、泡面、饼干……什么都逃不了过期的命运，无论添加多少防腐剂，也难以让它永久保持新鲜。恋爱似乎也是如此，什么"三年之痒"、"七年之痒"啦。可是，对于聪明如你我，莫非真的会让我们的甜蜜恋爱过期吗？恋爱保质期？一边去吧！

Chapter 4 恋爱保质期,一边去!

恋爱需要美人心计

据调查资料显示,人类的爱情保鲜期根据客观和主观因素的不同,时间大多维持在3个月到3年不等,热恋期最多只能维持1~2年。如果说你还认为真爱不用呵护也能天长地久的话,那么你的恋爱可能非常危险了哦!

恋爱刚开始的时候,处于热恋期,也就是爱情的新鲜期,彼此之间充满了神秘与诱惑,随着恋爱荷尔蒙的旺盛分泌,我们做什么都兴致高昂,喝水也觉得甜。

在热恋期尾声的时候,我们对彼此依然怀有特别的浓情蜜意,但同时也会开始发现一些对方的小缺点。但这个时候我们会彼此宽容与理解,就算做错了事也会找个借口原谅对方。生活中因为有了彼此而显得不同。

过了恋爱的最初阶段以后,就进入了最危险的时候了,也就是爱情开始要变质的时期。我们开始忙碌彼此的生活,恋爱也变得平平淡淡。时间的变化会使我们的心理发生质的变化,就算偶尔有矛盾,也多会因一方的沉默而积压在心里,导致我们常常怀疑这场相恋是不是一种错误。

已经进入了变质期,能否让爱情顺利保鲜关键就在这里了。我们进入了另一个特殊的时期,对彼此依然有眷恋,可是却又充满了怀疑。如果在这个时候不能够运用你的美人心计,那么可能这段爱情就此画上句号了哦!

晓荷在一次旅游中,结识了团友杨成。在登泰山的途中,晓荷一脚踩空,眼看就要扑倒在地上,一双有力的大手牢牢地抓住了她,这个拯救她的人就是杨成。一个偶然的怦然心跳,让他们走到了一起。

这段时间,因为杨成的介入,晓荷的生活变得丰富起来。心情就像阳光下绽放的花朵,不仅自己灿烂,也带给彼此芬芳。他们早晨一起去江边跑步锻炼，一起吃晚饭，一起去街上溜达。晓荷想，就这样走到天荒地老也不错。

走过爱情的最初阶段，杨成开始为生活而忙碌。他所在的公司经常加班，常常是晓荷睡着了杨成才回来，这样的生活无疑是聚少离多，嘘寒问暖只能在电话里传达。晓荷发现他们之间的情话越来越简短而不真实，客套而无意义。生活变得平淡无奇，彼此之间开始沉默……

觉察到晓荷的冷漠，杨成试图挽回这段好不容易走到今天的感情。他给晓荷发了短信询问她现在的情况，刚开始晓荷还回复了几条，而后来杨成的短信就石沉大海，收不到回信了。杨成以为晓荷只是赌气，就先将这段感情搁置了几天。

随着杨成的疏远，晓荷也开始冷落对方。这个时候，争吵充当了晓荷与杨成交流的主角，在他们的眼神里再也读不到当初一见钟情的含情脉脉。直到有一天，晓荷指着一个男人说："这是我新交的男朋友，我们分手吧，我不喜欢你了。"杨成这才真正意识到问题的严重性。他试图重新抓住这个女人，却发现她已经躲到了另一个男人的身后。

晓荷和杨成的这段爱情就是如此，有热烈的开始，却因为冷淡而结束，因为彼此的疏忽，爱情之花便这样默默地凋零了。长期的耳鬓厮磨，免不了产生一些疙瘩，如果双方都将疙瘩埋藏在心里，可能会使这段感情走向末路。此时，需要的是一些"若即若离"的"干燥粉"，即双方保持一定的距离，给彼此一个独立性和自由度。当矛盾产生时能主动寻求和解，保持彼此心境的畅通。晓荷不能理解杨成，而杨成也不懂得在百忙之中靠近晓荷，两颗心的距离就在言语的贫乏之中慢慢走远。

想要让恋爱持续热恋时的甜蜜，美人心计少不了，虽然爱情是纯粹美好的，但两个人的相处却需要花些心思，动点脑筋。情感上我们追求单纯天然，但相处中却处处都有技巧。

Chapter 4 恋爱保质期,一边去!

聪明的女孩们,为了让恋爱保鲜,动动你们聪明的头脑吧!

【恋爱魔法贴士】

给恋爱中女孩的几点忠告:

1. 恋爱要学会"细水长流":在恋爱过程中,除了加强自身的各方面修养外,注意不要过快、过于充分地将自己全部暴露,包括才能、特长、经历以及肉体等。

2. 一颗平常心:很少有人一生只爱一次,十有八九的恋爱以分手告终,要以平常心看待欢聚与别离。千万别一哭二闹三上吊,这只会使自己变得很可怜。

3. 不断更新才能天长地久:要不断更新你们之间的情感关系,保持新鲜和活力,如果有一部分失去了,你要再造它;如果破坏了,你要修复它。经常给你的恋情注入新鲜活力才能长盛不衰。

你会诱惑你的男人吗?

一个男人和你上床,他不一定爱你,但一个男人如果对你的身体连欲望都没有了,那么他一定不爱你了。两个人在一起久了,彼此熟悉得手牵手都如同左手拉右手一般,再也没有新鲜刺激的心跳感觉,这就是爱情正在慢慢死亡的征兆。

长期以来,女人都是比较含蓄的一方,无论是情感的表达还是身体的接触,往往都是由男人来主导的。可是,各位乖乖女们,你们又是否知道,男人天生就是被诱惑的,而女人,天生就是来诱惑男人的。有多少任劳任怨、贤良淑德的妻子们在家中无怨无悔地打理好男人的一切,可到头来,自己的男人却去疼爱外面那个花枝招展连家务都不会做的妖娆女子。贤良淑德的妻子们开始哭诉，骂那"狐狸精"不要脸，骂到最后也是于事无补。

每个女人都有做"狐狸精"的潜质，要让你的爱情不变质，要让你的他对你一直都神魂颠倒，先问问自己，你会诱惑你的男人吗？

婉华和男友在一起已经8年了，同居了5年，彼此间熟悉到身上有几颗痣在什么位置都知道。在一起久了，早已经失去了当初那种心跳的感觉，彼此就如同搭伙过日子一样，各自忙碌，交集甚少。婉华虽然时常也觉得两个人在一起已经十分无趣，但8年的感情对她来说也是非常重要的，她也认定了，男友就是她会嫁的人。可是虽然双方家长都在催促，男友每次都会找借口搪塞过去。

一天晚上，婉华起身上厕所，发现男友不在身边，路过书房的时候，从门缝中看到男友戴着耳机对着电脑非常兴奋的样子，原来男友在看黄片。婉华这才突然意识到，两人已经有几个月都没有温存过了。

第二天晚上，婉华洗完澡，坐在男友腿上，向男友示好。可让婉华失望的是，男友只说了一句"今天累了"，随后就倒头大睡。婉华这才意识到问题的严重性。当他对你的身体连欲望都已经没有的时候，哪还能指望有爱呢……

在婉华心乱如麻的时候，婉华的好姐妹给她出了一招，婉华半信半疑地决定尝试一下。

在男友休息的那天，婉华约了男友去看电影，那天婉华穿了一条非常热辣的短裙，挽着男友进了电影院以后，婉华便伏在男友耳边轻声说："亲爱的，我今天穿了丁字裤噢！"说完，婉华偷偷瞄男友，发现男友眼睛都瞪大了，望着自己，一副饥渴难耐的样子。电影看到一半，婉华就被男友拉着回家了……

Chapter 4 恋爱保质期,一边去!

哈,可不要小看一条小小的丁字裤的力量呀!小小的情趣,却是撩起男人性趣的重要小道具啊。人天生就是喜新厌旧的动物,女人对衣服的喜新厌旧和男人对女人的喜新厌旧本质上并没有多大差别。所以女人在追逐新款的外套的同时,也要想着把自己和自己的生活变得更有新意,这才是恋爱不败的法则。

懂得诱惑男人的女人,永远都让男人饥渴难耐,永远都能让男人对她兴致高昂。色欲是男人最原始本质的一部分,男人喜欢追逐性感的女人,因为她们总是能让男人保持着性趣。性感没有统一的标准,肌肤胜雪或者一身热辣阳光色,都别有一番迷人风味,归根到底,女人的性感其实是种态度——认真地生活,对自己的美丽负责。

要想让他永远为你着迷,要想让你们的恋爱永远都保持着火热,那么,女人们,一定要学会诱惑自己的男人,只要用你的性感和美丽牢牢将他抓住,外面的狂蜂浪蝶,全都不入法眼啦!

【恋爱魔法贴士】

女人诱惑男人是一门艺术,让我们一起看看女人对男人的"诱惑三部曲"吧!

第一部曲:语言勾引。语言勾引是一门学问,要懂得营造暧昧的气氛,让男人想入非非。既不能说得太露骨,又要懂得在适当的时候戛然而止。就像婉华在男友耳边的那一句"我穿了丁字裤",戛然而止,却让人心潮荡漾,浮想联翩。

第二部曲:心理勾引。要让他在得到与得不到之间苦苦挣扎,制造若即若离的感觉。要让他看得到但是偏偏得不到,心急火燎,还不引得他欲火焚身?!

第三部曲:身体勾引。男人往往最难以拒绝的,就是女人的身体。从嘴唇到眼神到胸脯到大腿,女人身上每一处都能成为撩拨男人情欲的武器。不妨给他一个热辣的眼神,或有意无意地用你的胸脯撞到他。女人的身体可是对男人最强大的武器哦。

恋爱应该"多喜少惊"

女人天生浪漫，同时也敏感多疑，所以，女人总是在不停地给对方制造惊喜：突然出现在他的办公室，带来他最爱喝的冰奶茶；告诉他错误的航班，在家门口打电话对他说你想他，然后推门进去……你真的想给他惊喜吗？还是披着惊喜的华丽外衣在考验他、试探他呢？

女人千方百计地制造惊喜，如果过了天真烂漫的年纪，说白了还是因为不信任。爱一个人就要充分地信任他，说起来很容易，但是女人做不到，并且爱的指数越高，信任的指数就越低。男人、女人心里都很清楚这一点，如今诱惑那么多，抵抗都抵抗不过来，更别说那些不愿意抵抗的人了，谁能相信谁呢？时间久了，如果不打着惊喜的幌子试探他一下，输给了谁你都不知道。

有的男人经常加班到深夜，于是女人们会买点他爱吃的东西送去，忙完了再一起回家，女人管这个叫"惊喜"，而男人一直管这个叫"探班"。恋爱中有这么多的"惊喜"，对于男人究竟是惊多还是喜多呢？

苏岑的朋友 Susan 最近离婚了。Susan 夫妇一直是朋友们眼中典型的模范夫妻，老公事业有成，经常在海外发展生意，Susan 在家做贤内助。每次都看到他们幸福地拉着手参加朋友们的聚会，大家都羡慕死了，谁也没想到他们会分手。而分手的原因让人大跌眼镜，原来 Susan 在老公出差之际，和原来的大学同学旧情复燃，而她老公出差提前回来，带着礼物，原本是要给她一个惊喜的，没想到把自己给惊了——捉奸在床。

这个消息让苏岑开始担忧，自己的丈夫会不会也……于是，苏岑决定，也要给丈夫来一个大大的惊喜。

周二，苏岑出差去香港，明明是去 3 天，应该周末回来，苏岑故意让老

Chapter 4 恋爱保质期，一边去！

公帮她订了周一回北京的机票；到了香港，她买了一张周末回北京的机票，把老公订的那张扔进了垃圾箱。浪费一张机票而已。

到北京以后，苏岑上车飞奔到家，抬头看到客厅黑着灯，卧室的灯居然亮着，隐约传来轻微的谈话声，不好！果然有状况。苏岑尽量让自己心情平静下来，心想，有什么大不了的，抓住他们，尴尬的是他们，离了婚，自己还能重获自由，不行，不能就这么成全他们……左思右想，还是开了门再说，苏岑冲到卧室打开大灯：面前是蜷在被窝里睡眼惺忪的老公，电视里放着国产肥皂剧，音量开得很小，但还是能听到男女主人公的对白，桌子上是一碗已经没了热气的方便面，老公傻愣愣地看着苏岑。哪里有什么女人？明明是一个独守空房吃着一碗方便面看着电视睡着了的可怜男人。

苏岑结结巴巴地说："我……想给你个惊喜……"

……

其实，说到底，真正浪漫的恋爱和婚姻应该是多喜少惊的，这是一种信任，同时也是一种尊重。我们所做的惊喜，在男人眼中，大多时候是有惊无喜的。每个人都认为，生活应该有惊喜，爱情应该有惊喜，才能过得有滋有味，才能让甜蜜的爱情永远不过期。可是，女人们，在制造惊喜的时候，一定要认清楚，到底你做的事情会让男人喜，还是让男人惊。

有一位男士曾经跟我说，他非常不喜欢听到女友说"给你个惊喜哦"，都那么熟了……当然，这个想法一点都不浪漫，也不会讨女性的欢心，所以她说要给你惊喜的时候，作为一个好男人，你一定要表现出很感兴趣的样子，嘴巴张一点，眼睛瞪一点，显得兴奋再兴奋一点……显然男人对于惊喜的期盼并没有女人对于惊喜的期盼那么多。尤其是那种突然出现在门口的惊喜，对于男人而言，更多的是惊，至于有没有喜，还要看当时究竟是个什么情况了。要想真正让男人感受到你的爱，想真正能给他喜多过惊，就要真正去了解你的男人，知道他的喜好和渴望，投其所好，才真的是恋爱的惊喜。

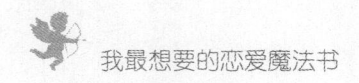

───── ♡ 【恋爱魔法贴士】♡ ─────

男人最乐意接受的惊喜方式：

1. 在他生日的时候，你送了他盼望已久的那套 Honma 的球杆。
2. 下班回家，等待他的除了老婆还有一桌丰盛的晚餐。
3. 假期之前，你先于他订好了游行的线路及往返机票，而他只需出席即可。
4. 他出差归来，你嘴上答应不去接他，但他走出机场的时候，一眼就看到了你漂漂亮亮地站在人群中。幸福感油然而生。
5. 他想亲密的时候，你已换上了性感内衣。
6. 当然，不在不该出现的时候出现，才是给他最大的惊喜。

偶尔变回 10 岁女孩

"什么样的女人最可爱？"这是一个常谈不衰的话题，也是一个很难有准确答案的话题。有人认为美丽的女人最可爱，有人认为坚强的女人最可爱，有人认为贤惠的女人最可爱，有人认为快乐的女人最可爱。但无一例外，有一种男人都无法拒绝的女人，那就是纯真的少女。

一说到纯真，总是会让人想到一双清澈的眸子、真诚的笑容，任何的虚伪迷雾都不攻自破。纯真似乎只是孩子身上才有的一种特质，让人感到如同一片净土。

在勾心斗角的社会中摸爬滚打太久了，每个人都筑起了心中的高墙，尤其是男人，在面对着重重压力和竞争之际，更加怀念童年时候天真无邪的笑容。在一个纯真的孩子面前，男人可以卸下厚厚的盔甲，可以把一切伪装都脱得一

Chapter 4 恋爱保质期，一边去！

干二净。所以，那些事业成功的男人们，总是青睐于那些初入社会还未经世事的小妹妹们，大概是在她们眼中看到了孩子一般的童真吧。

陈扬刚遇到乔小茉的时候，乔小茉还是个刚从村子里出来的姑娘。陈扬和乔小茉是大学同学，第一次见面，陈扬就爱上了乔小茉，感觉她是那种特别淳朴而天真的姑娘。

陈扬家境非常好，本身也非常有能力，在陈扬和乔小茉刚在一起的时候，他们总是显得格格不入。比如在每次的应酬上，陈扬总是能游刃有余，周旋在各种人群的对话之间。而乔小茉呢？总是怯懦地站在一旁，脸上带着含蓄的微笑。陈扬能说出所有衣服、化妆品、鞋子、车子的品牌，而乔小茉却是连明星也不认识几个。但就是这样的两个人，就这样在一起了。陈扬就是爱上了这样的乔小茉。

陈扬希望乔小茉变得更好、更优秀，于是，他教乔小茉各种各样的应酬技巧，他教乔小茉各种车子是什么品牌，他教乔小茉怎样融入都市的生活……

毕业以后，乔小茉被安排在了陈扬父亲的公司上班，她聪明果敢，很快就得到了陈扬父亲的赏识。可是看着能干的乔小茉，陈扬却突然有些恍惚，仿佛不认识她了一般。

在一次公司的酒会上，陈扬在一边端着酒杯，看着端庄秀丽的乔小茉落落大方地周旋在各个老板经理之间，看着她游刃有余充满自信的样子，陈扬猛然间想到了在大学舞会上羞涩地躲在一旁的乔小茉，陈扬心中顿时有些悲哀，现在的乔小茉和他周围的那些城市女孩又有什么不同呢，是自己把她变成了这样一个都市女人的。

陈扬还是和乔小茉分手了，分手的时候，乔小茉强忍住泪水，大方地和陈扬握了握手，转过身离开了……

从一个不谙世事的女孩成长到一个洞察人情的女人，在这样一个过程中，遗落了多少纯真啊！然而比起那些老练的女人们来说，胸无城府的女孩反而更能让男人疼惜。我们不可避免有一天会成熟，会老去，但我们却可以时时保留住我们的纯真。偶尔把自己当成一个孩子，一个 10 岁的小女孩，天真烂漫，胸无城府。把所有一切伪装都脱得干干净净，只留下最清澈的灵魂。

在社会上，女人要聪明能干，要有自己的事业和地位。但在爱人面前，不妨展现你的娇憨纯真，做他身边不懂事的小女孩，和他一起描绘天马行空的故事。

男人无论多么成熟，他的内心里始终装着一个孩子，女人要懂得让自己成为男人内心深处那个小男孩的玩伴，这样才能让男人的心牢牢拴在你的身上。

【恋爱魔法贴士】

少女时的纯真是必然的，是一种与生俱来的资本，它会在不经意间就悄然流露。走路时的轻盈、言谈间的嬉笑、欣喜时的雀跃、害羞时的嫣然，一颦一笑、一举一动，都透露着纯真，全凝结着可爱，那是一种自然的体现，那是一种惹人喜爱的招摇。

少妇时的纯真应该是含蓄的，是一种矜持的妩媚，它会在花前一袭温情的眼波、月下一个轻柔的身姿中淋漓尽展。惹着你疼、怜着你爱，让你不由得为她沉醉，不由得为她魂牵。

中年时的纯真应该是稳重的，是一种淡定的自信，它可能没有少女时的轻盈，也可能没有少妇时的妩媚，但它却应该有着牡丹般超群的雍容，那是一种只用一句简单而意味深长的话语或一个坚定而果敢的决然就能轻易地让你为之折服的纯真，那应该是一种震慑的力量，是一种不可抗拒的温柔。

老妪时的纯真应是一种最洒脱的纯真，它既应有少女时的调皮，又应有少妇时的温情，还应具有中年时的稳重，除此之外，还多了一份淡薄的悠然，这才是一种最令人向往、最让人渴求的纯真，是一种最单纯、最无欲的回归，就如那幽香的兰花，既显高贵清雅，又可让你满室弥香、神清气爽。

Chapter 4 恋爱保质期，一边去！

撒娇是女人的终极武器

女人不需要太漂亮，但一定要懂得撒娇。握着一双小粉拳在男人胸口上轻打着说："我恨你。"男人们不仅不会生气，还会眉开眼笑地把你搂在怀里哄着说："好了好了，别生气了，都是我不好。"女人这个时候可以装作小鸟依人状地伏在他宽敞的胸怀里了。这样的情景常被我们称为打情骂俏，小情侣之间常会发生。

有位哲学家告诉男人：只要懂得称赞老婆的旧衣漂亮，她就不会吵着要买新衣，吻一下妻子的眼睛，她就会变成瞎子，吻一下妻子的嘴唇，她就会变成哑巴。同样如此，聪明的女人，只要你懂得称赞老公的才干，他就会更卖力地为你工作。撒娇地抱他一下，他就不会生气动粗，吻一下他的嘴巴，他就不会口出恶言。家里不是法院，不用长篇大论讲道理，更不需要争得面红耳赤，只要你懂得撒娇和体贴，你就会享受家庭的幸福。

会撒娇的女人，能撒娇的女人，是幸福的女人，不但幸福，而且可爱美丽，更加惹人疼。但各位姐妹们也要知道，撒娇也是一门学问、一门技术，千万不要弄巧成拙。

在我身边真实地发生过一个"东施效颦"的故事。我们且称两位女主人公为小A和小B吧。

小A是个非常能干的女人，在我们面前总是风风火火，但每次只要在男友面前就马上变成了一个小女人，娇弱可爱，还总是对男友撒娇。也因为这样，小A的男友一直都非常宠爱小A，把她当宝贝似的呵护着。

小B是个性子有些泼辣又有些刁蛮的女人。小B和每个男友都吵吵闹闹，最终走上了分手的道路。为了能有一帆风顺的爱情道路，小B决定向小

A取经，在小A一番长篇大论之下，小B算是知道了，这女人啊，就是得撒娇，撒娇是女人对付男人最强大的武器，可以让那个男人屁颠屁颠地跟你走，还乐呵呵地宠着你。开窍以后呢，小B就打算在刚交的男友身上实施了。

刚开始，小B发现，撒娇这招特别见效，让男友往东他不会往西，还一直都乐呵呵的，比直接命令他管用多了。于是，从此，小B开始成了"撒娇专业户"。和男友出去散步，走到一半累了，索性站在那里不走了，嚷嚷着"太讨厌了，人家不想走了啦"。男友工作的时候，硬是搂住男友的脖子，嚷嚷着"讨厌啦，陪人家玩"。甚至有时候自己做错了事情，也靠着撒娇来推卸责任……日子久了，男友终于受不了小B的刁蛮任性，和她分手了。而小B呢？依然不明白，难道自己撒娇撒得还不够好吗……

撒娇不是做作，不是不纯装纯、不嫩装嫩，撒娇要自然，不要适得其反，不要让人浑身发冷；撒娇不是撒野，太过就变成了撒泼撒野，如果你总是把蛮横霸道当成撒娇，哪怕你是百年不遇的绝代佳人，估计也没人会买你的账。

在人生的不同阶段，每个女人都曾经被男人当成宝贝宠着，只是女人不懂得男人的累，认为男人天生就应该包容女人，甚至恃宠而骄，一旦男人一不小心忽略了自己，便开始无事生非、闹小脾气，甚至撒野、撒泼，这样的女人就开始变得越来越不可爱了。没有一个男人会永远那么有耐心地来哄女人的，特别是当恋爱走入婚姻之后，男人更希望自己的女人会突然变得懂事起来。男人不懂，其实女人对你撒野，是希望你来哄，这些男人只会认为是你不够温柔、不够体贴。面对一个整天发脾气的女人，男人只有一个想法，那就是逃离。

适时适量的撒娇是一种情趣，但是过度了，只会让男人觉得有压力。女人会撒娇，就能为自己和家人带来福气，不仅一生好命，身边的鸡犬也跟着升天。如果人生是咖啡，撒娇就像糖，糖太少了太苦，太多了又令人反胃。世间高EQ、高智慧的女人，都懂得撒娇要撒得恰到好处，也懂得自己的命运其实都掌握在

Chapter 4 恋爱保质期，一边去！

自己的脑袋和嘴巴里。

—— ♡【恋爱魔法贴士】♡ ——

有人说，女人30岁就不要再做20岁的事，30岁总是比20岁多一份成熟，不仅是外表上的，还应该加上内涵与修养。浪漫不是错，但是过分浪漫就是不切实际。

30岁之前，可能会有男人愿意为你付出一切；30岁之后，请不要奢求男人来为你改变什么。女人只有一个最美丽的10年，在这10年之间，除了充分享受，还要充分学习。20岁时那个愿意为你付出一切的男人，他可能会在你30岁的时候抛弃你；而30岁时懂得去迁就你的男人，就可能是陪伴你一生的男人。

女人，酸一点儿更可爱

"吃醋"一词的来由颇有意思，说的是在很久以前，有位大臣的妻子是出名的善妒，有一天皇帝把她叫去说："如果你不能改了善妒的毛病，就把这瓶毒酒给喝下去！"没想到妇人一把夺过毒酒瓶，决绝地说："改不了，我喝！"就咕噜咕噜全喝了。还好皇帝给她喝的只是一瓶醋而已，不过由此可以看出，女人是宁死也要吃醋的。

女人喜欢吃醋可以说是天性，我们不必刻意去压抑自己的心情，也不用为此而感到苦恼。但是许多女人往往无法把握吃醋的量度，一旦打翻了女人的醋坛子，她就会做出一些令人匪夷所思和丧失理智的事情。

有的人甚至可能付出生命和鲜血的代价；有的人则自寻烦恼，无事生非，陷入痛苦的深渊不能自拔；有的人整日诚惶诚恐，担心丈夫或者情人移情别恋；有的人为了一件莫须有的事情而绝情地抛弃爱情和亲情，放弃一段值得珍惜的感情；有的人吃醋吃得天昏地暗，为此走向毁灭。做个会吃醋的女人，但不要因吃醋产生嫉妒的心理，嫉妒是痛苦的根源。

女人，要懂得吃醋，要会吃醋，不能吃醋吃得太过分而落得个"无理取闹"的恶名，也不能凡事都一副豁达的态度。酸一点儿的女人更可爱，更能让男人疼爱。

曾经流行一幅漫画：一个丈夫和妻子在逛街，忽然有一妙龄女子从他们身边走过，丈夫的眼神不由得跟了过去，妻子见状，拉着丈夫快走几步，以迅雷不及掩耳之势摸女子的屁股。女子扭头大怒，妻子趁机骂起丈夫来："你个没良心的，我在边上站着，你还敢轻薄其他女人！"妙龄女子走上前去，对着那个看似无辜的丈夫就是一巴掌，妻子暗暗得意：看你还敢看美女！从此，丈夫再也不敢和妻子一起逛街了。

这样的故事，在我身边有一个不同版本的妻子，她是一位年轻的女作家，非常聪明。

有一次，她随丈夫逛街的时候，发现丈夫的目光总是跟随着街头那些漂亮的女生。她自然有些不快，可又一想，爱美之心，人皆有之，那些面容姣好、气度不凡的女性的确像优美的风景一样让人赏心悦目。

于是，从那天以后，她和丈夫上街购物便添了一个新项目，那就是欣赏和品评那些漂亮的女性。

"这位小姐的衣着很合体，那位小姐的妆容很亮丽……"这样一来，丈夫感到妻子很理解也很信任他，便对妻子更加体贴、关心。以往不会买东西的他也经常买些小礼物给妻子，两人的生活更加和谐、幸福了。

喜欢吃醋的女人一般很在意她喜欢的男人，否则，她不会吃醋。她对那个男人有感情，容不下他对别的女人有好感，她要感情专一的男人。女人在感情方面都是自私的，她不会同时真正爱两个男人，她的感情是纯洁的、真挚的，没有半点虚伪,她不允许别的女人与她分享同一个男人。

也有的女人想要表现得豁达自信,从而绝不去吃丈夫的醋。但她们却不知道,吃醋是一种在乎的表现,有的时候,我们不去吃醋会让男人很受伤,他会开始怀疑自己的魅力,甚至怀疑你们的情感。

女人,要懂得吃醋,酸一点儿能让他感受到你的爱,能让他感受到你的可爱。但太酸的女人,往往会让男人感到不满,甚至厌恶。

吃醋,是一门大学问,就像生活中的调味料一般,加一些,会让你的生活更加丰富多彩;可加多了,便成为一股子让人浑身不快的酸溜溜的味道了。

爱吃醋是女人的天性。正如女人天生爱美,"吃醋"的女人才是一个合格的女人。要想做个成功的女人,必须学会吃醋。会吃醋是一门很深的学问,值得女人和男人共同研究和探讨。

【恋爱魔法贴士】

真正聪明的女人,她在打翻醋坛子的时候,趁机也会添加一些调味品,比如理解和信任。她让醋坛子在倒地时发出的那种刺耳的声音,顿时变得那么柔和,那么能让丈夫接受。

打翻醋坛子并不是一件坏事。聪明的女人会利用"醋坛子"给生活添加醋,让平淡的日子变得丰富多彩,让夫妻之间的关系变得越发融洽,让感情基础更加牢固。两个人的一辈子,说长不长,说短也不短,何不珍惜这一辈子,令"醋味"永留芬芳而成为永久的记忆呢?

有时候,女人要傻一点,即使不傻,也要装傻。装傻,并不是要你忍辱负重,当男人真正把你当傻子的时候,你就要变得聪明,明确指出男人的过错,别让男人认为你傻你就可以被欺负。

让他猜，让他爱

在情场上，你越像偶像一样高高在上，让男人摸不透你心里想什么，他就越像粉丝一样顶礼膜拜；你越不冷不热，他就越激情澎湃；你转身离去，他反倒像娱记追星般迎头赶上。在歌剧《图兰朵》中，为什么那么多王子肯为图兰朵送命，就因为图兰朵的美丽陷阱，图兰朵摆出了一副不可一世的姿态——宣布她的求婚者必须猜对她给出的三个谜语，那么就上婚床，否则就上天堂。那些出身高贵、风流倜傥、富可敌国的男人们全都跃跃欲试，结果呢？一个一个血溅情场，成了爱情路上的"冤死鬼"。所以，如果你也想要男人爱你爱得死心塌地的，你就要有"神秘感"，让你的男人琢磨不透，只有这样，女人才能在风云变幻的情场上无往而不胜。

让我们来看看小茜的故事吧，也许她的故事会给各位女孩们一点启发。

小茜在恋爱的三年中对男友呵护备至，每天一下班就到男友的宿舍帮他打扫卫生、洗衣做饭，无论寒暑冬夏从未间断。平日里，只要男友一个电话，无论何时何地，她都会像一只乖巧的小猫一样飞奔到他身边。出门购物，提袋里买的都是男人的衣物，她的解释是："没办法，谁叫我心里装的全是他！"本来今年准备结婚了，可男友突然一句"没感觉了"，这让她悲愤莫名，原来狠心的男友移情别恋了。原来，小茜的男友喜欢上了单位一个新来的女同事，那个女人对他爱理不理的，他却着了魔似的狂追对方，人家越不把他当回事，他还越来劲。"我对他一心一意、百依百顺的，他却老说很烦，没感觉，男人怎么都这样啊，简直不可理喻！"末了，她的语气中画出了一个大大的惊叹号！

很显然，小茜的男友爱上了一个"三不"女人。从道德层面来评价，他

Chapter 4 恋爱保质期，一边去！

见异思迁、不负责任；从情感层面来分析，我觉得很正常。倘若跟小茜这种传统的好女人做个比较，毋庸置疑，"三不"女人对男人的杀伤力更大。换句话说，"三不"女人更符合男人的爱情心理。

恋爱阶段，女人急着取悦男人，热情过度，一味容忍，就会在不知不觉中让男人产生惰性，男人就会渐渐丧失责任感，甚至低估女人的价值。记住，男人是野生动物，他永远不会停下追逐的步伐，只有在前进中，女人的吸引力才会与日俱增。无论什么时候，只要女人对男人的温度与热情远远超过男人追求女人的程度，那么，他就不会再去追求她了。在情场上，男人更像猎人，他们更喜欢把心爱的女人当成猎物，喜欢追逐竞赛所带来的刺激与兴奋。当你的神秘感尽失，让他没有追逐的兴趣，你的男人也就离你越来越远了。

"三不"女人则不同，她们对男人最核心的诱惑力就在于三个"不"字……深藏不露、飘忽不定、捉摸不透。"三不"女人坚持不要对男人言听计从，不要对男人百依百顺，不要让男人一下子看透你；要欲擒故纵、欲说还休、欲拒还迎，要时刻保持一种独立而自信的状态，自己可以在情感上依赖男人，但绝不能在物质上和精神上完全依附于男人……

有这么一句话：男人往往能追到他喜欢的女人，女人却往往得不到她爱恋的男人。原因很简单，男人不怕翻山越岭，道路越艰险反倒越会激发起他无穷的征服欲；而女人过多的付出则会导致男人丧失责任感，使他越来越不珍惜。这就是男人的"犯贱"心理：你对他好，他不以为然；你对他不太好，他反而时刻关注你。所以在恋爱中，不要对你的男人太好了，不要把自己的一切都毫无保留地让你的男友知道，你也要学会给自己保持一点神秘感，让他猜猜猜，他才会爱你爱得死心塌地。

───♡【恋爱魔法贴士】♡───

女人的神秘感该如何培养呢？

1. 要学会用眼睛说话

聪明的女人面对追求的男人时,要学会用眼睛说话,不要总是太热烈地回应,这样会把男人吓跑,也不要老是一副冷漠的表情,这样男人会以为你对他毫无兴趣,索性全身而退了。

2. 做一个善变的女人

聪明的女人要像蒲松龄笔下的狐狸精一样,总是在变变变,才能长久地抓住男人的心。

3. 要敢于说"不"

当两人的感情进展到一定程度时,要敢于按下暂停键,要时不时地说上几个"不",男人才会对你另眼相看。

狠心玩个"半糖主义"

什么叫"半糖主义"？有的人马上就唱了起来:"我要对爱坚持半糖主义,永远让你觉得意犹未尽,若有似无的甜才不会觉得腻;我要对爱坚持半糖主义,真心不用天天黏在一起……"停！只会唱又什么用呢？真正的高手把半糖主义发挥得淋漓尽致,让男朋友总是对你保持新鲜感,永远觉得"好甜蜜！"

犹如人们对咖啡或茶产生意犹未尽的迷恋一样,略带苦头还有丝甜意,时刻抓住味蕾最敏感的部位。爱情也一样,不要觉得永远的甜是爱情最好的状态,加半勺糖就够了,发挥到一半刚刚好,不要全情投入,太甜、太腻、太满只会加速爱情的灭亡,知进知退,这或许就是新世纪的爱情观点。

有人曾说过:当一个男人知道已经全部拥有你的时候,也是他对你失去兴趣的时候。这话其实很有道理,尤其是你把全副心思放在一个男人身上,你认为你付出了全部,理当换来他百分之百的关注,但事实往往背道而驰。男人天生的占有欲决定了他们只对尚未到手的猎物有最大的热情。在男人的世界里

Chapter 4 恋爱保质期，一边去！

永远信奉一句名言，那就是"得不到的永远是最好的"。或许某天你在整理男朋友的东西时发现他的初恋女友照片，心中会默默地比较，说："这个女孩也不怎么样，和我比起来差远了。"但是为什么男人还是把照片当作宝贝一样珍藏起来呢？其实说穿了还是男人的虚荣心作怪，总是觉得现在的太烦、太腻。

就算是把道理都说得清清楚楚了，但是很多女孩还是得不到教训，总是要让关系发展到一个不可收拾的地步才哭哭啼啼地说："早知道这样，我就……"小丽就是这样的一个女孩。

小丽和男朋友刚恋爱的时候爱得死去活来的，每天必须见面，一不见面男朋友就像没了魂一样四处找小丽，小丽觉得男友这样在乎自己、离不开自己，真的很幸福。于是两个人每天见面，约会结束以后还要"煲电话粥"N个小时。热乎劲似乎很难降下去，让旁边的人看着都羡慕。

可是一个月之后，男友开始不那么热衷于和小丽见面了，总是说自己有事，忙！可是小丽却还一直沉浸在爱情的甜蜜之中。一开始，找不到男友小丽就会很焦虑，要不就猛打电话，要不就直接到男友公司去找。有时候男友说要和兄弟出去喝酒，小丽一听就马上想要跟着去，这让男友觉得很不舒服。

这样的你逃我追的日子并没有维持很长时间，男友再也忍受不住了，和小丽大吵了一架。他对小丽说："你知道吗？你这样每天无所事事地黏着我，让我觉得很烦，我也需要自己的空间，我也需要单独和朋友出去玩一玩，而不是像一个保姆一样，到哪都要带着你！"小丽听了以后蹲在地上失声痛哭，她不知道自己在男友眼中是这样一个让人讨厌的人，她以为男友喜欢自己黏着他。原来这一切都是一个笑话！

小丽自己想了好几天以后，主动找到了男友，她说："我们和好吧，以前是我不对，我以后再也不会无止境地黏着你了！"可是男友却冷漠地说："不！我想我们不适合，还是算了吧！"小丽当场愣在那儿，在她设想的所有

结局中，从来没有过这个……

　　男人和女人似乎是两种非常矛盾的动物，男人的热情来得快，但是去得也快。而女人呢？就像烧水的过程，要让水变热需要一个漫长的过程，等女人的热度上升以后，男人却开始冷却了。半糖主义就是要教会女人怎么样让男人的热情保持得长久一点，让自己变热的过程也持久一些。

　　太苦的感情会使人沮丧失望，非我们所愿；过甜的恋情容易让人不识甜为何物，不懂珍惜；感情的最佳状态就是不回避烦恼与苦难，并学会给你们的感情加半勺糖，在若有若无间体味爱情的香甜，领悟甘苦参半的人生真谛。

　　对男人来说，女人的魅力来自出乎意料的惊喜，总是能呈现自己不同于以往的一面，总是充满对新鲜事物的探奇心态。这类女人更能让他们相信，婚姻并不是爱情的坟墓，生活不是一成不变的。和这样的女人生活在一起，对男人来说是一种冒险，他抱回家的不是一只沉甸甸的大衣橱，而是一个百宝箱，这让他充满期待。

────♡【恋爱魔法贴士】♡────

　　因为爱的一定程度，就是自在的一定程度，你越爱他，你就越要让他自在，让他能均匀地呼吸，两人相处久了，爱情也累了。

　　以时间为屏障，以距离为代价，相见不如怀念，也许这的确是有效的爱情保鲜法。但愿渴望亲密无间的人们能够真正懂得、领会这亲密有间的道理，而不会在顽强执着的追寻过程中屡屡伤到自己。毕竟当一个人不再害怕失去一个人的时候，爱才真正地在成长。

　　无论是夫妻间还是恋人间，就像放风筝看油画，让出一点距离以保证能得到最好的欣赏水准。在视觉所在的距离，在控制得到的距离，才能有美感，才会刻骨铭心，令人难以忘记。距离才能产生美，适当的秘密有时候会让你们的爱情更加长久。

Chapter 4 恋爱保质期，一边去！

让他和兄弟去"放放风"

男人在家里常常是没有空间的，尤其是在拥挤的城市家庭中，两代甚至三代人相互搅扰的情况下。主卧室通常是妻子的天下：除了那张双人床有男人的一半（夜间才用），其余便是衣柜、梳妆台等；一间小屋是孩子的乐园，常常是杂乱无章、无以插足的地方；而门厅是公共场所，用于大家吃饭、接待客人之类，男人可以在这儿抽支烟、喘口气，但无法静心待在这里。

女人习惯于这种环境，无论走到卧室、厨房、洗手间或者门厅，她都感到自在、充实，因为到处都有她要干的活计。而男人见妻子得心应手地做事，孩子埋头苦干地学习，不禁感到自己碍手碍脚的，总是显得多余，有时好心地去帮妻子的忙，还没准儿笨手笨脚地把活儿干"砸"了，惹得妻子生气。于是，男人的心就只好溜到外边儿去了。

男人的私密空间在哪里呢？自然是和兄弟们在一起的时候。可是女人们却总是无端地担心男人的聚会，仿佛只要一群男人聚在一起，准干不出什么好事儿。其实，男人也和女人一样，聚会的时候无非喝喝酒、聊聊天，哪有那么玄乎。聪明的女人懂得给男人空间，让他和兄弟去"放放风"；而笨拙的女人则会剥夺男人的空间，把男人逼得只能出逃了。

有两个男人同时追求一个女孩，这个女孩不知道应该和哪一个共度一生。这时候，一场突如其来的"非典"袭击了女孩生活的城市。于是女孩分别打电话给两个男人，谎称自己发烧，可能感染了"非典"，来日不多，唯一的愿望是能够再见上一面。第一个男人立刻说："你疯了吗？你应该马上去医院而不是见我。"女孩挂了电话。

接着是另一个男人，他毫不犹豫地赶到女孩的住所，进门就拥吻了她。

女孩说:"你不怕我传染你?"男人说:"没有你,我活着又有什么意义?"

于是他们生活在一起,一个星期、两个星期……女孩不让男人抽烟,不允许他出门见朋友,要求他晚上十点之前必须回家,当然这一切都是为他好。她爱他,所以不能让他在"非典"时期有任何的不安全。可男人觉得这样的生活太枯燥,完全不是自己想象的那样,他们开始吵架,女孩哭,男人气。

最后男人对女孩说:"我们分手吧,我实在受不了这样的生活。"女孩泪眼婆婆地说:"可是两个月以前,你甚至可以为我去死!现在你连听我的话都做不到,难道你已经不爱我了吗?"

男人说:"为你死容易,如果可能,我愿意为你死一千次;可是为你活着太难了,也太累了,我得完全失去自己的生活,全部听命于你,这样活着还不如死了痛快。"

这场爱,结束得比"非典"还快。

有人说,"女人心,海底针。"其实,有时候,你会觉得男人的心也捉摸不透。就像上面的这个女孩,怎么也想不明白两个月前还深爱着自己的男人,怎么转眼就变得如此无情。因为这个女孩太不了解男人。男人内心的秘密,在平常是不会表露出来的,但假如一个女孩懂得了这些秘密,这个女孩在男人眼中也就变得善解人意了。

男人也希望能有属于自己的空间,男人也希望能有和自己朋友聚会的时间。如果你还记得,相信你曾经也因为父母不准许参加朋友的聚会而感到懊恼吧;如果你还记得,相信你和朋友在一起的时光,爱人是不能替代的。

不管是夫妻也好,情侣也罢,每个人都需要有一些属于自己的私人时间。如果你想和你的男人一直幸福下去,那就找些时间,让他可以和他的兄弟们出去"放放风"。这样的你不仅善解人意,更能在他兄弟们中间赢得不错的口碑哦!

Chapter 4 恋爱保质期，一边去！

【恋爱魔法贴士】

男人的秘密心事知多少：
1. 男人需要自尊，他们把"面子"看得比什么都重要。
2. 男人需要自己的空间，这样他们才会感到自由和轻松。
3. 男人有自己的爱好，爱好是他们的精神享受。
4. 男人想做自己喜欢做的事。

聪明的女孩，细心地把握住男人的"秘密"吧，这样，你就把握了爱情！

不给他放纵，但要给他信任

现代男人最怕什么样的老婆？排在第一位的就是老是疑神疑鬼、不信任自己的老婆。娶一个这样的老婆不光在外面经常被查岗，在朋友面前没面子，每天回到家里还要被盘问，叫人怎么忍受得了。何况被人怀疑的感觉总是很难受的，没有一个男人愿意娶一个不信任自己的女人。

而如果女人深爱着男人，就可能事无巨细，处处为对方着想，询问他的大事小情和点滴感受。女人以为，这样就是尽到了责任。

然而，就像我在前面交代过的，过分操心，只会让男人心烦意乱。他觉得被你时刻控制，大有窒息之感，由此格外渴望独处。

这让你惶惑不已，假使得到这样的爱，感激还来不及呢，而男人却偏不领情；你一心一意地为男人服务，尽可能多地关心他，而对方却似乎视而不见，你的烦恼可想而知！

方卓刚刚结婚不久，他就感觉已经无法忍受自己的新婚妻子了。他的妻子老是疑神疑鬼的,不管有什么事情都要仔细问问。

前几天同事老张忘带钱包了,说好要给儿子买玩具回家,这下买不成了,回去儿子不知道要闹成什么样,于是就跟方卓借了200元。200元也不算多,回家后方卓也就没跟妻子说。过了几天,他忘记向老张要钱,老张也忘记了还钱。

有一天方卓跟妻子出去逛街,两个人回家的时候在超市买了不少东西,到付账的时候,方卓一摸口袋,没钱了。妻子当时也没说什么,就把钱付了。回家之后,妻子就问方卓,给他的钱怎么那么快就花光了。方卓忘记借给了老张,最后差这200元怎么都对不上。方卓的妻子大闹了一场,不管方卓说什么,妻子就是说方卓把这200元花在外面的野女人身上了。

方卓很郁闷,妻子结婚之前也是这个样子,但他一直以为是还没有结婚,妻子缺乏安全感。谁知道结婚了之后反而变本加厉了,他感觉这日子真的是没法过了。

男人需要理解和支持,更需要信任,信任包括了很多方面,例如,她相信你能够给予她最好的物质条件,她相信你在她贫病交迫、容颜渐老的时候不会抛弃她,她相信你能够因为她坚定不移地拒绝一切不良诱惑……一切,都基于信任!这份信任是夫妻感情牢不可破的基石。

一旦夫妻间连最起码的信任都出现了危机,我想这段婚姻的口子将越撕越开,永远无法弥补。哪怕一丁点儿的怀疑,都将是燎原的星星之火。

但是信任并不代表着放纵。丈夫,一丈之内是夫,一丈之外就说不准了。你可以相信他今晚是出去应酬,而不是出去鬼混,但是你也不应该不闻不问。这个时候给他打个电话,告诉他少喝点酒,多注意身体。这不仅不是不信任,反而是对他的关心。当他说要在公司加班到很晚的时候,带点夜宵赶去他的公司,这不仅不是不信任,反而会让他感觉到温暖。当他出差的时候,每天晚上一个电话,关注他的身体,外地的天气怎么样,要加衣服还是减衣服,这不仅不是

Chapter 4 恋爱保质期,一边去!

不信任,反而是关爱他,让他感动。

——♡【恋爱魔法贴士】♡——

张信哲的一首情歌唱道:"让你疯,让你去放纵,以为你有天会感动,关于流言,我装作无动于衷……"爱情需要信任,却不能够放纵。没有自由,男人总有一天会从你身边逃开,充满猜忌和不信任的爱情也不会长久。但是,如果放纵他做任何事,不问缘由也不作限制,总有一天,他也会在诱惑的漩涡之下离你远去。

爱情就像放风筝,要懂得张弛有度。拉得太紧,风筝没有办法在空中飞翔;放得太松,风筝随时会离开你的视线。最高明的放风筝的人,懂得根据风力的大小张弛有度,不让手里的绳子太紧,但也要让它在能够控制的范围之内。

学会做他的"好哥们"

女人常常不明白,为什么男人总是不喜欢老老实实地待在家里。白天工作忙了一天都不嫌累,晚上还要跟一帮哥们出去喝酒打牌。不少女人会想,难道我就那么没有吸引力吗?难道跟我在一起还不如跟你那几个哥们在一起吗?

你想知道上面那么多为什么的答案吗?也许试试做他的哥们你就会知道了。

傅颖是个可爱的小女人,她今年刚刚跟丈夫结婚,两个人住到了一起。刚开始的时候,两个人如胶似漆,每天都黏在一起。后来日子久了,傅颖发现丈夫渐渐地不太喜欢每天跟自己待在一起了。而是仿佛回到了没结婚之前的日子,每天都跟他的一群哥们在一起。傅颖每天自己在家,说不出的寂寞。她并不想给丈夫太多的束缚,但是时间长了,也觉得这样下去不是办法。但是几次试图叫丈夫乖乖地留在家里陪她都无功而返,她有点沮丧。突然她念头一转:"如果不能让丈夫每天留在家里陪我,那我就出去跟他待在一起呗。"

于是丈夫再要出去跟哥们喝酒聊天的时候,傅颖总是跟着。起初傅颖跟他们在一起的时候,聊天总是插不进话。可是男人的话题无非就是那么几样,足球、篮球、游戏、数码产品,傅颖觉得这点小事还难不倒她。

她开始每天跟老公一起看足球,跟老公一起看篮球,跟老公一起玩游戏,跟老公追踪最新的数码产品,甚至以前她最不懂的汽车现在也可以讲得头头是道。

从那以后,她回到家里是个好妻子,跟老公出去之后则变成了好哥们,两个人每天都在一起,夫妻感情好极了,连老公的哥们都说,取到她是她老公上辈子修来的福气呢。

成为他的好哥们其实并不难,男人其实也都是些大男孩,每天在一起无非都是些玩玩闹闹的事情。可是很多女人却不愿意成为丈夫的哥们,觉得自己并不喜欢那些东西,为什么还要委屈自己呢?

成为老公的哥们其实有很多的好处,白天上班的时候你不可能跟老公在一起吧,可是老公的哥们可以。跟老公的哥们熟了,就等于有了很多免费的侦探,老公的一举一动都在你的掌握之中。当了老公的哥们,他还有理由不带你参加他的聚会吗?他的哥们也是你的哥们,你没理由不去吧。还担心老公每天在外面喝太多的酒吗?成为老公的哥们吧,这样每次出去的时候你都可以在身边监督他,免得他逞强搞坏了自己的身子。

男人不可能为了你而离开他所有的哥们,男人也不会每天把自己关在家里跟你过二人世界。爱情总是会随着时间的流逝而慢慢变淡,但友情却会相处越久而越发深厚,因为友情是靠一种默契和共同爱好、共同话题来维持的,爱情却未必如此。两个人在一起时间越久，就越发觉得彼此默契，话题也会越来越多，这就是友情的魅力，越是交好，越是不容易变质。

女人们要是希望爱情也能如同男人的友情一样，经得住时间的考验，那么，何不学着做他的好哥们呢？两个人有了共同的兴趣、共同的话题之后，就算长久在一起，也不会陷入无话可说的尴尬之中。

【恋爱魔法贴士】

成为老公的好哥们三部曲：

1. 投其所好。共同的兴趣是两个人成为朋友的最为重要的一步，如果你老公喜欢玩游戏，那么你不妨陪他一起玩，这样交流多了，自己也不会在他玩游戏的时候感到苦闷无聊。如果他喜欢足球，你不如也去了解一下，抱着求教的心，他一定很乐意给你讲解。

2. 给予支持。我们喜欢和朋友在一起就是因为朋友会在我们需要的时候给予我们支持，而不是像长辈一样训斥我们，给我们讲道理。男人也是一样，道理他懂，只是需要支持。

3. 与老公的哥们保持距离。虽然让你做老公的好哥们，但可不是真让你成为他众多哥们中的一员。与老公的哥们相处要大方得体，保持好恰当的距离，不然不仅仅对他们的友谊有所影响，更会影响你的家庭哦。

适时变身"呛口小辣椒"

你是不是一直温柔如水？是不是一直唯夫命是从？如果一直如此，你要注意了，男人可不是那么容易被驯服的！

大概有99.99%的男人说自己喜欢温柔的女人，但是，如果女人据此就努力向温柔的方向"打造"自己,那就大错特错了。其实,男人在说"喜欢温柔"的时候,也可能的的确确是真心的,但是,正如你喜欢吃甜食,就让你天天吃、顿顿吃,恐怕你反而吃不消了。

女人对男人太温柔、太好,会让男人觉得有压力,仿佛就像一把软的手铐,会让男人窒息、逃跑。男人其实大部分都喜欢个性强的女人,也许这是新世纪,不再流行什么温柔了。

在修建公路的时候,平坦宽阔的大路,隔一段时间总是要人为地设置一段弯路。这是因为开车的司机如果长时间面对相同的景象,容易造成视觉疲劳,从而引发车祸。家庭这辆"快车"也是如此的道理:女人的百依百顺,造成日常生活的波澜不惊,单调乏味,就如同路旁永远不变的风景,时间久了,充任"司机"的男人也容易导致心理疲劳,剔除这些男人"身在福中不知福"的个人因素外,这可能是爱情快车"出轨"的因素之一吧。

或许你还在相信男人口中说的那一套,说自己就是喜欢你的温柔,但是看看下面两个女人的不同待遇,或许你就会幡然醒悟!

李倩在没有恋爱之前是个很有个性的女孩子,自己认为可以做的事情无论别人怎么说她都要做,不能做的事情就算是一把刀架在她的脖子上她也宁死不屈。后来她交了个男友,慢慢地,她的性格变了,变得忧郁了,变得对男友百依百顺,有些时候甚至是委曲求全地去让男友快乐。2个月左右,他们分手了,男的说:"你失去了你曾经本来的个性,让我觉得你没有主见,我们不合适,还是分手吧。"

小敏和李倩是好朋友,平时文文静静,在众人面前总是对男友唯命是从。大家都说她的男友实在太有福气了,找了这么一个温柔的女友。但是也有人故意找茬,问小敏的男友:"你女朋友总是这么听话,你还有新鲜感吗?"这个时候,小敏只是微笑着,但是众人分明在她的眼中看到了信心和自豪。

Chapter 4 恋爱保质期，一边去！

小敏确实是一个温柔的女朋友，但是偶尔小敏也会来一个大变身，变得有些任性，有些无理取闹，但是却总会让人觉得她很可爱，想要让人疼、让人爱！

温柔是女人征服男人的有力武器，但过分温柔，却有可能成为女人最终伤害自己的武器。一个人，可以为了爱人改变自我，但不能为了爱人失去自我。有句话说得好："真实的女人，才是可爱的女人。"理解男人，体谅男人，关心男人，但却不事事迁就，不委曲求全，拥有自己的喜怒哀乐，首先为自己而活。

适当地泼辣一下，会让你的男友或是丈夫在天天家常菜的时候吃上一顿燕窝鲍鱼，在一直清淡的饭菜中发现一道够味的川菜！泼辣并不是什么值得称道的美德，也就不需要极力卖弄这个特征，川菜是好，但是如果天天吃也会上火的。

热情开朗、生活态度积极乐观、天生的开心果，跟这样的女人在一起，不愁没话题，不必赔小心，节目多多，气氛活跃，有利于保持良好的心情。这些是美德，也是吸引男人的地方，生活太过平淡的时候，就要来一点调味剂，这样的女人才是男人永远想要看下去的书，而不是看了开头就知道结尾的无趣故事。

【恋爱魔法贴士】

从古到今，人们总是要求女人如何如何温柔，似乎只有这样才能赢得男人的心，殊不知男人的内心其实并不希望自己的女友或是妻子百依百顺，男人需要一点刺激、一点新鲜感！

任何一种东西都有一个限度，吃得太甜了，就希望喝点淡茶；太热了，就要脱下曾经在冬天为你保暖的衣服。所以太温柔的女人并不会让男人永远爱你，适当地掺入一些生活调料才能把爱情这道菜做好。

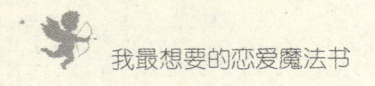

男人最爱被崇拜

张爱玲曾说过:"女人要崇拜才快乐,男人要被崇拜才快乐。"男人最得意的时候,不是事业有成、名利双收,而是被自己的女人崇拜,即使这种崇拜是假装的,男人也照单全收。

中国古代妇女的三从四德、嫁夫随夫标榜的正是对丈夫的崇拜。当然这种崇拜有着封建烙印,也有太多的迫不得已,但随着时代变迁,女人地位的攀升,"崇拜"却未曾灭绝,反而被新时代催生出新的内涵——如果男人真正被爱,那他就是要被崇拜的。

任何一个男人都不希望自己的妻子或者是女朋友一副高高在上、不把你放在眼里的样子。哪一个男人不希望在女人眼里是高大、伟岸、完美的呢?又有谁不希望从妻子或者女友口中说出崇拜自己的话呢?男人其实就是一个简单的动物,他需要被珍惜、被崇拜,需要女人给他一个绝对神圣的地位,这样他内心的优越感才会被激发。沉浸在女人的爱慕和钦佩中会让他觉得高大,满足内心小小的虚荣感。或许他在外什么都不是,甚至还不断地受到社会、单位的压力,但是只要一回到家,他能看到你崇拜的眼神,那么他会觉得你是他的天,是由他来当王的天!

由此女人深深地懂得这个道理,于是在很多时候把感情危机化解于无形。

文琳是一个普通的小女人,没有姣好的面容,没有显赫的家世,甚至没有什么学历。但是她却有一个优秀而一直深爱她的丈夫,这让很多人觉得不可思议。因为按照社会上众多的案例显示,男人一旦成功,家庭就会变成他的酒店,更不要说爱家里一直等着他的妻子了。

文琳的丈夫说:"无论我对着外面多少妖娆的女人,我都没有办法找到

Chapter 4 恋爱保质期,一边去!

像对着文琳一样的感觉,她总是让我觉得自己是一个伟大、完美的人。"

文琳的丈夫刚开始的时候并不是成功的,他没有钱,没有关系,大学毕业以后找了一份很差的工作。和文琳谈恋爱的时候,每次见到文琳他都觉得自己那么差,不值得任何一个女人为他付出,可是文琳还是默默地对他好,看着他写的文章时,会发出一阵阵惊叹,像是自言自语,但每次都让丈夫听到。丈夫渐渐地发现文琳爱他,爱他的一切,在文琳面前,他就是一个完美的神!

后来,文琳的丈夫成功了,但每次做成一件事,他最先和文琳分享,他说:"只有从文琳口中说出来的话,我才觉得是对我的表扬,她对我的崇拜是我一直迷恋她的最大原因。"

崇拜始于爱,婚姻生活中对丈夫的崇拜就是一种爱的方式。男人也有脆弱的一面,他们的自信心绝对是一件易碎品。这不奇怪,刚则脆,水则柔,女人的城府自然会比男人深。这件易碎品,尤其容易被女人打碎。仅仅是女人一个鄙视的眼神、一个不耐烦的动作,就足以使男人的精神崩溃。

每一个男人都需要女人的崇拜,特别是他心爱女人的崇拜。所以啊,女人,如果你真爱一个男人,就不停地赞美他,告诉他你崇拜他。如果他个子很高,告诉他"你是伟岸的山峰,你的肩膀能承受我的梦想";如果他身体强壮,告诉他"你是真正的男人,跟你在一起我才是一个真正的女人";如果他才华横溢,告诉他"你是一颗璀璨的星星,我的黑夜需要你来照明";如果他什么都没有,告诉他"我爱的就是你这个人,不管你是千万富翁还是乞丐,不管你是白马王子还是青蛙,我都只爱你,因为你有一颗懂我的心,你有一颗爱我的心。"

——♡【恋爱魔法贴士】♡——

一个女人要想抓住一个男人,只有一个秘诀,那就是崇拜他。想想,哪个男人不想当英雄?哪个男人不想在女人心中很高大?被女人崇拜的感觉,是男人最受用的事。你给他崇拜，他绝对给你宠爱。崇拜，那就是男人的死穴。

如果你真爱一个男人，就不停地赞美他吧，告诉他你崇拜他，总有一天他会成长起来，如你所崇拜的那个形象一样！

爱情的吵架艺术

吵架，大部分时候是件坏事，但是，在恋爱中，却是两个人感情相处下来并向前走的必经之路。

在恋爱中的双方，通过吵架的形式，可以把平时不说但积在心里的意见，顷刻倒出。这时候的双方如果都说了，事后冷静下来，坐下来讨论一下，把问题说开，既增进了互相的了解，感情无疑又会更上一层楼。

但在吵架的时候，我们也往往会因为一时冲动而说出不该说的话，伤害到自己的爱人，造成了无可挽回的创伤。

聪明的女人要懂得爱情的吵架艺术，让爱情在争吵中越吵越爱，不仅没有伤害，反而更加亲昵、更加甜蜜。那么，让我们一起来看看，那些聪明女人们的吵架秘笈吧！

秘笈一：就事论事，不伤及无辜

在发生口角时，你的大脑是否仿佛有一个数据库，只要和对方有关的人，无论是父母朋友，还是同事邻居，一律"杀无赦"？一个简单的争执，却因为你的乱"开炮"，从他身上扩展出去。

绝对不要在吵架时牵扯出一大堆陈年旧事，不要打击对方的家人、朋友以及同事、老板，否则，战场将无限扩大，而你原本所想解决的问题却连影子都没看到。

秘笈二：以退为进，从控诉到沟通

"糖衣炮弹"有时比真枪实弹来得更有威力,因为男人通常是吃软不吃硬的。吵架艺术的"最高境界"在于,既不指着他的鼻子做河东狮吼状,也不恶狠狠地跟他约法三章,而是"以柔克刚"。

在男人做错事情的时候,女人要懂得把自己变成一个受害者,而不是歇斯底里对男人颐指气使的"悍妇",站在这样的一个角度上,你就胜券在握了。

秘笈三:集中火力,切勿空对空地争吵

许多吵架到最后,都发展成一场"控诉会",你恨不得把心掏出来,他却句句都在误会,这样,几乎所有的吵架都以冷战不了了之。那么,在争吵时,怎样才能进行有效沟通呢?给你三"不"建议。

1. 说"我"不说"你"。

2. 不进行冷嘲热讽。

3. 不打断他说话。

秘笈四:不要打消耗型冷战

有一招虽然不是很高明,但是大家都喜欢用,那就是冷战。吵架后,不接对方电话,故意"忘记"此前的约定,或者一气之下搬到娘家去住……

冷战成了一场赌博,赌的是耐心,看谁先选择妥协,而冷掉的却是感情。

吵架对于恋爱中的男女而言是一场契机,同时也是一场劫难。懂得吵架艺术的女人会让男人越吵越爱,越吵越离不开;而那些在争吵中"任意发挥"的悍妇却可能因为一句话而毁掉了自己多年的感情。

吵架是一门学问,需要恋爱中的男男女女们共同学习,我们要知道什么话该说,什么话不该说。说出去的话就如同泼出去的水一般,语言伤害到的是人的灵魂、人的内心。

每次在我们打算开战前30秒,先问自己三个问题:(1)究竟是什么在让你生气？(2)这件事情是否很糟糕，需要通过吵架来解决？(3)吵架能解决问题吗？在回答完这三个问题后，你会发现，有些事情根本不值得争吵。

而如果不可避免地发生争吵之后，我们又该如何是好呢？微妙处就在于一个"台阶"。聪明的人，在关键时刻利用"台阶"会马上解决问题，令感情得到升华。所以，天下恩爱有趣的情侣，都懂得给对方台阶下，而自己也会是个下台阶的高手。

【恋爱魔法贴士】

恋爱中的男女吵架公约：

1. 吵架不当着父母、亲戚、朋友、邻居的面吵。在公共场所吵架要给对方面子。

2. 在家里吵架不准一走了之，实在要走的话，不得离开家500米远。不许不带手机和关机，要保持联系。

3. 尊敬对方的父母长辈，吵架不开心不能找其他人出气，更加不能对父母无礼。

4. 有错的一方要主动道歉，无错的一方在有错方道歉并补偿后要尽快原谅对方。日后不得以此事留为把柄继续重提。

5. 吵嘴生气了，出气时不准砸东西，只能吃东西，实在忍不住只能砸枕头。

6. 吵架尽量不隔夜，要尽快解决问题。

"饭在桌上，我在床上"

男人喜欢什么样的女人？女人到底怎么才能取悦男人，怎样才能抓住男人的心？这是千百年来一直困扰着很多女人的事情。

Chapter 4 恋爱保质期，一边去！

记得在许久以前看过一个很短的小故事，说一个男人回家以后，看到了妻子留给他的纸条，上面写着"饭在桌上，我在床上"。一句话，让多少男人感叹这样的女人简直就是极品。

有人说，抓住男人的心就要先抓住他的胃，想想这句话和那个故事还真是有着相同之处。然而现在街上的饮食店越来越多，会做饭的职业女性越来越少，新好男人进入女性的私密空间——厨房——后，女人更是觉得做饭不是天大的事。又有多少女人能记得对自己的伴侣轻声说一句："饭在桌上，我在床上。"

男人是相对更独立的动物，对一个女人的需要概括起来也就是两种：性和家。这一句"饭在桌上，我在床上"就满足了男人的需要。即使他不爱你，也会因此和你走得长远点，当然如果他真的爱你，那更是皆大欢喜了。如此一个能给予男人他所需要的一切的女人，也无怪乎男人会感叹其极品了。

阿阮的老公是个爱玩的人，虽然结婚了，也依然不收心，总是和一群哥们在外面混，就是不愿意回家陪老婆。阿阮也说过老公许多次，每次都是一场大吵，结果非但没有取得什么效果，还引发了一次次的冷战。而老公呢？就更加顺理成章在外面玩了。

阿阮也听别人说过，想要抓住一个男人的心，首先要抓住他的胃。为此，不会下厨的阿阮也开始学习做菜。但阿阮似乎并没有收到想要的成效，老公嘴巴挑剔，整天嫌这嫌那的。但随着阿阮厨艺的精进，倒也得到了老公的夸奖。

一次，阿阮的老公做了一个大项目，非常成功，阿阮在家里精心准备了烛光晚餐，想等老公回来一起庆祝。结果等来等去，只等到老公一条短信，说是兄弟们要在外面帮他庆祝，不回来吃饭了，阿阮看到短信以后，一阵怒火便燃起来了，自己辛辛苦苦准备了那么久，不是白费了嘛！

虽然是怒火中烧，但阿阮很快平静了下来，她想来想去，给老公发了一条短信，上面只有一句话："亲爱的，饭在桌上，我在床上。"那天晚上，阿阮的老公很快回来了，深情地拥抱了阿阮。而那条短信呢？一直都存在老公的手机里，不舍得删掉。

其实，当时阿阮的老公和之前的女友因为一次偶遇而差点旧情复燃，老公经常在外面就是为了躲避阿阮。而就在老公犹豫不决的时候，就是阿阮这样一句体贴的话，让他突然意识到了自己的妻子是如此可爱。

聪明的女人，只用一句话，便可以让你的男人体会到幸福的味道。

记得原先看过一则寓言故事，说一个年轻的妻子觉得她的丈夫很可怕，不知道如何取悦，于是向一个巫婆请教，巫婆看了看她说："如果想让我帮你，你必须为我取一样东西来作为报酬，那就是东山上那头狮子身上的三根金毛。"

女人很为难，狮子那么可怕，但是为了丈夫她想试一试，于是心生一计，每日送一绵羊入狮口，数日之后竟然与那狮子亲密无间了，拔下三根毛有何难事。送往巫婆处，巫婆看着女人手中的毛，笑着说："像对待狮子般对待你丈夫就可以了。"

想要获得之前，先要付出，对男人也不例外。而一个女人，能给男人最大的幸福，莫过于一顿热腾腾的饭菜，一场美妙绝伦的性爱。

聪明的女人，要懂得给男人他最想要的，要懂得给男人最贴心的。想让他快快回到你的身边，那么，最简单也最有效的方法，莫过于把他最需要的东西呈现在他面前。与其大吼大叫，不如记得对他说一句，"饭在桌上，我在床上"。

【恋爱魔法贴士】

女人不一定要天天在家里做饭，但一定要会做饭。

第一，做饭是女人争取家庭地位最有力的保障！

现在都在讲男女平等，但真要做到平等却不像一句口号这么简单，女人在家做饭是在用实际行动告诉丈夫：你在外面奔波很苦，我在家里操持也累啊！

第二，做饭是女人兑现爱情承诺最直接的表现！

通常一对男女在山盟海誓时，男人都会对女人说："我会努力让你幸福！"而女人通常会对男人说："我会照顾你一辈子！"

如果你连饭都不会做，那你准备怎么照顾男人一辈子呢？你这不是为爱情开了一张空头支票吗？

第三，做饭是女人拴住男人的心最简单的办法！

假如你的白马王子被一群妖艳的蝴蝶紧紧包围，你可千万别傻乎乎地跟在别人屁股后面追啊，当务之急是赶快把电视从言情剧场转到《天天饮食》！

第四，做饭是女人美丽工程最基础的工作！

一个连饭都不会做的女人，营养会很好吗？营养不好是要被饿得皮包骨的，估计抹上胭脂也得往下掉吧！

每天都是情人节

情歌天后梁静茹的歌里唱道："其实爱对了人，情人节每天都过。"我倒觉得，要是各位姐妹们真的能把每天都当成情人节那么过，又何愁爱情悄悄过期了呢？

女人总是对各种各样的纪念日、节日特别敏感，总是希望男人能记住，能一起把这一天过得与众不同。但我们真的需要那么多的纪念日吗？和自己爱的人在一起，为什么不把每天都当成一个纪念日，每天都过得认真、过得开心、过得用心呢？

子萱和丈夫结婚的时候只认识了不到一年，两人算是闪婚的吧。为了将来有一个安稳的家，两个人蜜月以后就全心投入了工作，非常忙碌。结婚才一年不到，子萱已经完全感受不到新婚的甜蜜，重复着日复一日的生活。

那天是 2 月 14 日,下着雪,子萱和往常一样匆匆赶回家,在路上看着一对对情侣们拿着玫瑰花,相互依偎着,子萱才突然意识到,这可是她和丈夫结婚以后的第一个情人节啊。在结婚之前,丈夫也曾捧着玫瑰花在大雪中等了她好久好久。想起那些浪漫的往事,子萱不由得鼻子一酸。

那天子萱买了一个蛋糕回去,在蛋糕上写上了她和丈夫的名字,回去准备了一桌非常丰盛的晚餐,并且把自己打扮得非常漂亮。丈夫回来以后看到这一切,整个人都十分惊讶,再看看盛装出现的妻子,更是感到惊喜,一把搂住子萱就吻了她。那一晚,子萱和丈夫度过了一个非常美妙的夜晚,子萱才突然感觉到,原来新婚是如此美妙的事情,如果每天都可以这么美妙,那该有多好。

第二天早晨,子萱在家里做了早餐,并且在餐桌的花瓶里插上了一朵娇嫩的花。丈夫醒过来以后,看着眼前甜蜜的一切,笑着搂住子萱问:"今天又是什么日子呀?"子萱在丈夫脸颊上亲了一口,甜甜地说:"庆祝我们在一起,并且彼此相爱。"

热恋的时候,我们的心思总在情人身上打转,到处都能感受爱的气息。甚至可能在他身旁听到他的心跳声,就觉得自己是全世界最幸福的女人了。可是时间越来越久,在一起成为了一个再平常不过的事情,于是我们开始了各自的忙碌,慢慢忽略了对方。只有到了一个纪念爱情的节日——情人节,我们才记得和爱人一起度过一个属于两个人的夜晚,互相赠送一份小小的礼物。如果每天我们都能像情人节那天一般,重视我们的爱情,重视我们的爱人,爱情每天都会美妙无比。

我相信,如果子萱能一直在生活中每天都花一些小心思,把每天都当成情人节一般珍惜,她和丈夫即使在一起六十年,也依然能感受到新婚的甜蜜。

爱情是一朵娇艳的玫瑰,需要爱和关注去浇灌。如果有一天,你发现你的

Chapter 4 恋爱保质期,一边去!

爱情之花正在枯萎,那么你是不是该想一想,你有多久没给它浇水了呢?

人生是由每一天组成的,珍惜每一天,过每一天都花些心思,就是对生命最大的珍爱。与其花许多时间去策划一个惊天动地的情人节,不如把心思放在每一天,把每一天都当成情人节来过,你的爱情一定会非常甜蜜。

【恋爱魔法贴士】

要让爱情时时新鲜,不妨从一些小细节入手吧!

1. 早上上班前帮他整理一下领带,帮他捋一捋不太听话的头发。小小的细节同样也会让男人倍感温暖,当这些细节成为习惯,他会更加安心,也会更加离不开你。

2. 知道他爱吃的菜式,并且勇于学习与实践。虽然"抓住男人的胃等于抓住男人的心"的说法有点过气了,但真的很管用呢。

3. 将"亲爱的,辛苦了"作为口头禅。无论是下班回家,还是修理电器、水龙头,别忘了拥抱他,说一声"亲爱的,辛苦了"。

4. 确定他有烦恼时,别急着为他出谋划策。除非他正式提出需求,否则你千万不要急着为他排忧解难。要相信他一定能够处理好。

5. 打扮自己,也打扮他。让你们始终都做朋友眼中的一对璧人。你不惧怕让他永远年轻帅气,因为你并没有失去自信——对自己没有信心的女人,怎么可能给予别人安全感?

6. 爱他,并且说出来,同样不分场合和次数。不要总是逼问他"爱不爱我",相反,要记得时时将爱向他说出来。

Chapter 5
优雅的背影，留给破碎的铜镜

在这个世界上，正如喜悦与悲伤如影随形，恋爱与失恋也从未分离。一生中能只谈一次恋爱就白头到老的人简直就是凤毛麟角，大多数人都经历过许多次恋爱，自然也经历过许多次失恋。当爱情已经成为往事，烟消云散的时候，女孩们，不要再让自己伤痕累累，留给破碎的爱情一个优雅的背影吧！这也是女人最后的尊严。

Chapter 5 / 优雅的背影,留给破碎的铜镜

忍耐,不是解决一切的方法

男人是一种习惯以自我为中心、发掘自身潜力的动物。他们去追求自己的目标,从而征服外部世界。而女人与男人最大的不同,就是隐忍。

女人是隐忍的软性动物,当情感出现危机、遭遇爱人的背叛时,女人通常的表现是隐忍。这是大多数女人的选择,然而做出这样的选择对于女人来说是非常不容易的,她们需要付出很大的代价,不是物质的,而是精神上的痛苦。

而女人的隐忍不仅仅体现在爱情、家庭方面,甚至在与朋友的相处中也是如此,即使对谁心怀不满,一般也不会直接说出来,一直都遵循着以和为贵的教导。

而女人这些方方面面的忍耐,有些是一种美德,但有些则是懦弱,是导致女性人生悲剧的根源。忍耐,并不是可以解决一切事情的方法,有的时候,忍耐只会让自己陷入更为痛苦的深渊,让自己的生活更加深陷泥淖。

有一部电影叫做《吉尔的妻子》,它曾被翻译成14国的语言,获过很多大奖。故事中的女主角就是一个无限忍耐的女人,最终把自己推向了绝望。

故事大意是:20世纪30年代,在法国的一个小城镇,炼钢工人吉尔的妻子艾丽莎,她对丈夫的要求从来都是百依百顺。他们有一对六岁左右的双胞胎女儿,并且艾丽莎又怀上了孩子。而这时,吉尔爱上了妻子的妹妹维克多莉。因为怕失去丈夫,艾丽莎采取的解决方法是:沉默、隐忍和等待。艾丽莎的隐忍是超乎寻常的,她不仅要忍受丈夫和妹妹的不忠,还要忍受丈夫的幼稚和以自我为中心。

吉尔知道维克多莉另有所爱后的一天晚上,他先向艾丽莎承认自己爱

上了妻妹,然后,突然地,他不顾熟睡的孩子们,不顾眼前妻子的感受,双手捶着桌子,大声喊叫着:"她是我的!她是我的!"

艾丽莎怕吓醒孩子,冲到桌前紧紧抱住丈夫的头,就如同母亲抱住孩子,而在她怀中的丈夫还在肆无忌惮地哭诉。这个做丈夫的,如同一个任性妄为的孩子,不加掩饰地、放肆地在自己妻子面前高喊着他对妻妹的疯狂迷恋。

艾丽莎一直没有说话,只是坚定地抓住丈夫的手。因为抓得太紧,弄疼了丈夫,这才让丈夫清醒过来。

那样的时刻,艾丽莎的感受应该只有心碎和肝肠寸断可以形容了。

直到有一天,丈夫说:"我见到维克多莉了,我对她已经没感觉了。我知道自己犯了一个错误,我毁了属于我的快乐。"

丈夫终于回头了,他长大了,知道替艾丽莎分担家务了,比如种菜、做早饭、带孩子。可是这时的艾丽莎却似乎回不来了,她的心,一如她家满园的枯枝落叶,一片片枯萎凋零。

从那以后的一天,毫无征兆地,艾丽莎从顶楼跳下,结束了自己的生命,未留下只言片语。

世界上,没有一种正常的关系能够长久容忍不忠诚,更不用说夫妻这种极其亲密的关系了。她用忍耐得到了她想要的一切,但当心已经死了的时候,一切都已经失去了原本的意义。

艾丽莎一直以为,只要忍耐,忍耐到一切都过去,天依旧可以像曾经那样蔚蓝。她偏偏自不量力,以为自己可以承受一切的痛苦,她的悲剧就在这里。她对丈夫说:"我在等待,等待一切都过去。"她对神父说:"我没有吵闹,我了解我的丈夫,那样他就会离开我。"可忍耐并不是解决一切事情的方法,也许坏的事情总有过去的一天,但在这个过程中,心灵上的伤害,却可能留下一辈子的伤疤,久久难以愈合。

Chapter 5 优雅的背影，留给破碎的铜镜

隐忍和大度并不能解决一切问题，相反，它会让人误以为你对一切都满不在乎，甚至丧失了你的尊严。

无论你的爱有多深，都不能拿自己的原则做交易；无论你的爱有多深，都不能背叛自己；无论别人是否忠实于你，你都要首先忠实于自己；无论别人怎样对你，你都要小心地爱护自己；无论你有多么身不由己，你都要学习倾听自己的心声，守护住你自己……

女人最不能失去的东西，就是你的尊严和你的原则。忍耐也许可以维持现状，但却可能让你最宝贵的这两样东西随之而失去，甚至迷失了自己，留下一颗伤痕累累的心。

心死了的时候，一切又还有什么意义呢？

爱，要有原则，一味地忍耐，非但不能解决事情，甚至可能把自己推向绝望。

【恋爱魔法贴士】

女人总是会用一些谎言来欺骗自己，同时掩盖着男人犯下的劣行，却不知这些欺骗自己的谎言，最后会让你堕入痛苦的深渊之中啊！

谎言一：有了小孩就能套牢他

不是每个男人都想当老爸的，看看那些结婚几十年、孩子二十几的人，不是照样离婚了吗？当他犯下劣行的时候，千万别问题没解决，又给自己制造了新的问题啊。

谎言二：睁只眼闭只眼就没事

你睁只眼闭只眼，他照样在外面玩个底朝天。男人是需要看牢的，外面诱惑那么多，你怎么知道他是逢场作戏呢，还是戏假情真啊。

谎言三：海誓山盟当饭吃

爱你的时候，海誓山盟就是爱情的承诺；不爱你的时候，海誓山盟不过是过眼云烟。那些话，恋爱的时候听听甜蜜一阵就算了，当饭吃，早晚会饿死。

谎言四：浪子也能有真感情

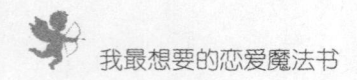

每个女人都以为自己独一无二，别人无法搞定的男人你一定能搞定。可偏偏就是这样的心理，让无数的女人甘愿成为了浪子的炮灰。

……

当爱已成往事

在一首老歌《当爱已成往事》中，张国荣唱道："往事不要再提，人生已多风雨，纵然记忆抹不去，爱与恨都还在心里，真的要断了过去，让明天好好继续……"

当爱已成为往事的时候，过去的回忆却依然清晰地印刻在脑海中，我们不可能在一夜之间就把所有的爱恨都抹去，心中也一定会对已经远去的他有所留恋。但是，面对已经远去的他，已经过去的爱，纵使有千万句舍不得，又能挽回什么呢？

人生是一条不能回头的路，我们只能一直向前走，如果因为留恋着路旁的一段风景而无心再看前方的道路，我们在人生的路上将会错过更多的幸福。既然我们已经错过了太阳，就不要再为太阳而悲伤，从而错过了星星和月亮。当爱已成往事，可以珍藏心里，但一定要明白，一切早已过去。

高中的时候，我认识了傅小玲，她是我那时最好的朋友。从高一的时候开始，傅小玲和班上的才子刘允就成为了一对情侣，她总是像一只快乐的小鸟一样，叽叽喳喳不停地对我讲述她和刘允的爱情。那个时候的傅小玲让我觉得，一切高考、未来、前途，什么都抵不过她的爱情。

年少的我们总是把一切都想得太美好，傅小玲甚至已经为她和刘允的未来作出了许多的规划，而我也一直以为，傅小玲和刘允会一辈子都在一起。

Chapter 5
优雅的背影，留给破碎的铜镜

高二的时候，我们分了班，我和傅小玲没有再在同一个班。让我没有想到的是，在一天晚上自习课的时候，我看到傅小玲泪流满面地出现在了我的教室门口。那天晚上，我和她一起逃了课，在操场上走了一圈又一圈，她肆无忌惮地哭着告诉我刘允离开她了。从她断断续续、不清不楚的描述中我大概知道了，原来刘允因为一个女大学生和傅小玲分手了。看着傅小玲哭得肝肠寸断，我想这段爱情给她的伤痛一定非同一般。

后来，正如我所预料的一般，傅小玲一直消沉，成绩也直线下滑，后来甚至转学了，她走的时候依然是一脸哀怨。再后来，听说傅小玲上了一所不好不坏的二流大学。

再见傅小玲是许多年以后了，在一次同学聚会上，傅小玲打扮得很入时，听说已经成为了一个有名的杂志主编。我们许久未见，重逢的时候说起了往事，傅小玲笑着告诉我，现在想到刘允依然心中有些疼痛。但很庆幸，自己虽然为他消沉了一段时间，但终于看开，爱情已经成为往事，就不要再让这段往事成为锁住自己的枷锁。

当我们失去了一段爱情的时候，比不舍和伤痛更可怕的，就是对往事的苦苦追寻和留恋羁绊住了我们前进的步伐。失去了曾经相爱的人，是如此痛彻心扉，可是毕竟它已经成为了一段回忆，放肆地哭完以后，擦擦眼泪，我们还要往前继续行走。

当爱已经成为往事的时候，如果这份爱是因为战胜不了现实而无奈地结束，那么，就算为了曾经相爱的人，也该让自己过得快乐、过得幸福。如果这份爱已经不复存在，又何必为了一个早已不爱你的人而肝肠寸断。当爱已成为往事的时候，我们可以把欢笑与痛苦放在记忆中，而面对眼前的路，一切都是一片崭新的天空，一切都是一个新的开始、新的未来。过去只存在于你早已走过的路，我们留下了脚印，就不要再把心也留下了。

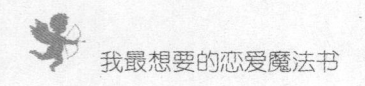

────♡【恋爱魔法贴士】♡────

当我们失恋的时候,瞬间便觉得整个世界好像空了一般,这个时候应该怎么样来应付呢?

1. 朋友的陪伴。在失恋的时候,我们不妨向好朋友求助,这个时候的我们最需要安慰和陪伴,有一个可以听我们大吐苦水的朋友,可以缓解我们内心的痛苦和空虚。所以说,不管你恋爱与否,女孩们,一定要和闺蜜们保持好联系哦,千万不要因为男朋友就把闺蜜们抛之脑后,在我们难过痛苦的时候,闺蜜们是最好的陪伴伙伴。

2. 让自己忙碌起来。总是找朋友吐苦水可不是办法,而且我们要让自己尽快忘记痛苦,所以就赶快让自己忙碌起来吧。把那些唉声叹气的时间都用在其他方面,平时喜欢运动就多运动,平时喜欢唱歌跳舞就多练习,还可以努力投身于工作。慢慢地你会发现,忙碌起来以后再也没有时间去悲伤难过了。

3. 精心打扮自己。失恋了?不要紧!我们一起去 shopping,给自己添置一些漂亮衣服和化妆品,把自己打扮得美美的,自己看着都心情好,说不定美美的我们已经吸引到下一段新感情的男主角了哦!

总之,失恋的女孩们一定不能在烟酒中堕落,不要因为一段失败的感情,错过许许多多人生中美丽的邂逅。

当断则断的分手艺术

见过许多想要分手的情侣,一次次分,一次次合,永远都是当断不断,两个人纠缠在泥淖之中。

庄子有个故事,叫做"涸辙之鲋",讲的是有两条小鱼一同掉在了一个小水

Chapter 5 优雅的背影,留给破碎的铜镜

坑之中,水汽在阳光下蒸发,两条鱼互相用唾沫湿润各自的身子,为了活下去。相濡以沫就是这么来的,但庄子最后感叹的一句话是:"相濡以沫,不如相忘于江湖。"

后世的人总用相濡以沫来表示夫妻间的关系,要互相扶持,要不离不弃。但是正如同庄子所说的,与其如此痛苦地在死亡线上挣扎,倒不如互相忘记,在各自的江湖之中畅游,寻找各自的幸福。

当断不断,反受其乱,如果不能把不适合自己的人决绝地放弃,又怎么有位置给那些真正适合自己的人呢?分手的艺术在于决绝、果断,离开就不要再回首。人总是容易陷入对过去的怀念之中,但回忆仅仅只是回忆罢了,已经逝去的美好,就不再值得留恋。

安安和靖达在一起已经快五年了,两人感情一直很好。安安是个感情的完美主义者,她希望自己的爱情纯洁无瑕。靖达是个非常优秀的男人,但有时却免不了有些优柔寡断,这也是安安一直非常不喜欢的。

在两人一起的第五年,靖达向安安求婚了,两个人终于要修成正果,所有朋友都替他们感到开心,但就在这个时候,发生了一件事情,让这段原本美好的姻缘出现了危机。

在和安安交往之前,靖达曾经喜欢过一个女孩子,喜欢了很久。但女孩最后却和另一个男人结婚了,靖达为此伤心欲绝。而安安就是在这个时候走进了靖达的生命之中。

就在靖达向安安求婚以后,一次非常偶然的机会,靖达居然又再次遇到了那个女孩,女孩现在是单身,刚离婚没多久,因为过得不幸福,于是便分开了。那天,女孩和靖达在一起说了很多话,女孩一直很后悔当时没有和靖达在一起,靖达知道自己现在爱的人是安安,女孩已经成为他过去的记忆了。但是,面对着这个脆弱的女孩,却不知道该如何把她推开,也许是男人天生的一种保护欲吧。

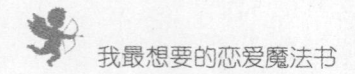

靖达虽然并没有和女孩发生什么，但是面对着女孩对他的表白却一直都犹豫不决。他优柔寡断的性格在这个时候发挥得淋漓尽致。

有一次他和女孩在餐厅吃饭的时候，被安安看到了，当安安知道了这件事情的原委之后，把戒指退还给了靖达，一个人离开了。除了父母，没有人知道安安的去向。安安说她不能忍受一个对感情优柔寡断的男人，如果不离开，怕自己心软，忍不住回头。

几年以后，当我再次见到安安的时候，她已经结婚了，丈夫对她很好，她的生活也很幸福。而靖达呢？一直在等待她，但和那个女孩依旧牵扯不清。

有许多女孩子，往往提分手的时候，心中都存着一丝侥幸，希望能借此让男友改掉身上的缺点，希望还能够再续前缘。但女孩们却总是忽略了一点，江山易改，本性难移，你想要改变一个男人，几乎是不可能的事情。如果他真的存在着你无法容忍的缺点，你的侥幸心理只会让你越陷越深，不能自拔。

分手就要当断则断，短暂的痛苦总好过长期的煎熬。回忆总是美好的，每个人对过去都有着不可抗拒的留恋，更何况是一段爱情呢？但过去，仅仅只是过去而已，当风暴出现的时候，一切都已经烟消云散。

女人面对爱情要果断，要懂得争取自己的幸福，要懂得抓牢自己的爱情，但更要懂得，在该离开的时候就果断地离开。分手的艺术，精髓就在于当断则断。远远地离开他，不再打听他的一切消息，更不要让他有机会面对着你倾诉衷情。不要让你柔弱的心有一丝的缝隙，再渗透他的甜言蜜语。

当断则断，果断地切断一切，才有机会获得另一份更加适合自己的幸福。女人，对自己要好一些，对已经失去的爱情要狠一些。

——♡【恋爱魔法贴士】♡——

当断则断的分手艺术：

Chapter 5 优雅的背影，留给破碎的铜镜

1. 删除他的联系方式，在你还没有完全放下的时候，坚决不回应他要"谈一谈"的要求。往往这个时候，是女人最容易心软、最容易动摇的时候。

2. 你可以尽情哭泣，也可以和朋友尽情发牢骚，但是绝对不要让他知道你的状况。你的脆弱也许会成为他突破的契机。女人可以脆弱，但绝不能向分手的男人示弱。

3. 如果可以，离开一段时间。你们如果在一起很久，难免会有许多的牵绊，朋友、家人都是你们之间的一种维系。而对于大多数人而言，都是劝和不劝分的。如果你真的觉得这段感情已经不再适合你，不妨离开一段时间，以免被周围人的言论所扰乱。

4. 如果你要结婚，不必再派请帖给他。相信你的前男友应该不止他一个吧，你的婚礼，你和你的新郎才是主角，不必把它变成前男友集中营。

你可以继续爱我，但不要再来找我

"前男友"和"前女友"都是一个非常微妙的身份，曾经亲密无间，现在却因为成为了回忆而多了一层暧昧。一个有着共同甜蜜记忆的人，一个曾经和自己身体最为贴近的人，一个已经成为过去的人。

我见过许多的情侣，分手以后却依然保持着身体的关系。而在其中，大多数女人之所以依然是男人的床上伴侣，都是因为对过去的那段感情无法忘怀。而男人呢？前女友不过是一个安全方便的床伴罢了。

女人似乎都比男人更加容易陷入幻想之中，尤其是每一次的分手，女人总是很难承认，他是因为不爱，所以才离开。而女人对于前男友始终有一种说不清、道不明的情愫。于是，女人成为了身份尴尬的"前女友"，听着前男友的甜言蜜语，把自己一次次送上，就如同廉价的方便面一般。

面对前男友，女人一定要把持住，如果他爱你，他不会离开你。如果他无法

忘记你,他不会只要求你的身体。不要让自己在虚无的幻想中被伤害得体无完肤。

　　琪琪再遇到辉已经是一年以后了。
　　辉是琪琪的前男友,两人在一起整整五年,辉却因为另一个女孩子和琪琪分手了。分手之后,两个人各奔东西,在不同的城市打拼。虽然琪琪被伤害得很深,但两个人五年的感情不是说放下就能放下的。按琪琪的话说,就是虽然已经没有了爱情,但那么长的时间,两个人之间已经有了一份亲情。于是,虽然没有再遇到,但琪琪和辉一直都在断断续续地互相问候。
　　琪琪之后又交了男朋友,男朋友对她非常好,什么都惯着她。琪琪也觉得十分幸福,只是每次想到辉,内心都会有一些痛楚。
　　那天,琪琪收到了辉的短信,辉说因为工作的关系,要到琪琪所在的城市出差一段时间,说想见见琪琪。琪琪非常忐忑,她没有告诉男友,独自去见了辉。
　　一年不见,辉并没有什么大变化,两人在一起聊得十分开心,说起了过去的事情,琪琪很惊讶,辉居然还记得。
　　那一晚,琪琪没有回家,她和辉在一起。辉十分温柔,甚至比以前在一起的时候更加温柔。琪琪心中顿时涌起了许多的期盼。也许,辉是特意来的,也许,辉不能忘了,也许……
　　之后的几天,琪琪一直瞒着男友陪着辉。可是琪琪并没有等到她想要得到的承诺,一周以后,辉走了,临走的时候买了一个礼物送给琪琪,没有一丝留恋。
　　琪琪这才突然意识到,自己究竟做了些什么。打开礼物,里面是一个音乐盒,当琪琪走出火车站的时候,顺手把音乐盒丢在了垃圾桶里,也把辉的号码拖进了黑名单。

Chapter 5 优雅的背影,留给破碎的铜镜

她要的,并不是他想给的。只是当她意识到的时候,一切都已经发生了。亲爱的女人们,你们要知道,如果已经失去,就不要再用身体去表达你的留恋。曾经的美好,放在心里怀念就已经够了,何必用你宝贵的身体去玷污了这份纯洁呢?当你的前男友对你说着甜言蜜语的时候,请记得告诉他"你可以继续爱我,但不要再来找我"。

已经失去的东西,就让它失去吧,我们再也拿不回来。同时也让那些失去我们的男人知道,我们是如此珍贵,失去了,再也拿不回来。

女人的身体是十分珍贵的,它只应该为了自己的爱情而绽放,它不是廉价的商品,可以随意用来吸引男人的眼球或是用来满足男人的欲望。一个懂得珍惜自己的女人,才能够被男人所珍惜。

亲爱的,请记住,当你的前男友深情款款地出现在你的眼前,当你的前男友无限留恋地诉述着过去的幸福,当你的前男友轻轻把手环上你的肩膀……告诉他,"你可以继续爱我,但不要再来找我。"

"前男友"和"前女友"都是一个暧昧不清的身份,但我们往后的幸福,与他们已经再无干系。

【恋爱魔法贴士】

对于前男友的关心或是问候,最开始会让女人觉得,也许在他的心中你还是有一个位置的,这样女人往往会觉得很欣慰,可是转念一想,他这样大张旗鼓、费劲心思地让你知道他还"挂念"你,有什么意义吗?

在你要忘了他重新开始生活的时候,他总是时不时地跳出来刺激你的记忆,让你总是能记起过去的一切,这就是他所谓的"关心"吗?

既然当初他选择了离开,那么不管他现在是真的挂念你,还是不想让你忘了他,还是后悔还是怎样,分手了,你的生活就与他无关了,他只要负责不再来打扰你平静的生活,那就是对你的"关心"了,不是吗?

面对前男友的"关心"、"问候"、"想念"等举动,还是让自己当作不曾发生的

一切吧,如果说被一个男人伤害是自己不可预测、不能控制的话,那么不停地让同一个男人伤害自己、打扰自己、刺激自己,那绝对就是自己的过失了。

不要让背叛成为惯性

世界上任何事物都有惯性,背叛也一样。当一个男人背叛了你第一次,随后一般会有第二次、第三次,甚至更多次的时候,我们称之为"惯性背叛"。

我周围有许多女孩子,男友一次次地在外面劈腿,她们发现以后开始哭闹,男友一次次在她们面前忏悔,请求她们的原谅。于是,心软的姑娘们原谅了花心的男友,紧接着又迎来了一轮轮的劈腿。故事就这样在一个恶性循环中不断上演着相似的剧目,让人看着不禁发笑,这是一出悲剧呢,还是一出喜剧?

女孩们总是以为能改变一个男人,总以为男人都是浪子回头金不换,却不知道当陷入恶性循环的时候,背叛成为了一种惯性,让人痛苦,却又无法摆脱。

陈静是个非常优秀的女孩子,她和男友在一起已经九年了,这九年间,陈静和男友经历了分分合合,但始终还是共同坚持了下来。

第一次分手,是在大学时候,陈静发现男友和一个学妹走得很近,还听说两人关系暧昧。陈静心痛万分,向男友提出分手,结果经不住男友的苦苦哀求,陈静原谅了他。

第二次分手,是刚毕业的时候,陈静有一次去男友的公司找他,发现他和漂亮的女上司一起上了车,陈静偷偷跟踪男友,发现男友去了女上司的家里。而当陈静就在楼下打电话问男友在哪里的时候,男友告诉她在家里睡觉,很累。第二天,陈静哭着要和男友分手,结果男友给陈静跪下了,甚至还辞去了工作,陈静再次心软了。

Chapter 5 优雅的背影，留给破碎的铜镜

就这样，第三次，第四次……这样的事情一再上演。陈静一直给男友机会，一直希望他真的能改过，却一次次失望。

纠结了九年，陈静和男友一直没分手，甚至已经到了谈婚论嫁的地步。而陈静呢？也一直认为，都已经要结婚了，男友也该玩够收心了。一次，陈静去出差，提前一天回来了，想给男友一个惊喜，便没有告诉他。结果，就在陈静晚上偷偷去男友的公寓，用男友给她的钥匙打开门以后，居然看到男友和一个陌生的女人赤裸裸地躺在床上。

现在的陈静非常痛苦，把自己锁在家里不愿意出来。男友在外面苦苦哀求，陈静觉得已经死心了，可是这么多年的青春都耗费进去了，不知该如何是好……

男人莫非真的是天生就花心，天生就无法对一个女人专情吗？有心理学家曾经解释过说，为了繁衍种族的需要，雄性动物一般会以占有雌性动物多而为荣。其实只要你问问身边的男士们，相信大家都是非常羡慕韦小宝那样的生活，三妻四妾。

但我们同时也要知道，现在和以前不一样，我们追求平等而专一的爱情。也许男人在生理上总是难以抵挡女人的诱惑，但人和动物不一样的地方就在于，人懂得思考，懂得拒绝诱惑，懂得用理智来战胜情感。

一个男人背叛一个女人是有多种多样的原因的，有些是女人身上的问题，我们可以通过反省来发现问题，并且改正它；可是有的却是男人自己的问题，这些问题并不能因为我们的改变而消失。

不要纵容背叛，事不过三，当他一次次背叛你，而你又无法在他身上找到原因的时候，不如下定决心斩断这份感情吧。不要等到最后，自己流泪品尝伤痛。当背叛成为一种惯性的时候，我们无力阻止，不如主动离开。给自己一个机会，也还他留恋的自由。不要把自己禁锢在一片没有幸福的天地之中。

——♡【恋爱魔法贴士】♡——

男人背叛女人的原因一般有哪些呢？

1. 因为利益而背叛

这当然就像凤凰男在城市里找到一个可以帮助自己的女人从而抛弃了糟糠之妻之类的故事了。或者某个男人为了攀龙附凤，抛弃自己的女友。综合来说，因为利益而背叛女人的男人大概也就占10%吧。

2. 因为感觉而背叛

一般这种情况都发生在青年男女之间，大家还没有定下心来，一心想要追求一种感觉。按百分比来说，这样的人大概占了15%。

3. 因为背叛而背叛

这也就是我们所说的报复。因为女友做了对不起他的事情，或是怀疑女友做了对不起他的事情。这样的男人非常神经质，对于不稳固的感情总是采取"破罐子破摔"的想法。这种情况大概占了20%。

4. 因为生活中的细节而背叛

大多是两个人在一起久了，在一些生活小细节上不再注意，因为一些小事磕磕碰碰或者慢慢冷淡所致。这样的背叛比较多，大概占了50%，这样的人一般都是为了寻找激情而选择了背叛。

5. 因为与生俱来的天性而背叛

另外还有一小部分人，大概占了5%，是天生就朝秦暮楚、三心二意、禁不起诱惑的人，遇到这样的人只能算你倒霉啦！

Chapter 5 / 优雅的背影,留给破碎的铜镜

身体,挽留不住远去的心

一个男人,他可以不接受一个女人的爱,但与此同时,他可以坦然接受一个女人的身体。歌德曾经说过一句话:"世界上最大的是海洋,比海洋还大的是天空,比天空还大的是人类的心灵,其中通往女人心灵的通道就是阴道。"这句话是非常有道理的,阴道所连通的,不仅仅是女性最为神秘、最为特别的身体器官,同时也不时地触动着女人的心。只不过,女孩子们却往往以为,和女人一样,通往男人心灵的,是他们的阴茎。

其实对于男人而言,性和爱是可以分开的,他们爱一个女人,可以和她上床;他们不爱一个女人,依然可以和她上床。在床上的亢奋,身体之间的缠绵,甚至那些深情的眼神,一切都可以与爱情无关。而女人呢?总是天真地以为,他在床上的一切表现,都反映着他的心中始终有你的影子。天真的傻女人,如果把男人的性欲当成了对你的爱情,那么最后必然注定是伤痕累累。对于男人而言,身体的交缠永远都无法到达心灵的深处。

小陶是一个年纪比我小很多的女孩子,我们在机缘巧合之下成了无话不谈的好友。有一阵子我刚搬了家,许久不能上网,后来小陶给我写了一封信,信上说了她最近发生的一个故事。

小陶有个很帅气的男朋友,两人感情一直挺好。但是后来,小陶的男朋友对她越来越冷淡,小陶发现,原来男友在外面和别的女人好上了。小陶非常爱男友,虽然知道他劈腿,却不怪他,反而是求他不要离开,说自己会原谅他所有的一切,只希望他能回到自己的身边。

后来,男友还是对她说了分手。那天晚上,小陶喝了很多酒,跑到男友家中,抱着男友痛哭,两人吻到了一起,很快就缠绵起来。那一夜,小陶以

为自己用身体挽回了自己的爱情。可是早晨醒过来,男友却没有回到从前,只是态度冷淡地让小陶离开。

　　小陶回想到那晚的激情,总认为男友对她还有感情,于是这样的伎俩又上演了好几次。男友依旧没有拒绝她的身体,但之后也依旧什么都没有再提,还和那个女人正式在一起了。而现在的小陶呢?她不懂,男友和别人在一起了,可是又为什么一次次和自己缠绵,甚至当那个女人不在的时候,还偶尔会给她打电话。她此时在男友心中究竟是个怎样的位置呢……

　　我并不想对小陶说太残忍的话,但是如果不说出来又怎么能让她惊醒呢?现在的她,不过是男友在寂寞时候排遣欲望的一个工具罢了。在男人心中,欲望和爱情是永远没有必然的纠葛的。女人们往往是天真的,她们想当然地以为,只要一个男人还肯和她上床,还饶有兴致地和她缠绵,还会在那个时候表现出体贴和亢奋,那么,这个男人就是还对她有留恋、有感情,还有留住这个男人的希望。

　　但当女人们想用身体去挽留一个男人的心的时候,你们会发现,事情并不像我们所想的那般简单。他们并不排斥我们的投怀送抱,甚至还张开双臂表示欢迎。当我们准备献出身体的时候,他们会毫不吝啬地施展自己的床上功夫,甚至还有可能出现片刻的温柔。但这些,随着性爱的结束,也消失得无影无踪,只是昙花一现的美好罢了。

　　男人绝不会因为和某个女人发生了关系就爱上了这个女人,更不会因为继续和某个女人保持着床上关系而去重新爱上这个女人。对于男人而言,思维更加直接,爱或者不爱,这是一个简单的问题,没有模糊,也没有犹豫。可是对于Sex-love,他们永远都不会放弃追求。当你的男人离你而去的时候,亲爱的女人们,要懂得,身体,挽留不住远去的心。

── ♡ 【恋爱魔法贴士】 ♡ ──

　　女人们总是容易心存幻想,妄图通过和自己喜欢的男人发生关系而绑住他的心,或者想用自己的身体来挽回一个即将失去的男人。而男人非常欢迎女人的投怀送抱,但却不会因为这样就付出自己的爱。

亲爱的姐妹们,千万不要试图用自己的身体去做实验,让一个男人爱上你;更不要试图通过再一次的温存,让远去的那个男人回心转意。牺牲你的身体,换不来男人的爱,甚至可能失去你最后的尊严。我们的身体非常宝贵,不要卑微地用身体去迎合,妄想换回他的爱,就算我们能一次又一次地温存,也不能让爱情回到从前。

所以,女人,真的应该把自己的身体牢牢地看好,让它远离男人的视线,这个身体是我们对爱情最后的尊重。

不爱的时候,一切都是错误

当我们陷入热恋的时候,一切都是如此美好,甚至仿佛自己也变得异常完美一般。当有一个疼爱自己的人在身旁的时候,我们小小的犯傻会换来亲昵的一声"小傻瓜",我们看偶像剧哭泣时会被拥在怀里安慰,甚至我们把饭烧糊了,也只会换来小小的亲昵而非紧张的责备。那个时候的我们,做任何事情都是对的,男人永远能想到任何夸赞我们的理由。

可是,有一天,我们突然发现,他开始挑剔我们粗心的毛病,他开始厌烦我们动不动就滑落的眼泪,他也开始数落我们做的饭菜太咸或太淡。曾经的一切仿佛瞬间都改变了,那些被他宠溺着的小小的缺陷,一瞬间仿佛犯了滔天大罪一般。哦,如果真的是这样了,那么我不得不说,他对你的爱也许已经用完了。当一个人爱你的时候,你的一切都美丽可爱;而当一个人不爱你的时候,你的一切都将成为一个错误。聪明的女孩懂得在什么时候该抽身离开,留给自己一丝尊严,也留给他一个美丽的背影,让他到时候悔青了肠子去吧!

李思在最近才发觉男友对她有些和以前不一样了。

李思的男朋友追了她三年，最后终于感动了李思，两人在一起了。李思是家里的娇公主，从来不做家务，自然不会做饭也不会洗衣。男友对李思特别好，在大学时候就帮李思洗衣服，毕业以后两人在一起了，他也给李思做饭。后来，李思觉得自己也该尽尽女人的责任，就主动下厨，结果那天烧坏的饭菜，男友开心地硬着头皮吃下了，还搞得拉肚子拉了一整天。就是这样疼爱自己的男友，让李思终于下定决心和他订婚了。

因为毕业没多久，李思和男友都还想再为事业拼搏，于是订婚以后，就把婚期往后押了几年。在这期间，男友的事业越来越顺利，在公司也占有了举足轻重的地位，周围的人都羡慕李思命好，可以嫁个事业有成的好老公。可是李思却发现，男友对自己变了许多，他开始挑剔自己做饭做得不好吃，甚至对于平日的小撒娇，他也认为是自己不懂事。李思开始反思自己，也开始改变自己，想把一切做好去迎合男友。可是无论她怎么改，男友总是看不到她的进步，只是一直挑剔着她的错误。

聪明的李思经过反复查探以后，终于发现，男友和公司里的一个小妹妹走得很近，男友对她特别殷勤，不亚于当年追自己的时候。李思非常难过，原来无论自己怎么改，他的心里已经有了另一个女人。李思是个爱情的完美主义者，容不得她的爱情里有半点瑕疵。李思没有告诉任何人，把自己关在房间里哭了许久以后，便和男友分手了，去了另一座城市。

后来，李思通过家人知道男友非常后悔，疯狂地在寻找她，但她并没有让男友知道她在哪里。李思想要维系这段爱情的完美，经不起任何的瑕疵。而她也清楚地知道，自己如果当初不选择离开，那么相信现在痛哭流涕的应该是自己了。

张爱玲的书里有过一段对男人十分精辟的描写："也许每一个男子全都有过这样的两个女人，至少两个。娶了红玫瑰，久而久之，红的变了墙上的一抹蚊子血,白的还是'窗前明月光';娶了白玫瑰,白的便是衣服上的一粒饭粘子,红的却是心口上的一颗朱砂痣。"

每个女人都有她美丽可爱的一面,当一个男人爱你的时候,他满眼都是你的美丽可爱,哪里会看得到你的错误;而当他对你爱的天平已经向另一边倾斜的时候,也怨不得他眼中再也容不得你半点沙子了。所以,女人们,清醒一点,当你的男人眼中只有你的错误的时候,也是时候该收拾好自己的感情离开了。离开了,你就成为了他得不到的彼岸花,此时的他也许还能记起你的美好。而依然妄想改变自己来留下他的话,最后你也只会成为他所厌恶的蚊子血或者饭粘子。当一个男人爱你的时候,你的一切都是完美的;当一个男人不爱你的时候,就算你只在他旁边呼吸也如同噪音一般。

【恋爱魔法贴士】

男人变心以后,会有哪些表现呢?

1. 他对你说,"我很忙"或者"我没空"。一次两次还好,每次都那么忙,那到底要不要恋爱呢。

2. 他对你的态度像一个普通朋友。这个时候女人们就要警觉了,当初的热情已经消退得不留痕迹了哦。

3. 他的生活习惯开始改变。突然的改变一定意味着些什么,事业上遇到的转折,或者遇上了一个新的女人。

4. 他对你开始有负疚感。

5. 他对你的许诺不再生效。这表示你在他心中的地位已不那么重要,那么你们的感情也将开始摇摇欲坠了。

6. 他不再为你制造浪漫。当然这也是需要视情况而定的,毕竟生活不可能时时存在激情,但如果连在生活的小细节中你都发现不了他对你的爱的话,还是要慎重啊。

7. 你在他眼中的形象改变了。当你曾经的可爱全都变成缺点的时候,女人，还是收拾包袱离开吧。也许他还会在某个想起你的午后默默回忆你曾经的美丽。

他不是你人生的全部

爱情是一个美丽的词语，它无处不在，主宰着大多数人的喜怒哀乐。无论在哪里，街上、博客或者杂志，我们总能看到一个个的爱情故事展示它们的甜美或者悲痛。人们因为遇上了一场爱情而欣喜若狂，同时也因为爱情的离去而痛苦万分，也有人因为与爱情擦肩而过而怅然若失。总之，爱情在我们的整个生命中总是扮演着十分重要的角色。

那么，爱情究竟是什么呢？爱情，无非是两个人演绎的所有幸与不幸；爱情无非是柔情的蜜意换你无情的相欺；爱情无非是热烈的缠绵变成无聊的游戏。爱情让我们的人生变得丰满，让我们的情感变得丰沛。然而，有的人也被爱情所摧毁，因为失去了爱情中的那个人而萎靡不振。

我们见多了失恋的人，有的人勇敢站起来依旧前行，寻找另一份感情的寄托；有的人却始终走不出失恋的阴霾，任凭自己在堕落中逃避。尤其是女人们，总是把爱看作自己的全部，失去的时候仿佛连自己也随之消逝。其实，你可曾想过，他并不是爱情的全部，更不是你人生的全部。

我们来看看两个女人，Anni 和 Anna。

Anni 是个标准的全职太太，从和丈夫拍拖的那天开始就把他当作自己的天一般，自己成了他的小尾巴。朋友算什么，社交算什么，只要有了爱情，一切都可以无条件舍弃。就这样，Anni 在自己的爱情里成为了一个幸福的小女人。结婚以后，Anni 也没有出去工作，一心在家里照顾丈夫的饮食起居。就在这个时候，Anni 的丈夫出轨了。而 Anni 能做什么呢？哭泣？

Chapter 5 优雅的背影，留给破碎的铜镜

哀求？离婚？哦，当然，离婚是不行的，他就是 Anni 的天，Anni 怎么能离开她的整个世界呢？于是，Anni 失去了所有的主动权，只能发动眼泪攻势，或者坚决拖着不离婚。如果她的丈夫是个有担当的人，也许会承担起责任照顾她。但就算这样赢回来的丈夫，相信也不会得到幸福吧。但如果丈夫一心要离婚呢？无论从哪方面来说，Anni 都是彻底的输家了。

Anna 是个非常独立的女性，她也非常依赖她的丈夫，但是在他们交往的时候，Anna 虽然减少了出去社交的次数，但始终和朋友们保持着联系。结婚以后，Anna 也依旧有自己的工作、自己的收入。这个时候，Anna 知道自己的丈夫出轨了。她有什么选择呢？心乱如麻的她找到了许多朋友来帮助，她们给她出了许多主意。如果这段感情无法挽回，她只能和丈夫离婚。她经济独立，可以照顾自己，虽然受到了感情的创伤，可是却有朋友的陪伴。她把热情投入工作当中，也可以为自己的伤痛寻求一个避风港。这个时候的 Anna 并不是孤独的，她和丈夫势均力敌。也许依然伤痕累累，但她却有能力走完任何一条道路。

重点是，不要把男人当作自己的一切。他不是人生的全部，也不是爱情的全部，他只是一个正好在这个时候出现并和你有了爱情的男人而已，不要让他主宰了原本属于你的人生。

人生其实拥有很多的部分，我们有家庭，有朋友，有爱人，有同事，有导师……他只是我们人生的一个小小组成部分。他出现了，我们相爱了，这是一种缘分；他走了，爱情离去了，这是因为缘分也消磨干净了。在我们无力挽回而只能接受的时候，我们的人生还拥有其他很多的东西。

每一份感情都很美，每一个走进我们人生的人都值得留念，但我们的人生路上会走进太多太多的人，不要因为一个他就把自己所有的路都堵死，拒绝别人的进入。他不是我们人生的全部，我们可以付出爱，付出信任，付出忠诚，甚至交托我们的整颗心，但我们却不应该把自己的人生捆绑在另一个人的身上。

不管多么爱他,不要让他成为你人生的全部,等你压垮了不堪重负的他的时候,你的一切也都会随之坍塌。女人,永远都要把自己的命运牢牢抓在自己手中。

【恋爱魔法贴士】

忠告各位姐妹们一句,没有任何东西是绝对的,就算这一刻他爱你深入骨髓,却不代表他会永远信守对你的爱情。

恋爱是人生一个美妙的经历,但不要因为恋爱就把其他的东西都给抛弃了。亲情、友情,这些东西都不亚于爱情。还有你的梦想,它们也如同爱情一般美丽,在你生命中也同样占有举足轻重的地位。永远不要把一个男人当作你人生的全部,更不要以为那个男人就是你爱情的全部。

真爱,不是一生一次的绝地

许多人都会询问一个问题:人的一生,是不是只有一次真爱?有人说,一个男人,一生可能会爱很多女人,但在他心底却始终只有一个女人,只有那个人,才是他的真爱。这句话也许很多人听起来会觉得很感动,但却让人不是个滋味儿。你的确是感动了,但如果你身边的那个男人心里的真爱并不是你,那又是件何等悲哀的事情啊。

真爱一生只有一次,这似乎是对爱情的一种小心翼翼的珍藏,但却恰恰让寻找真爱的人们无所适从。对那些在情路上不断成长的人们,说他们没有真爱过,是对感情最大的误解;对那些因为现实而走不到一起的人们,说他们愧对真爱,是对他们更大的伤害。

真爱并不是一件奢侈品,更不是让人望尘莫及的东西。只要是真心诚意的

Chapter 5　优雅的背影,留给破碎的铜镜

爱,我们就称之为"真爱"。真爱并不是上天天生就赋予人的东西,它和生命并不是一样的。有的人一生追逐,经历了许多段刻骨铭心的真爱;有的人也许一生下来,始终也没遇到那么一个可以去付出真爱的人。真爱,并不是一生一次的绝地,得到是我们的幸运,失去也不一定是莫大的损失。不用担心把真爱的配额用完,只要你真心、我诚意,真爱就绝不只是挂在嘴边说说而已。

在一次整理书柜的时候,我偶然间发现了曾经写过几段时间的日记,以及与一些朋友的通信,当然,还有一些似乎是没有寄出去的小信件。当我捧着这样一箱东西的时候,有种如获至宝的感觉。

看自己以前写的日记,禁不住发笑,小学的日记里写着一个男生的名字,依稀记得他是我的同桌,我们曾经闹了一段时间"绯闻",那时的打打闹闹想起来都觉得自己好可爱。

中学的日记里记着一个网名,那是我刚学会上网的时候,申请了QQ,认识了一个素未谋面的人。我已经想不起来这个网名背后的人和我在网络上是否有过什么故事了,看日记里记着对他的感情有多么深重的时候,我不禁感慨,莫非是自己薄情,曾经那么深刻,现在却没有丝毫痕迹?也许,那个时候,根本不懂什么叫做爱情,只是憧憬着能遇上这样一份爱情吧。

高中的日记里记录了暗恋一个人的过程,但上面是他名字拼音的缩写,我居然用了很长时间才记起那个人的全名叫什么。日记里却写了满满的伤感的文字,似乎痛入骨髓。

那天我开始回想着自己在感情路上邂逅的形形色色的人,每个人都曾在我的人生路上留下过痕迹,每个时候我都付出过我的真心。只是,过去的,便成为了回忆,而现在占据我的爱的,便是眼前与我携手的人。

其实不必苦苦追问,究竟哪一段才是人生的一份真爱。只要我们相信爱

情，并且真心投入去爱一个人，那么他就是我们的真爱。也许某个时候，我们分开了，留下了刻骨铭心的痛。但那以后，我们将会再邂逅另外的人，与他们有别样的故事，相同的是，那些故事里依然有我们真心付出的爱。

真爱并不是一生只有一次的绝地，我们的爱在成长，在成长的道路上，爱有选择的余地。我们每一次恋爱都付出了我们的真心、我们的真爱，只有这样，我们才能坦然面对曾经爱过的人和现在正在爱着的人。真爱不是一生只有一次，我们的爱都在成长和学习之中。只要每一次我们都真诚付出，这份爱就无愧于心，这份爱就是我们付出的真爱。

——♡【恋爱魔法贴士】♡——

真爱没有既定的格式，人的一生可能只有一段感情，也可能在不同的阶段经历了不同的感情，但只要每一次都是用心去感受，对每一段感情都负责，真爱几次又何妨？

在这里和姐妹们分享一些爱情的启示：

爱一个人，要了解，也要开解；要认错，也要改错；要体贴，也要体谅；是接受，而不是忍受；是宽容，而不是纵容；是支持，而不是支配；是慰问，而不是质问；是倾诉，而不是控诉；是难忘，而不是遗忘；是彼此交流，而不是凡事交代；是为对方默默祈求，而不是向对方诸多要求；可以浪漫，但不要浪费；可以随便牵手，但不要轻易分手。

失恋是美丽女人的机会

失恋是一个非常可怕的词语，但同时，失恋又何尝不是给自己一个重新选择的机会呢？

Chapter 5 / 优雅的背影,留给破碎的铜镜

男人爱上一个女人,并不完全是因为她的美丽容颜,她的曼妙身材,这其中有着多方面的原因。也许就在那一刻,你就这样触动了他的心,于是,你们相爱了。一切都仿佛那么自然,好像本来也就该如此开始的。

同样,当一个男人不再爱你的时候,并不一定是代表着你曾经的美丽已经远去,你已不再有魅力。不爱与爱一样,有着许许多多的理由。所以,当他不爱你的时候,亲爱的女人,千万不要失去了自信。

失恋对于那些没有自信、没有亮点的女人来说简直就是灾难,但对于那些自信且美丽的女人而言却是给自己的一次绝佳的机会。而你想做什么样的女人,这全在于你自己的决定哦!

曾经有一部电视剧叫做《婚前昏后》,主演是汪明荃。电视剧的女主角叫做皓雪,和丈夫结婚以后,因为一次吵架,冲出家门遭遇了车祸,成为了植物人,这一昏睡就睡了16年之久。而在这16年间,丈夫和3个孩子都期盼着她能醒过来,一直对她不离不弃。可是随着时间的推移,希望越来越渺茫。丈夫和他的女助手卓琳在相处中产生了感情。

可是偏偏命运弄人,就在丈夫已经决定和卓琳结婚的时候,皓雪竟然醒过来了。这个时候,悲喜交加。丈夫决定待在皓雪身边,保持一个家庭的完整。但同时,丈夫也无法放下和卓琳的这段感情。最后,这件事情终于还是让皓雪知道了,皓雪忍痛和丈夫大闹一场,离婚了。

昏睡了16年,社会已经是日新月异,皓雪显然和这个社会格格不入了。刚开始,她痛苦、迷茫,她想找工作,自己却没有什么能力。终于,在她去一家化妆品公司找工作的时候,老板点醒了她。皓雪改变了自己的形象,面试成功,成为了一名化妆品推销员。

女人的自信是需要自己坚持不懈去建立的,而皓雪就是这样一个女人。虽然青春不再,与社会脱节了16年,但她勇敢去做,改变自己的形象,于是找到了自己的第一份工作,并且还做得有声有色。当她再次在丈夫面

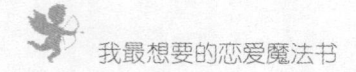

前出现的时候,俨然已经是一个有事业、有主见、让人眼前一亮的女强人了。

我们姑且不管结局到底是怎样,单单只看皓雪的改变就能知道,对于刚开始的皓雪,离婚简直就是她生活的炸弹。可是这颗炸弹可以摧毁她的生活,却不能摧毁她的人生。当她找到了人生的目标,当她改变自己让自己成为自信而美丽的女人,这个时候的她已经不再畏惧婚姻的失败。这一次的失败是一个更大的机会,她有机会改变自己,她有机会寻找自己最想要的幸福。

害怕失恋的人,大多是不自信的人,因为不知道失去了他,自己是否还能遇到一个更好的;害怕失恋的人,往往也都是不够优秀的人,因为总是有着自卑的阴影,仿佛爱情也带着哀求的气味一般。

女人,最重要的是要让自己优秀起来,当我们足够优秀的时候,失恋算什么,只不过让我们可以有再一次的机会来看清自己的渴望、来选择自己的幸福罢了。失恋,是美丽女人的又一次机会,是自信女人的再一次选择。

【恋爱魔法贴士】

什么样的女人才算优秀?相信大家一定都时常在思考这样的问题。

1. 长得漂亮算优秀吗?这只是优势而已。
2. 挣钱多算优秀吗?这只能说她有某方面的能力。
3. 嫁个好老公算优秀吗?这只能说她老公优秀。

所以,如果具备以上3点中任何1点就觉得自己是个优秀的女人,这是完全错误的。

我认为优秀的女人应该:

即使她不漂亮,但她仍然很大方自信;即使她挣的钱不多,但她很满足并尽力去改变自己的生活;即使她的老公不够优秀,但她仍然很爱他,觉得最适合自己的那个人已经找到了。

Chapter 5 / 优雅的背影，留给破碎的铜镜

你找到答案了吗？

现实的女人活得更好

有个相亲的笑话，是一男一女的对话，不知道大家有没有看过。

女：你有三室一厅吗？

男：没有。

女：你有雅阁吗？

男：没有。

女：(站起)我有点事，先走了。

男：(喃喃自语)俺有独栋别墅，为啥要住小公寓？

女：(僵住)……

男：(自语)俺开着奔驰，难道要换成日本车？

女回眸一笑，相亲继续……

男：我创业把别墅、车子全抵押了，现在一点现金都没有了……

女：(大怒)我有好多事，先走了……

男：还好拿到日本的天使基金，公司上市了……

女转身坐下，相亲继续……

男：不过 IT 行业风起云涌，股票跌破发行价，快要停盘了……

女一声不吭，站起身。

男：幸好被微软收购，有了几亿现金，可以支持我二次创业……

女：(转身媚笑)你好坏啊，老是逗人家……

这时，两个穿白大褂的医生进来，气喘吁吁：你小子又从医院跑出来，赶快回去吃药。

虽然只是一个笑话，却是在讽刺现在的女人是多么拜金。爱情算什么，嫁

幢房子、嫁部车子，比嫁给爱情好多了。但是，难道女人就真的应该一味天真，永远都不现实吗？我倒觉得，女人现实一点，会活得更好！为什么这么说呢，让我们一起来回忆和分析，或者想象一下吧！

当你 14 岁的时候

这个时候的我们开始对爱情有着朦胧的期盼了，当然，家长和老师的反对和打压少不了，但也不能阻止我们有了小小的爱情萌芽。

在这个年龄，现实的女生知道，我们现在谈恋爱，将来不一定会永远在一起，要是付出得太多，可能将来会得不偿失。于是，她们懂得适时进退，更懂得如果恋爱真的影响了她们学业的话，就应该放手。

不现实的女生呢？一心想着爱情就是一切，以为爱情就必定是永恒的。为了陪男友玩个游戏，可能会逃课。遇到了家长和老师的强力打压，甚至可能会上演私奔的闹剧。天哪，情感持续的几率又有多高呢？分手了，岂不是赔了夫人又折兵？

当你 20 岁的时候

这是恋爱的最佳时候了，这个时候交的男朋友可能会是未来的老公，当然也有可能只是人生的一个过客，但现在的我们懂得怎样来挑选一个男人了。

现实的女生此时可能会考虑，这个男人除了能让我开心快乐之外，对我未来的生活能有所保障吗？他能让我不受苦受累，能给我幸福吗？因为考虑得多，现实的女生往往会为自己打理好所有的退路，纵使最后婚姻出了状况，也不会亏待自己。

但是一味天真的女生呢？她们抱着对爱情的美好期望，被蒙蔽住了双眼。她们运气好的也许遇上一个好男人，运气不好呢？也许那个男人不仅连温饱的生活都无法提供给她，还反过来需要她的援助呢。这样的结局离幸福还真是遥远啊……

当你已经过了 25 岁的时候

都已经到这个年纪了，还要说些什么呢？女人最美丽的年华就那么几年，

Chapter 5 优雅的背影，留给破碎的铜镜

再不现实一点，整天做着偶像剧里的梦，女人啊，真的要醒醒了！

女人要现实，不是说要女人们都只看钱，只看地位，只看名誉。现实的女人更懂得，如何选择才是对自己最有好处的，如何选择才能够让自己的爱情不要被物质所侵蚀。没有物质基础，又怎么能有心思来好好谈情说爱？

现实和拜金并不是画等号的，现实的女人更清楚自己需要的是什么，是美好的爱情，还是优越的生活。当两者不能兼得的时候，现实的女人会衡量自己的一切，从而作出最不会令自己后悔的决定。现实是成熟的一个表现，只有那些未经世事的小妹妹们才会天真地以为，出现在梦中的真命天子就一定是骑着白马的王子。现实的女人也更懂得在做梦的时候保持清醒，为自己量身定做一个优秀男主角，让这个美梦一直持续下去。

女人，现实一些，年纪轻的时候不要迷失在自己的梦里，年纪大了以后，更不要抱着天真的期望，等待命中注定的缘分。

【恋爱魔法贴士】

现实女人可不是拜金女人。

现实的女人能看透男人的欲望，懂得接受更懂得拒绝；现实的女人能看清爱情的保质期，不会因为失去爱情，就失去人生；现实的女人即使嫁了有钱的男人也会保持自己经济独立，因为她现实，她会思考如果有一天失去了爱情以后，她要靠什么来养活自己；现实的女人更懂得如何抓住男人的心，因为她明白，要一个男人爱你不仅仅是看缘分，女人的手段也是至关重要的。

一个现实的女人不一定拜金，但一定会让自己的生活越来越有质量；一个现实的女人不一定会嫁给一个她爱上的男人，但她一定会寻找一段最契合她的婚姻。这就是现实，因为现实，所以能对现实看得透彻。

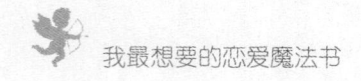

一万句爱你都抵不上一个婚姻的承诺

有句话相信你一定听过：婚姻是爱情的坟墓。而当你去搜寻爱情和婚姻的时候，相信你也会发现，有许许多多的言论告诉你，爱情和婚姻根本就是两回事。爱情与婚姻无关，爱情就是爱情，一种热烈而纯粹的感情。婚姻只是两个人维系关系的一种方式，给你婚姻的人，不一定和你有爱情。

我同意后半句，给你婚姻的人，不一定和你有爱情。但我不禁怀疑那些口口声声说着爱情和婚姻没有半毛钱关系的人，他们所追求的究竟是爱情呢，还是自由的情欲？

有时候婚姻对于男人而言就像是一道枷锁，道德捆住了他泛滥的情欲。于是，许多人开始厌恶婚姻，肆意标榜着爱情的名字寻欢作乐。女人啊，也许婚姻里不一定要有爱情，但如果一个男人爱你，足够爱你，爱到愿意承担爱情一辈子的责任，他不会拒绝给你婚姻。那些拒绝给你婚姻的男人，其实只是害怕婚姻束缚住了他飞向别人怀抱的翅膀罢了。

前一阵子，女友玲给我打电话，告诉我她和相处了8年的男友分手了，原因是他始终不愿意给她一个婚姻。

玲是个有自己事业的女人，并不是那种靠男人过活的小女人。玲和男友相识的时候是大学刚毕业，两人都还年轻，自然没想到谈婚论嫁，双方都在打拼自己的事业。可是让玲没想到的是，两人感情这样一拖，竟然拖了8年之久。8年之间，玲也不止一次地暗示过男友想要结婚的事情，却被男友以都还太年轻为由拒绝了。甚至双方的家人都已经见过了面，催促着他们结婚，可男友却始终有借口一次次地搪塞。

因为玲和男友都在外地打拼，而两家的老家也不在同一个地方，所以

Chapter 5 优雅的背影，留给破碎的铜镜

虽然家里催促，但也没有带来特别大的压力。可是随着年龄的增大，玲开始着急，但每次男友依旧是不咸不淡的。玲和男友之间并没有什么问题，可是她不明白，为什么男友就是不肯给她一个婚姻的承诺。其间玲也因为这件事情和男友提过分手，但男友每次都说，婚姻就是爱情的坟墓，爱情和婚姻根本是没有关系的。

这一次，玲终于还是下定决心离开了男友。一个人口口声声说爱你，却连婚姻都不能给你，这样的人真的是一辈子的托付吗……

男人对于婚姻也是非常审慎的，他不确定他眼前的女孩是否真的是他愿意与之共度一生的人。也许他还在犹豫，因为你不坏，但也不够好，而更好、更适合的女孩还没有出现。爱情和婚姻也许真的没有太多纠葛，但他爱你却为何连婚姻都给不起你呢？

"虽然我不能给你婚姻，但我能给你一切。"这句话应该是出自过很多男人的口中吧，一般都是已婚男人对小女生说的话。有的男人是因为不确定而不愿意给一个女人婚姻，而有的男人却是因为已经有了一段婚姻而不能承诺女人婚姻。既然他还懂得要对婚姻负责，要对妻子负责，那又为何出来招惹我们呢？

女孩们，当你们沉浸在一个已婚男人的甜言蜜语中的时候，莫非不会想到他回家之后面对贤惠的妻子、可爱的孩子，依然有着同样的绵绵情话吗？别人的男人，不要轻易去碰，当你碰了这个男人，你就成为了婚姻中受人唾骂的第三者。运气好的，你成功晋级成为了正室，可你能确保不会有更年轻漂亮的女孩取代你的地位吗？运气不好的，被男人抛弃，落得个坏名声。而男人呢？改过之后依然是浪子回头金不换。

不管他是不愿还是不能，不要在一个无法给你婚姻的男人身上浪费你的时间。婚姻是爱情的坟墓，没有婚姻，爱情只会死无葬身之地。别等到你的青春和爱情都无栖息之地的时候，才醒悟过来，你需要一段婚姻，需要一个人陪你到老……

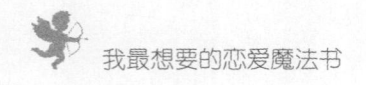

―――♡【恋爱魔法贴士】♡―――

  并不是每个人都需要婚姻,如果你追求你的事业,如果你认为一个人能过得更好,如果你有你的人生目标,如果你的人生规划中没有婚姻这个环节,OK,恭喜你,你可以坦然面对一个人的人生,没有婚姻,你也依然可以幸福。

  可是,不管你需不需要婚姻,你要知道,一个爱你的男人,总是对你说着夜夜情话,却连一个婚姻都不能给你,那只能说明你在他的心中,分量并不是那么重。婚姻代表了责任,一个男人口口声声说爱你,却不敢对你负起责任,这样的爱,真的有足够的分量吗?一万句爱你都抵不上一个婚姻的承诺更有说服力来证明他的爱情。

放不下的,是爱还是习惯?

  当你爱上一个人以后,你每天看着他的笑容傻笑,等待着那个时间响起的电话,看着QQ上他闪动的头像。也许他有时会敲敲你的头,叫你小傻瓜,也可能他总是会躲到拐角处跳出来吓你。总之,他一系列的小动作,你们相处的点点滴滴,就这样进入了你的生活,成为了你的习惯。

  有一天,你们分手了,于是,你可能会在做了一件笨拙的事情以后习惯性地摸摸头,想起那句熟悉的"小傻瓜"。也许某天你走到一个拐角处,你迟迟不敢走过去,想着他是不是又偷偷躲在那里。你所有的生活、所有的一切都会和他联系在一起,你的脑海里不断出现他的点点滴滴,他的笑容,他的话语,他的动作……于是,痛苦万分。可是,这个时候的我们,放不下的是爱情,还是习惯呢?

  曾经看到过这样一个故事,说一个女孩遇到了一个男孩,他们总有聊不

Chapter 5 / 优雅的背影，留给破碎的铜镜

完的话、说不完的事，两人在一起非常快乐，而男孩的一举一动也总是能牵动女孩的心。就这样理所当然地，他们相爱了。可是，他们并没有理所当然地在一起。

女孩那个时候已经有一个交往了许久的男友，刚开始认识的时候，他们也有过一段快乐的日子，并且出于互惠互利的角度考虑，两家人都希望他们在一起。虽然在一起久了也没有发生什么事情，但女孩始终觉得他和自己不是非常合拍，直到遇见了这个男孩，女孩终于知道，她爱上了另一个人。

女孩的母亲知道以后，一心劝阻女孩，告诉女孩只要她嫁给男友，就是少奶奶，一辈子享福。女孩并不是非常注重钱财的人，可是那晚，女孩独自一人想了很多，她开始思考如果她选择了爱情，义无反顾，那么她将会面对许多的问题。而且只要一想到男友，她就非常痛苦，在一起那么久，她早已习惯了有男友的陪伴和疼爱，要她放弃，那怎么可能……

一夜过后，女孩告诉母亲，她决定和男友结婚，一切事情都交给他们去办。那一瞬间，女孩的心随着爱情死了。

婚礼的当天，男孩也来了，捧着一束鲜花，祝女孩幸福。看着男孩离去的背影，女孩在心里一遍遍叫喊着他的名字。

许多年以后，女孩已经成了一个白发苍苍的老妇，她有了一个可爱的孙子，非常幸福的家庭。后来，老妇的身体越来越差，在病痛之际，总是呼喊着一个名字，那个她放弃了的男孩子的名字……

她用一生选择了习惯，却在弥留之际放不下的，始终是那份爱。习惯的力量强大得超乎我们的想象，有时候爱一个人久了以后，我们自己都难以分辨，到底是爱多一些，还是习惯多一些。

无论多么浪漫的爱情，最后终究免不了转化成亲情或者其他的感情。爱情总是最初的东西，再之后，习惯会越来越多，于是爱慢慢变成了依赖。于是，当

我们失去了一段爱情,在痛苦中无法自拔的时候,我们总是在特定的时间回忆起特定的镜头,总是在特定的地点想到那个特定的人,就像是生物钟在提醒,这个时候你该做什么了。

也许总要等到许多年以后,当你的回忆已经模糊的时候,某天你突然惊醒,会想起,原来我曾经爱过这样一个人,你会发现一切已经在时间的洪流之中模糊,原来那些留恋,更多的只是习惯而已……

【恋爱魔法贴士】

当你想念一个人的时候,是不是总是会去模仿他曾经做过的事情?或者忍不住到了你们曾经一起去过的地方,做你们一起做过的事情?这个时候是最为悲伤的时候,这个时候也是加深记忆的时候。

培养一个习惯,只要三个星期就够了,用三个星期的时间,重新对你的作息作出新的规划,重新给自己一条新的路线,重新给自己一个新的期盼。三个星期以后,你会发现,你已经迎来了一个全新的自己。

当我们放不下那段已经成为回忆的爱情的时候,不妨给自己一个全新的世界,改变自己以往的习惯,改变曾经爱他的习惯,我们一定能做到。

对怜悯说"不"

每个人都有着悲悯之心,对弱小有着天生怜爱的心情。可也有很多人却总是分不清怜悯和爱情,总是错把同情当爱情,造成双方都痛苦不堪的局面。不管是男人还是女人,都总是被这颗悲悯之心弄得看不清楚方向。可是有的时候,最大的同情,往往应该作出最狠心的决定。

记得有一次和一个不是很熟的男人聊天,在酒吧里,他喝了几杯酒,滔滔不

Chapter 5　优雅的背影，留给破碎的铜镜

绝地向我说着他的女朋友。他说他并不爱他的女朋友，只是同情她对自己多年的苦苦相恋，于是便想做做好事圆了她的心愿，哪知道这一黏上，却再也踢不开了。这个男人我听说过他的许多事情，他的女朋友非常爱他，每次他说分手都用死来要挟他。而他呢？也不甘寂寞，在外面花边新闻不断。痛苦的纠缠，却始终不愿意放开对方；一时的怜悯，却终究造成了此刻的祸根。

也许同情最终可能变为爱情，可过程却充满着艰难险阻。无论你是那个施恩的人，还是那个受惠的人，最终都会被起初的怜悯之心所伤害。女人啊，要对怜悯说"不"，这关乎了你的尊严，也关乎了两个人的幸福。

她是一个学识渊博的女子，美丽而聪慧，最初她对那个男人是没什么特别感觉的，只是每每见他愁眉深锁，于是有了大致的印象。

后来，他们相识了，不咸不淡地相处着。她对他的感觉是源自一个夜晚，在一个聚会上，他喝多了酒，坐在角落，不爱热闹的她也坐在角落。就这样，很自然地，两个人搭起了话。也就是那一次，她才知道，他的愁绪都是为了另一个女人。他曾有一个女朋友，一个美丽可爱的女人，他爱她极深，爱得不能自拔。可是后来，那个女人走了，牵起了另一个男人的手。那一夜，他伏在她的肩上留下了眼泪，嘴里喃喃自语着："宝贝，只要你回来，我可以为你放弃一切……"他对另一个女人的深情，他痛苦的泪水，一切就这样打动了她。那一刻，她的心里对眼前的男人产生了一种奇妙的感觉，她多么想要抚平他的伤疤……

似乎女人都是如此，看不得男人受伤，总是想去抚平那个人的伤痛。她不是个随便的女人，但那一夜，她送他回去，没有拒绝他的拥抱，他的亲吻，他的欢爱。在朦胧间，她听到他叫："宝贝。"那一声让她心里一颤。

第二天，他对她说："对不起。"然后再无其他言语。

原本只是一次意外，可是却接二连三有了第二次，第三次……他们就这样牵手，接吻，拥抱，成了一对。从最初的怜悯，到现在的依赖，她享受现

在的一切,却也不禁感到苦恼。她的言语间多了刺探,她总是忍不住想去打听让他久久不能忘怀的那个女人,却又在他面前刻意地避忌。甚至每当看到他眉间的一丝忧愁,就会想到他是否又在想她……虽然男人再也没有在她面前提起过前女友,可当初打动了她的那份深情如今却成为了她心里的一根刺,久久不能释怀……

有的怜悯慢慢成为了爱,她起初对他的怜悯之心让她心动了,但那最初打动她的情殇却成为了她的一块心病。她想成为拯救他的女人,到最后自己却陷入其中,不能自拔。她永远猜测他的心中那个伤口是否依然存在,甚至猜测着这段感情是否可以天长地久。因为怜悯而去爱上一个人,最终那些怜悯也不能弥补与爱情之间的距离。人总是搞不清楚,我对他,是怜悯,还是爱。

当我们是一个施恩的人的时候,我们看到受伤的小动物会伸出援助之手,看到受伤的男人也忍不住母爱泛滥。可是,施恩的过程中,有一方总是陷入其中,不能自拔。怜悯却不是爱情,只有一方陷入的爱情,注定是个伤害。

当我们成为了受恩的人的时候,面对那些怜悯,如果接受了,也许可以获得短暂的安慰,却始终不能填补心中的欠缺。也许在他怜悯的目光之下,对我们而言,更多的是一种尊严扫地的耻辱感。

爱情不需要怜悯的插足。我们可以有一颗悲悯之心,却永远不能用于爱情之上。也许同情有一天也会变成爱情,但这其中的艰辛,并不是每个人都能承受的。女人,如果没有足够的心理准备,请对怜悯说"不"。

——♡【恋爱魔法贴士】♡——

"怜惜"是爱情的一种成分。怜是爱怜,是深深的同情,惜是爱惜,是珍视,不舍得丢弃一丝一毫。

有哲学家说:"爱在本质上是一种指向弱小者的感情。"怜惜正是这样一种最本质的爱,一种完全发自内心的愿为对方的快乐与幸福付出的心态。但怜惜

Chapter 5 优雅的背影,留给破碎的铜镜

和怜悯是不一样的,怜悯是一种居高临下的施舍,带着一点优越和施惠的满足;而怜惜是从尊重和欣赏出发的温柔的呵护和给予,是无条件的、无私的。有了怜惜的情感,才会有最真挚的、最浓厚的、最牢固的、最持久的爱情。

留给他最美丽的背影

当你爱的人不爱你了,当这段刻骨铭心的感情即将成为过去式了,你会怎么做呢?是苦苦哀求,还是潇洒离去;是哭红着双眼不住地问为什么,还是强颜欢笑给他心痛的祝福;或者喝得烂醉,任由自己在黑夜中放纵;也或许是为了报复,寻找另一个男人作为替代……

其实,当一段爱远去的时候,当那个人已经变心的时候,不论我们做什么,都难以唤回曾经的美好。纵使我们用眼泪、用痛苦、用哀求留下了那个人,我们的爱情也始终留下了难以修补的裂痕。当他已不再爱你,何必拴住了他也羁绊了自己,不如留给他一个最美丽的背影,让他在以后的日子里还能想起……

洁茹曾经深深地爱过他,为了他几乎众叛亲离。这段轰轰烈烈的爱情也曾经引起过不小的波涛,所有人都以为他们情比金坚,今生必然携手共度。当然,我们的女主角洁茹更是对此深信不疑。

爱情是一只自由的鸟儿,谁也不能左右它。它的性格总是难以捉摸,谁也无法猜透它。洁茹不明白,难道那些信誓旦旦的情话都只是男人的谎言而已吗?当她在马路对面看着男友在餐厅和一个女孩亲热相拥的画面的时候,她的心被刺痛了。曾经那么爱护自己的男人,正在对着另一个女人展现他的温柔。

回家以后,洁茹大哭了一场,一直哭一直哭,想着他的好、他的坏。她设想过无数的情节,走到他们面前打他一耳光,或者冷静地坐下来三个人

一起谈一谈……整整三天,洁茹没有见任何人,只是把自己关在房间里哭了很久,想了很多。

那是一个阳光明媚的日子,洁茹穿了一条碎花的裙子,化了一个非常明朗的妆。她把男友约了出来,在百花盛放的公园里,那是他们常常约会的公园。当男友站在洁茹面前的时候,洁茹笑了,非常轻松,非常美丽。洁茹轻声地说:"我们分手吧。我都知道了。"男友愣住了,张张嘴想说什么。洁茹并没有给他挽留的机会,而是优雅地从他身边走了,这样的云淡风轻。

许多年以后,洁茹已经拥有了一个幸福的家庭,一次偶然的机会从朋友口中听到,之前的男友并没有和那个女孩结婚,现在过得也不是很好,似乎还一直忘不了她。洁茹听后也只是淡淡一笑。

那一个美丽优雅的背影,是给他的结束,也是给自己的开始……

当他已经不爱你,你的眼泪只是助长他的骄傲、你的卑微;当他已经不爱你,再也不会因为你的悲伤而心痛不已。女人的眼泪是珍珠,不要轻易抛洒在一个男人面前,尤其是一个已经不再爱你的男人面前。失去爱,我们悲伤、痛苦,然而从另一个角度来说,失去了一个已经不爱你的人,我们又有什么损失呢?从此,我们有了一个机会,去寻找一个懂得爱我们的人,这莫不是另一个上天赐予的礼物吗?

当爱已经成为过去,让我们给自己一份美丽,给爱情一份回忆。留给他一个优雅而美丽的背影,这是我们的骄傲,也是人生路上最美丽的一道风景。许多年以后,在回忆起这段往事的时候,你会为你的聪慧和洒脱而骄傲。而你那个离去的背影,也将成为他再也得不到的美丽玫瑰。

男人总是对得不到的东西充满幻想,当爱离去的时候,你的苦苦哀求只会让他更加确信自己的魅力,更加确定离开你不会可惜。而那个美丽优雅的背影,却可能成为他一生难忘的风景。

Chapter 5 / 优雅的背影，留给破碎的铜镜

──♡【恋爱魔法贴士】♡──

　　爱情的秘诀不在于让男人"得不到"（因为他得不到你的时候，你也同样得不到他），而是让他害怕"会失去"。要在行动上独立一些，不要特别黏人；经济上独立一些，不要让他觉得你没他生存不下去；思想上独立一些，让他觉得你不是一个没有思想、不值得精神交流的女人。让他感觉到你是可以随时离开他的，并且离开他之后极有可能生活得更好，这样他才会反过来守住你，害怕失去你。

不是所有事情都需要一个答案

　　面对许多事情，我们总是会打破砂锅问到底，似乎世界上任何事情的发生都会有一个答案一般。但其实，有的事情，是不需要答案的。那个答案，得到了与没得到，唯一的差别就是把我们伤得更深。

　　当一对恋人面临分手的时候，什么理由都不是理由，什么不是理由的理由也都成了理由，那些爱得死去活来的场景都已成为粉末，甜蜜的话语也已成为不堪入耳的语言，更别说什么当初的任性、当初的女人味这些曾经以为的优点也在瞬间作为分手攻击对方的理由。这就是爱情，当爱来了的时候，在他眼里，你的一切的一切都是美好的；可当爱走到尽头的时候，什么都会成为分手的理由。

　　记得一次在街上，看到一个女孩拉着一个男孩，泪流满面地追问着："到底为什么？你说啊，到底是为什么？"看着女孩让人心碎的样子，再看看男孩一脸的头疼样，心中不免有些感触。

　　爱情并不需要一个答案，该走的时候，就潇洒地离开吧，女人，又何必让自

205

己失去了爱情的同时，还要失去自己那一点小小的安慰呢？追问并不能帮我们赢回失去的爱情，反而只会让自己变成难缠的可怜女人罢了。

我认识的琳娜是个非常聪明并且美丽的女人，她一直都是男人谈论的话题中心。她真的非常优秀，优秀得让所有男人都望尘莫及。

琳娜有一个男朋友，她非常爱他，同时也很自信，他也非常爱她。然而，这一对金童玉女并没有能够把爱情进行到底。琳娜的男友背叛了她，和一个远远不如琳娜的女孩在一起了。在男友提出分手的时候，是他们交往三周年的纪念日，那天琳娜打扮得非常漂亮，在他们初次约会的餐厅，却等来了分手的消息。

对于琳娜而言，这一切都是那么突如其来，如同天之骄女的她从没想过，自己会被男友抛弃。她回去之后思考了许久，始终得不到一个答案，这一切到底是为什么呢。

之后的一个多月里，她不断地找男友，要从他那里得到一个答案。女人打破砂锅问到底的天性开始凸显。短短一个多月，琳娜就从一个光鲜亮丽的自信女人变得消瘦憔悴，时常一个人抽着烟紧皱眉头。

而男友呢？由于琳娜的穷追猛打的追问，开始一直躲着她，最后干脆携着新女友去度假了。

男友离开以后，琳娜痛苦了许久，然后把自己关在了家里，我们登门拜访也一律不见。再见到琳娜是一个星期以后，她出现在我眼前的时候，人比从前消瘦了许多，但依旧光鲜亮丽，脸上出现了久违的笑容。她依然还是那个艳若桃李的女子。

后来，琳娜告诉我，她某一天早晨起来，站在镜子面前，突然发现自己变得很丑。一个单身女人，怎么能不美丽呢？

琳娜的男友再次出现的时候，琳娜非常优雅地和他打了招呼之后便走开了。有的答案，已经不需要了，有什么能比自己的现在更加重要呢？

Chapter 5　优雅的背影，留给破碎的铜镜

情感的路上本来就纠纠葛葛，爱上一个人，不爱一个人，谁能给出一个完美的答案呢？分手，永远都只有一个答案，那就是不爱了。也许有人会说，爱情依然存在，只是战胜不了现实。那么，既然已经在现实面前低头了，这份爱我们又何必再去执着呢？

女人，留一点幻想给自己，留一点空间给自己，不要总是去追寻一个"为什么"。

"为什么他不爱我"，那么为什么他要爱你？

"为什么他要离开我"，那么为什么他不可以离开你？

分手不需要理由，所有的理由、所有的借口到最后都只是一个美丽的谎言罢了。如果一份感情已经到了失去的时候，那么美丽的女人们，不必再去追问一个答案，一个华丽的转身，保持自己的美丽与优雅，这一切就已经足够了。

给自己一些安慰，不要再去追寻那个会让你伤得更深的答案。没有任何事情比让自己现在过得好更加重要。并不是所有的事情，都会有一个答案，也不是所有的答案，都会让你得到安慰。

——♡【恋爱魔法贴士】♡——

两个人在一起总是把爱情幻想得那么简单、那么美好，可事实并非如此，谁不想要一份像白纸一样纯洁的爱情，可幸福不会眷顾我们，总是给我们开着不大不小的玩笑。"不求天长地久，只要曾经拥有"，这只是我们的无奈，才用这些话来安慰我们这颗受伤的心。

相爱不需要理由，分手亦不需要理由，不爱了，还需要什么理由吗？我们不断追问一个答案，只是存在着一种侥幸的心理，希望能从中得到一些安慰。

但是，亲爱的，请相信，当一个人已经决定离开你了，那个答案只会让伤痕累累的你雪上加霜。与其追问一个答案来伤害自己，不如洒脱地忘记吧。

单身的女人，要让自己更美丽、更优雅；单身的女人，要开始追寻属于自己的幸福，这才是你现在该做的事情。

Chapter 6
忘不了他,我该怎么办

离开一个人很容易,忘记一个人却非常难。牵着的手松开了,但烙在心里的情,要多久才可以抹去呢……离开了,不管是什么样的原因,一段感情就这样结束了。但是在我们心里真的可以就此结束吗?他的好,他的坏,他的一切都依然牵动我们的心。忘不了他,我该怎么办……

Chapter 6 / 忘不了他，我该怎么办

爱情反击战并不可耻

爱情的道路上总是磕磕碰碰，艰难险阻，很少会一帆风顺走到最后。不管是内部矛盾还是外部风雨，甚至双管齐下，总之，我们随时要打起十二分精神，看牢我们身边的人，看牢我们来之不易的爱情。

有人说，真爱是能经得住考验的，于是有些女孩子在得到"真爱"之后就放任自流，只要那份爱被风雨打击得稍微有点动摇，就自己开始怀疑这份爱的含金量。于是，许多天真的女孩，还没有和风雨抗争，就已经默默退出，成全了别人，却伤害了自己。遍体鳞伤，还要偷偷舔舐自己的伤口，安慰自己，也许他不是你的真命天子。

其实爱情哪里是我们想象中的那般坚韧不拔，爱情需要呵护，爱情需要争取，爱情更需要捍卫。每个人都会有开小差的时候，在爱情中，难道你从来没有为隔壁男孩健壮的肌肉有过一丝的走神吗？可是那一丝的走神并不会影响我们忠贞的爱情，如果只因为一些小小的犹豫和动摇，就自己结束了一份本该幸福美满的爱情，那该多么可惜啊！

她就是一个非常清高的女孩，对任何人都总是不咸不淡的，清冷得像是一抹月光。铭是一个阳光帅气的男孩，有许多女孩都非常喜欢铭。可是就像许多爱情故事的开始一样，铭爱上了那个如月光一般清冷的她。

在多番努力之后，铭终于如愿抱得美人归。虽然如此，但依然有不少女孩子对铭大献殷勤。虽然许多人都劝她，要好好看住铭啊，但她也从不当一回事儿。在她心里，爱情是经得住任何考验的，要是铭连这点小小的风雨都经受不住，那只能说明，铭并不是那个真正爱她、可以和她共度一生的人。

铭也不是一个花心的人，一直都对她是一条心，可是就在这个时候，一个像小鸟一般快乐可爱的女孩欣出现了。欣也是迷恋铭的"粉丝"之一，每次铭打篮球，欣的呐喊声总是最大的，中场休息的时候，欣的毛巾和水也是最先递上的。欣就如同一只快乐的小鸟，总是充满着欢笑在铭身边蹦蹦跳跳。

　　一边是清冷如旧的她，一边是主动热情的欣，铭的心出现了小小的动摇。他不懂，如果她真的爱他，难道没有一丝危机感，难道不想跳出来捍卫他们的爱情？就这样，随着时间的推移，铭在欣的身边感到了越来越多的快乐。而清冷的她看到铭和欣的出双入对，冷漠地和铭说了再见。那一刻，铭的心中十分难过，他确信了她对他的爱是如此淡薄。

　　她呢？离开铭以后总是一个人默默地哭泣，心中始终忘不了他，可是事已至此，又有什么办法呢……

　　原本只要她的一个态度，一句温暖的话语，一切都可以挽回；原本只要她去争取，她完全能捍卫住属于她的爱情。可是，她退缩了，也失去了。忘不了他，怎么办？不去争取，只是等待，还能怎么办呢？捍卫自己的爱情并不可耻，争取而来的爱情也不会降低它的价值。每个在爱中的人都在迷茫，两个人之间的距离永远无法到达心脏。我不知道你多爱我，你也不知道我多爱你，猜来猜去。当风雨来临的时候，如果我们都不伸出手抓住对方，那我们的爱情真的会变得不堪一击。

　　永远不要去考验爱情，爱情经不起考验。因为在考验中，你考验的是人性，而人性都有自私的一面，谁不希望能待在幸福的地方呢？

　　如果你爱他，如果你珍惜这份爱情，那么风雨来袭的时候，一定要紧紧抓住他的手，一定要告诉他你的爱，一定不要用这些来试探这份爱情是否值得付出。坚守住你的爱情，就是坚守住你的幸福。打一场精彩的爱情反击战，就算输也不会让自己后悔。

Chapter 6 / 忘不了他,我该怎么办

── ♡【恋爱魔法贴士】♡ ──

想让爱情一如既往的甜蜜,最重要的一点就是要学会分享。在恋爱初期,男女双方很享受二人世界,无论他们到哪里也感到满足,但时间久了,往往会觉得吃饭、看电影的拍拖形式太单调,这时,你应当把一直向往做而没机会做的事告诉对方,希望对方能跟自己分享共同的兴趣。

或者,让自己投入对方的爱好中,例如,他爱打保龄球,你可以让他教你打保龄球,然后一起玩,总之,尽量营造两人不平凡的天地,令你们的感情更易开花结果!

原谅自己"没有骨气"

爱上一个人也许只要一秒钟,忘记一个人,却可能耗尽你的一生。恋爱结束了,不代表爱情也能在这一瞬间烟消云散。他手指的温度似乎还留在指尖,闭上眼睛好像还能闻到他衣服上的味道……忘记一个人,真的好难。

我们结束了一段感情,自然也会努力让自己去忘记那个人,可是往往越想忘记,就越是想起,最后让自己痛苦不堪。莫非我们真的那么没有骨气吗?许多女孩质问自己,越发痛苦。在痛苦的时候,不管男人还是女人似乎都会想到酒,原想一醉解千愁,哪想到却是酒入愁肠愁更愁。

我们的心已经伤痕累累,需要好好呵护,不要再责怪自己那么没有骨气,总是想他;也不要再勉强自己强颜欢笑,一定要忘记。当你想的时候,就尽情地去想,遏制自己的欲望,反而更加痛苦。

我听过一个女孩的故事,她是个非常自律的人,同时也十分心高气傲。

她非常有才华,一直都是大家公认的才女,可是,那一年发生的事情,却毁掉了她的一生。

她事业上可以说已经是站稳了脚跟,和男友的感情也步入了平稳的轨道,就在这一年,他们决定举办婚礼。原本一切都按照原定计划进行,可是男友的一次出差却使得所有事情都被打乱了。

在他们结婚前一个月,几乎已经通知了所有的亲戚朋友。男友突然接到一个要出差的任务,她不是个老是撒娇的小女人,没说什么,便帮男友收拾东西让他去了。可是,就在这一次出差的途中,男友结识了一个女孩,而令她没想到的是,男友因为这个只认识了几天的女孩,竟然可以摧毁他们几年的感情。男友出差回来以后,手里拉着另一个女孩,站在她的面前满怀歉疚。她打了男友一个耳光,平静地走了。

她依然正常地上班、吃饭、睡觉,仿佛男友的离去对她并未造成半点影响。就在所有人都佩服她的理智和坚强的时候,她却变得越来越神经质,到后来甚至恶化到有些疯疯癫癫。

原来,她一直都无法忘记男友,可是却不想被别人洞悉她的脆弱。她愤恨自己没有骨气,于是每想男友一次,她就在自己身上划一刀来伤害自己。可是,这样不但没有抑制思念,反而更是增添了痛苦。在巨大的精神压力之下,她终于崩溃了……

也许她的例子确实极端了些,但不可否认的是,有许多好强的女孩子也如同她一般,好面子又嘴硬,总会做出一些事情来证明"我根本不在意他了",因为怕被朋友知道自己还念念不忘,觉得这是件很丢脸的事。于是每当自己陷入了想念的时候,就会开始强迫自己不去想,强迫自己忘记。这无异于是对伤口的再一次严重伤害,不但不能缓解疼痛,反而会让伤口更加难以愈合。

失恋是一个认清自己的最佳时机,你可以看清自己是个深情种还是薄情人,可以看清自己"分手后还是不是朋友",可以看清自己在恋爱里可以付出到什么程度,

Chapter 6 / 忘不了他，我该怎么办

可以知道什么对象更适合自己。下一段恋爱或许美妙，但倘若你不能直面自己的脆弱，不能原谅自己那么"没有骨气"，又怎么能静下心来看清楚这一切呢？

不懂得原谅自己，只会想着用各种方法来遏制自己的思念，可能匆忙寻找另一段作为替代品的感情，伤害了别人，也再一次刺痛了自己；也可能把自己放纵在狂欢派对，夜夜笙歌，但狂欢过后的失落感，却比失恋还要张牙舞爪。失恋失恋，只是失去一段恋爱；放纵放纵，却是放任自己往不知名的地方去啊。

如果你无法忘记他，那么就不要勉强自己总是去忘记，原谅自己没有骨气，原谅自己那么脆弱，也原谅自己依然会有一些时间用来回忆过去。想念一个人，总是在时间的流逝中慢慢就淡了，某一天等你忽然再想起他的时候，曾经的刻骨铭心都已云淡风轻。

——♡【恋爱魔法贴士】♡——

失恋以后要做的几件事情：

1. 日子依旧继续，不可以因为失恋而让日子停留在某一天的状态。

2. 静下心来好好思考自己有什么样的人生目标需要去达成。

3. 在空闲的时间做些改变，比如把家里重新粉刷一个颜色，或者给自己重新做个头发。

4. 多约朋友一起逛街、看电影、吃饭、叙旧，总之可以把所有朋友都找一遍。

5. 夜阑人静独自一人的时候，放些悲伤的音乐，任由泪水肆意狂流，把自己心中想到的一切都写下来，不要压抑自己的感情。

自己的心比别人的意见更重要

爱情是如此美妙又如此可怕，当我们邂逅爱情的时候，那种美妙让人直上

云霄;而当我们失去爱情的时候,那种痛苦也让人从天堂直坠地狱。我们期盼爱情,却又小心翼翼,总害怕爱错了人,受到伤害,同时又恐惧着不知不觉间错过了 Mr. Right。就这样,我们在爱与不爱之间纠结,不知该进还是该退。

有句话说,当局者迷,旁观者清,于是我们身边的亲朋好友都成为了我们咨询的对象。每当我们的爱情遇到疑惑的时候,我们不禁会向身边的人求救:我们到底是不是真的合适……

陷入爱情中的人都是盲目的,所以在适当的时候听取身边人的建议是非常必要的,但我们也要知道,爱情这种东西,如人饮水,冷暖自知,别人看着又怎么能体味其中的酸甜苦辣呢?爱情说到底,还是两个人的事情,你自己的心意比别人的千万个意见来得更重要。

肖妮当时嫁给陈建军的时候,周围的亲戚朋友都是不赞成的。为什么呢?说到底,还是陈建军没钱。

肖妮年轻时候可真是漂亮,追她的小伙子一大堆,富商、富二代也不在少数。可是肖妮呢?别人看不上,却偏偏看上这个穷小子陈建军了。当时,家里人都劝肖妮,这许多成功人士摆在那里呢,可不能就挑棵大白菜了。朋友们也纷纷教育肖妮,要给自己以后的日子好好打算才行呀,放着大款不要,那多可惜。当然,也有一小部分朋友表示了对肖妮的支持,毕竟,爱情也是非常重要的嘛。就这样,肖妮在一片不理解中嫁给了陈建军,开始了和陈建军的蜗居生活。

过了几年,同学聚会的时候,肖妮是坐公交车去的,穿得非常朴素。那些不如肖妮漂亮的女同学们花枝招展、珠光宝气地围着肖妮说些风凉话。肖妮没有答话,一直都是温柔地微笑着。晚上聚会完了以后,肖妮一群人刚出去,就看见陈建军在门口等着肖妮,陈建军把外套披在肖妮身上,两人相携回家了。

回家的路上肖妮非常幸福地倚靠着陈建军,虽然自己没有办法像那些

Chapter 6 忘不了他，我该怎么办

女同学们那样住大房子，成天去商场里shopping，但肖妮并不会因此而感到不快乐。身边有一个疼爱自己、关心自己、懂得嘘寒问暖的人，比任何一切都让人觉得珍贵。

幸福不幸福是自己的体会，别人看到的只是那些物质的表象。别人的意见虽然都有着各自的道理，但自己的心意比这些都重要千百倍。也许你爱上的那个人被全世界的人都看不起，都批驳得体无完肤，但你和他在一起却能感受到幸福，感受到呵护，难道你要因为这些局外人的不喜欢，就这样把自己的幸福拒之门外吗？

爱情是一种很奇妙的东西，虽然我们都想着要找一个优秀的有能力又有钱的老公，可是你根本不知道，自己在下一步，会不会就这样爱上了一个穷小子。于是，理智和情感开始在斗争，周围的人也开始热心地出谋献策。思考了千百种可能，思考了千百种未来，可是，我们却总是忘记问问自己的心意，问问自己的感受。

幸福是一种只能够自己体味的心情。自己的心是最重要的，不要在匆匆采纳了别人的意见之后，才偷偷在夜里垂泪，思念着那个你已经放弃的人。

——♡【恋爱魔法贴士】♡——

幸福的六大定律：

幸福第一定律——幸福感都是暂时的。幸福感总是从一些小事中获得，但并不会永久存在，所以要长久地幸福，就要长久地有一些让人幸福的事情发生。

幸福第二定律——幸福感的递减性。幸福的感觉会随着时间的推移而递减，所以要时时有刺激，幸福感才能维持在一定的水平线上哦。

幸福第三定律——人们获得幸福的经历越曲折，获得的幸福感越大。一帆风顺的人不见得会比生命中有挫折的人更幸福。爱情也是一样的哦。

幸福第四定律——没有渴求就没有幸福。当心中有了一定的希望，并且为

这个希望而努力的时候，人自然充满幸福感。

幸福第五定律——幸福是需要感觉的。无论物质上有多么丰沛，如果你不能感觉到幸福，那么你自然是不幸福的。

幸福第六定律——幸福感的获得需要有愉悦的心情。无论外界条件有多么值得让你幸福，最重要的还是你自己的心情。

爱情迷路的时候

人生总是会遇到许多选择，爱情也是如此，而每一个选择都必然是需要舍弃某些东西，有舍才能有得。当我们爱上一个不该爱的人的时候，我们是该进还是该退；当我们爱的人犯了错误以后，我们是该原谅还是该离开；当一份爱已经伤痕累累的时候，我们是该拯救还是该放手……这些都是选择，而我们没有办法预知每一个选择之后，会是怎样的结局。

这个世界上总是处处充满了诱惑，这些诱惑让男人和女人们随时都有坠入陷阱的危险。当爱情迷路的时候，你会怎样选择呢？带它回家？还是将它丢弃？

发生这件事之前，雯静一直过着平静的生活，恋爱，结婚，生子。可是突然有一天，她发现了老公李浩的秘密，这才突然意识到自己已经处在了婚姻危机的边缘。

李浩一直都是一个好丈夫，对雯静关怀备至，雯静也一直都觉得非常幸福。两人结婚的第二年，雯静就怀孕了，孩子出生以后，这个家更是充满了欢声笑语。在孩子三个月的时候，李浩因为公事去外地出差了一段时间。

女人都是敏感的，这次丈夫回来以后，雯静一直觉得丈夫怪怪的，可又

Chapter 6 忘不了他，我该怎么办

说不清是哪里怪。直到有一天，李浩上班忘记了带手机，雯静看到以后想给李浩送过去，这时候电话震动起来，来了一条信息。雯静一看是个陌生的号码，便忍不住点开看了一下，居然是一条十分暧昧的信息。雯静心中一紧，难道对自己处处关爱的丈夫竟然出轨了？她打了电话过去，是一个女人接的电话。

后来，李浩在雯静的追问之下才说出，原来在出差的时候，自己喝多了，和一个舞小姐发生了一夜情，这对雯静来说简直就是晴天霹雳。雯静哭着闹着坚决要离婚，李浩则是一直不同意，苦苦道歉。

就这样纠缠了好几天以后，雯静搬到了父母家，在父母的劝说之下终于冷静下来，想想以前丈夫对自己的好，雯静还是心软了。同时，雯静也想到自己一直都在丈夫的庇佑之下，总是任性妄为，也许在无形中也给了丈夫很大的压力。

雯静原谅了丈夫，并且再也没有提过这件事情，丈夫依然对雯静百般呵护，直到现在，他们依然是一个幸福快乐的三口之家。

人生在世，有谁是真能一辈子不犯错误的呢？其实生活中偶然出轨的男女总是会有，处理得好的夫妻经受住考验，从此风平浪静，一家人其乐融融；也有因此不能冷静下来的夫妻，双方从此充满了仇恨和猜测，最后各走各的，成了最熟悉的陌生人，这是大家最不愿意看到的。

这个世界充满了各种诱惑，这些诱惑偶尔会侵蚀我们的爱情。如果侵蚀发生了，如果你们彼此之间还有爱，如果犯错的一方真心悔改，那么就请敞开心扉去迎接暂时迷路的爱情吧。如果你们心中都还有爱，在爱情遭受侵蚀、岌岌可危的时候，用彼此的真心和智慧积极地去迎接暂时迷路的爱情。消极逃避的结果只会弄得两败俱伤，在爱情里，我们需要彼此对爱的珍惜和真诚，也需要对爱的执着和宽容。

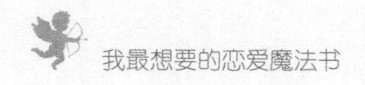

──── ♡【恋爱魔法贴士】♡ ────

　　人们常把爱情或婚姻比喻成玫瑰花,可如果你买回去一盆玫瑰,却时常忽略给它浇水、施肥,那么它的枯萎也就不可避免了。恋爱的时候,我们的心思总是停留在彼此身上,可是当两个人在一起久了以后呢,大家都开始松懈了。在不知不觉之间,我们都忘记了给予这盆玫瑰关爱和注意。

　　不管是在爱情还是婚姻中,男女双方都可能有犯错的时候,出轨就是一大隐患。不管是哪一方,犯了错误以后,大家都应该好好检讨一下,我们多久没有关注过这盆爱的花儿了。爱情是需要尽心尽力呵护的,让我们一起努力,将爱情进行到底。

男人眼中的成熟女人魅力

　　单纯天真的小妹妹总是让男人疼爱的对象,但对于一个成熟男人而言,一个能长久在一起生活的伴侣,必定是有着成熟女人魅力的女人,而不是一个不谙世事的小女孩。对于大多数男人而言,成熟的女人无疑是最为迷人的。

　　有这么一种女人,她们或许已经不再拥有靓丽的青春,甚至已经步入中年,身上却散发着一种迷人的成熟气质。这份成熟如同美酒佳酿,愈久愈香,令人尤其是男人为之倾倒,为之沉醉。

　　成熟女人不一定漂亮,但身上绝对有一种属于自己的味道。毕竟,天生丽质的女人只是少数,而后天的气质却是可以塑造和培养的。漂亮的女人让人眼前一亮,有独特气质的女人则令人回味无穷。

　　一张漂亮的脸蛋和一副魔鬼般的身材并不能构成一个女人的魅力,它能让你成为众多男人的焦点,却无法让你成为占据他们心灵最深处的女人。女人的

Chapter 6 忘不了他，我该怎么办

魅力并不是与生俱来的，而是通过后天的修炼和培养而建立的。

那么，一个有魅力的成熟女人，究竟具有哪些特别的地方呢？

1. 意志坚强

作为女人，可以有无比娇柔的外表，但意志一定要坚强，毕竟男人也需要安全感，一点小事就能哭得花枝乱颤的小女人，现在已经不受欢迎了。

2. 有道德标准，能坚守原则

她乐于接受别人的意见，对无伤大雅的越轨也能一笑置之。然而她必须摈弃那些人云亦云、毫无主见的随波逐流。

3. 气度过人，从容镇定

一个气度过人的女子，能容他人之不能容，忍他人之不能忍，以凹制凸，不仅能成为魅力女人，还可能成为男人仰慕的偶像。

4. 修饰得当，品味独到

她可以不是脸蛋长得最漂亮的，可绝对不是那种不修边幅或东施效颦式的女人。她对自己的外表有自己的理解，所以会按照适合自身的方式去修饰，让自己看上去赏心悦目。

5. 追求爱情却不痴迷

一个魅力女人当然不会不看重爱情，但是她深知，爱情不是女人生命的全部，太多的期盼只会在将来化作冲天怨气。或许她会勇于向心仪的男子表达好感，因为好男人不会很多，她愿意为追求幸福而冒被拒绝的风险，然而她不会做被爱情樊笼困住的金丝鸟。

6. 有责任心

很多时候我们过分强调了男人的责任，而忽略了女人应该承担的责任，现代社会已不只是需要女人做贤妻良母、传宗接代。

7. 言语风趣，收放自如

魅力女人是很懂得语言艺术的，从不在观点不一时将自己的意见强加

于人；她会轻松地化解无聊的玩笑。

8. 自己有稳定的收入

搞定自己的生活能让你保持尊严，至少不会给他添麻烦。一个吃饭穿衣都得依靠男人的女人，还有什么魅力可言？

9. 细心有情趣

用女人特有的细心弥补男人的粗心，用女人特有的情趣弥补男人的呆板，总之这一点绝对有百益而无一害。

女人在年轻的时候可以任性，可以胸无城府，可以大大咧咧……我们年轻，我们有着叛逆的资本，我们有着天真的底子。但总有一天，当青春逝去的时候，我们不再是长不大的孩子，事事都需要别人的照顾和引导。我们也再不是抱着童话故事做梦的少女，生活的残酷开始一幕幕展现。

当女人开始成熟的时候，才是她最有魅力的时候，告别了少女的羞涩，多了几分时间赐予我们的风韵，此时的女人比娇羞的少女更让男人回味无穷，就如同陈年的老酒一般，香醇中别有一番滋味儿。

成熟女人更懂得享受生活，不断修炼自己，培养一些优雅的兴趣爱好，不但使自己的生活内容充实丰富，还提升了女人的品位。

成熟女人不只属于丈夫和孩子，更属于自己，拥有独立的经济，独立的思想，独立的人格。善待自己，为自己的心灵留一方空间。

成熟女人不消极、不自卑，思维开阔，心态平和，利索干练，从内到外透露着一种乐观、自信。给人带来快乐的女人，谁都喜欢与之交往。拥有一份自信的女人，身上更会平添许多魅力。

成熟女人不再幼稚、不谙世事，历经岁月的风雨沧桑，清楚自己所需所求，洞悉人情世故，深知人生之意义。珍惜感恩，隐忍宽容，方得心灵平静。像一本内容丰富的书，越看越有趣，越品越有味。

成熟女人不用暴露的装束来表达自己的性感，而是营造出一种迷人的气氛，从骨子里散发自己的柔情和妩媚。成熟女人不是用自己的脸蛋和身体吸引男人的眼球，而是用自己的气质和思想抓住男人的心灵。

散发成熟气质的女人最迷人，她的魅力永远不会向时间低头。

———♡【恋爱魔法贴士】♡———

每个女孩都希望自己能永远像公主一般，被人疼爱，被人宠溺。我们总是希望外面的风风雨雨能有人来为我们遮挡，而我们自己，永远生活在童话之中。

但人生每个阶段都有必须要做的事情，没有人可以代替我们去完成。不要拒绝去学习人情世故，更不要拒绝去长大成熟，当你成为一个成熟女人的时候，你才更懂得生活，也更懂得幸福。

为"真命天子"做个"坏女人"

已经为他心动了多时，偷偷看着他吃早餐，上课，看书……他的一举一动都牵动着你的心，可是他的身边已经有了另一个女孩子。明明知道这样是不对的，可还是忘不了他，他的笑容，他的声音，不断在脑海中回荡，你清晰地感觉到，他就是你的真命天子。天哪，这个时候该怎么办呢？

我们都不希望把自己的快乐建立在别人的痛苦之上，更不希望成为别人口中的"狐狸精"和"第三者"。当然，对待已经拥有婚姻的人，他们身上背负的不仅仅是爱情，更是责任，我们自然不能去插足。但那些还没有步入结婚殿堂的人，他们依然在爱情的路上成长，依然还是有选择的机会。何不给他一个机会，也给自己一个机会，为你的"真命天子"做一次"坏女人"呢？爱情的道路上考验不断，爱他就勇往直前，就算最后失败了，也对得起自己的付出。

梁朝伟和刘嘉玲的故事曾经被写入香港的言情小说之中。

在初时,梁朝伟和曾华倩是一对金童玉女,而刘嘉玲则是曾华倩的闺中密友。梁朝伟开始的时候并不喜欢刘嘉玲,甚至对她没有什么好印象,还告诉过曾华倩,让她不要和刘嘉玲走得太近。而刘嘉玲和梁朝伟的关系是在一次曾华倩和梁朝伟大吵过后突飞猛进的。

当时,梁朝伟和曾华倩因为争吵闹翻了,刘嘉玲十分义气,要帮曾华倩教训梁朝伟,于是就把梁朝伟约了出来。可是谁想到,这一次的谈话却反而让刘嘉玲发现对梁朝伟十分有好感,很多争吵的事由原来并不都是梁朝伟的错误。而梁朝伟呢?也对刘嘉玲大大改观。就这样,刘嘉玲开始充当了梁朝伟和曾华倩之间的和事老。

接触的时间越久,梁朝伟和刘嘉玲就越合拍,发现彼此都非常合适。但刘嘉玲和曾华倩又是闺中密友,这层关系越发复杂。

在面对着爱情和友情的选择上,梁朝伟和刘嘉玲最终还是选择了爱情,义无反顾地在一起了。也因此,刘嘉玲和曾华倩多年来的友情毁于一旦。但同时,也有了两人二十余载互相扶持的爱情故事。

为爱情发起战争并不是件可耻的事情,如果你认为你足够爱他,如果你认为为了你的幸福做这些事情值得,那么就放心大胆地去做吧。可是我们同时也要分清楚,我们加入这场爱情的争夺战,究竟是真的爱情,还是仅仅迷恋上了这个充满刺激的游戏。

能把一个男人变成自己的猎物,从另一个女人的手上抢过来,感觉当然是很痛快吧,这是女人的虚荣。从不喜欢,到渐渐喜欢上,再到贪婪地希望把对方从她手上抢过来。这种想法是非常幼稚的。爱情,只能是为爱的本身,找恋人也是要找能相爱的恋者,而非陪玩的对手。有些人,所谓已喜欢上了对方,其实只是已喜欢上这场贪恋游戏的角色而已。游戏就是游戏,最终总有输赢。问自己,是否输得起?

为"真命天子"可以做一回"坏女人",给每个人都有一个重新选择的机会。

但如果只是想玩爱情游戏,又何必把自己的一切搭进去,最终只会伤了身体,伤了心。

———♡【恋爱魔法贴士】♡———

女人心,海底针,可是男人的心我们也同样猜不透。如何才能打开一个男人的心房呢?有些小秘诀一定要记牢。

秘诀一:和他的谈话一定要表明自己的立场和他在同一阵线上。如果你爱上了一个男人,你们有机会成为了朋友,当他向你倾诉一些苦恼的时候,你必须要懂得站在他的立场上,和他同仇敌忾,千万不要说些自以为有道理的话来驳斥他。

秘诀二:肯定他的荒诞而天真的想法。男人都害怕被拒绝,如果你爱他,无论他说出的想法多么可笑和荒诞,你也要能在其中找到肯定他的地方,千万不要一副不可置信的样子,这样会伤害到他的自尊哦。

秘诀三:不要总是旧事重提。谁都不喜欢翻旧账的人,不要总是拿着他的一个错误说事儿,说多了只会让他不高兴哦。

善用你的美色,但不要忘记展示灵魂

一个女人想要吸引一个男人,最直观的方法就是,展现你的美色。爱美之心,人皆有之,更何况是男人对美女的热爱呢?

展现出你的美丽和性感,是让一个男人在众多人之间注意到你的一个最快速并且有效的方法。但是,美丽的姑娘们,请不要忘记,你的最终目的是让那个男人爱上你,并且一辈子都迷恋着你。美丽的容颜总会被时间的洪流所冲淡,只有你的灵魂才是可以永远吸引住他的武器。

女人，要懂得善用自己的美色，让他的眼球离不开；但更要懂得，美色只是吸引他的第一个步骤，我们的目标是要让他看到我们的灵魂，让他看到我们美丽背后隐藏的吸引力。展现你的美丽，更不要忘记展示你的灵魂。

嘉淋是个非常漂亮的女孩，大学时候，她爱上了她的一个学长，一个非常优秀的男人，于是嘉淋开始了自己的爱情计划。

作为一个女人，嘉淋非常清楚如何去吸引一个男人的注意。嘉淋身材非常高挑，容貌也非常秀丽。嘉淋的学长是篮球队的队长，于是嘉淋便时常打扮得美丽性感，到球场给他加油。久而久之，学长终于主动和她搭话，没多久，她也如愿成为了学长的女朋友。

学长是十分喜欢带着嘉淋出去的，按他的话说，每次带着嘉淋出去，都给自己长脸，朋友们都夸嘉淋长得漂亮又会打扮。就这样，嘉淋也更加注意修饰自己，他们成为了大学校园里一道非常养眼的风景线。

在学长毕业以后，虽然两个人依然在一个城市，但学长还是和嘉淋分了手，让嘉淋痛苦了很长一段时间。

这件事就如同生命中的一段小插曲一般，就这么过去了。几年以后，一个机缘巧合，嘉淋所在的公司要和另一家公司有一个合作项目，而嘉淋就是这个项目的负责人。当嘉淋要和另一家公司的负责人洽谈的时候，居然发现那个负责人就是她的学长。

在合作项目接近尾声的时候，学长请嘉淋吃了一顿饭，席间不断夸奖着嘉淋的聪明能干。在分别的时候，学长突然感慨地说："没想到你变了那么多，这么聪明能干，实在很让人吃惊啊。你的男朋友真幸运。"

此时依然是单身的嘉淋并没有解释，只是笑着和学长道了别。转身的时候，她能感受到学长留恋的注视。曾经，自己忘了向他展示自己灵魂的吸引力，现在，等他发现的时候，一切都已经回不去了。

Chapter 6 忘不了他，我该怎么办

我们知道男人喜欢美丽的女子，却不知道，有一种东西叫做审美疲劳。展现美丽的时候，我们有时偏偏忘记向他展示我们的灵魂，他不知道我们有多么优秀，多么聪明，甚至不知道我们能做一手好菜，能瞬间让杂乱无章的房间变得井然有序。

美丽的女人能吸引住男人的视线，但魅力女人却能吸引住男人的心。

年轻的时候，男人往往并不在乎女人内在韵味如何，他们更多的是看到女人的外表，他们择偶的标准是：我所拥有的女人要有足以让我在众人面前笑傲江湖的漂亮资本。在这样的男人面前，你一旦拥有了美丽，你就拥有了他为你准备好的你梦想中的一切，但随之而来的，你也会发现，你只是他的一个战利品，一个让他可以炫耀的资本而已。随着时间的流逝，当他越来越成熟的时候，你的美丽对于他而言，只不过是一张不错的皮囊罢了。而你对他的吸引力，也将随着他不断接触外在的世界和自身的成熟而慢慢变淡。

作为一个女人，拥有美丽的外表是上天的恩赐，我们要懂得善加利用。但拥有了这份美丽，并不意味着你从此就拿到了幸福的通行证。

女人，不仅仅要美丽，更重要的是，一定要做一个魅力女人。要懂得充实你的灵魂，懂得向你的男人展现你灵魂的魅力。

当你用美色成功吸引住他之后，不妨在某一个特别的日子为他做一顿可口的饭菜，当他讶异于你的才能的时候，轻声在他耳边告诉他："亲爱的，你所不知道的，还多着呢。"

当他只看到你美丽如花的时候，不妨向他稍微透露一下你优秀的工作业绩，让他知道，你美丽的外表下还有一颗聪明的头脑。

女人，要懂得在美丽之后，把自己的灵魂一点一点展示在男人面前，虽然他刚开始也许只是对你的美色着迷，但那并不代表他不在乎你的灵魂。

── ♡ 【恋爱魔法贴士】 ♡ ──

女人施展魅力的四大招：

1. 合适的性感装扮，吸引他的注意

让男人在众多女人中一眼看中你，很简单，合适的性感装扮，绝对吸引他的视线。善用你的美色，抢过他的视线，才有机会进一步走进他的内心。

2. 聊他爱好的话题，懂得投其所好

要对他所感兴趣的东西有一些了解，这是增进双方感情最为重要的一环。要让他明白，你不仅仅可以给他提供视觉上的享受，同时也能给他精神上的共鸣。

3. 温柔风趣的话语，展示出你的幽默

没有人不喜欢和幽默风趣的人相处，男人也无法抗拒懂得幽默的女人。

4. 偶尔亮出你的绝招，让他大吃一惊

如果你是烹饪高手，不妨偶尔为他露一手，让他知道你还有这样的才华。女人，不能一开始就把自己全部展现在男人面前，要留有悬念，让他一层层抽丝剥茧，欲罢不能。

已婚男人的真实与谎言

虽然婚外情早已被打上了不道德的标签，但还是有许多已婚男人乐此不疲。而那些天真的女孩子们呢？总是被那些已婚男人用各种各样的借口所打动，莫名成为了其背后的"第三者"，受尽了责骂和委屈，却始终执迷不悟。

很多未婚女孩子在婚外情中无法理解和猜测的往往就是婚姻对于男人的意义，她们是根据男人自己的陈述和讲解来认识婚姻的。有时候她们不明白为什么男人把婚姻说得很糟糕，却还不肯离婚；也有的时候，她们觉得做妻子的太失职了，不能令丈夫幸福，所以活该被抛弃；还有的时候她们满怀信心，渴望充当一个拯救者，相信自己一定能够成为一个好妻子让这个男人幸福。

天真的女人们总是管中窥豹地想象着婚姻，勾勒着婚姻的形状，忽视了婚

Chapter 6 忘不了他，我该怎么办

姻作为一种生活形态注定是复杂的、恩怨交织的、难分对错的。在男人眼中，家庭是后盾和港湾，婚姻家庭的稳定能够为他的事业和生活提供基本的保障。缺少这种对于婚姻的深刻认识，会让一些盲目的女孩子贸然闯入自己所不熟悉的领域，成为别人婚姻的炮灰。那些总是陷入已婚男人谎言中的女人们，是时候该清醒清醒啦！

谎言一："我和她早就没感情了！"

这句话几乎搞婚外情的男人都说过，其实他想表达的意思应该是，他们之间的爱情已经升华为亲情了，打着寻觅"真爱"的幌子，其实不过是在找"新爱"。

谎言二："我把我所有的爱都给了你，何必在乎形式呢？"

是啊！他把他全部的"爱"都给了你！可是，什么是他的"爱"呢？不过是一个抽象字眼罢了！如果你愿意每晚搂着他所谓的"爱"孤枕难眠，那就相信他吧！

谎言三："我老婆对我不好。"

他老婆对他不好，他还甘愿守着这份婚姻。把婚姻给一个对自己很差劲的人，却把唾骂留给很爱他的你。这个男人说他贱骨头，应该不过分吧！

谎言四："我发誓……"

他要是发誓明天请你吃饭，我想那应该是真的；但是他要是发誓爱你到"海枯石烂"，我想到你寿终正寝那天是看不见这个誓言实现喽！显然，他发誓"爱你到永远"的潜台词是"我永远爱你，却永远不能和你结婚！"

谎言五："我只爱你，我不爱她！"

这句话可不是光用来哄情人的，据说被老婆发现搞外遇的男人回家都这么跟老婆交代，"我只爱你，我跟她不过是逢场作戏！"那么，你该知道这句话可信度多高了吧！

谎言六："我现在离婚会影响我的事业。"

229

他对他事业的野心，就好比他对女人的野心一样，永远不能满足。你永远等不到他离婚的那一天，因为他升职之后依然会说："我离婚对我的地位有影响。"

谎言七："我为了孩子不能离婚！"

一边搞着婚外恋，一边装成负责任的父亲。你也给他生一个孩子你就知道这是个多么虚伪的谎言了！

谎言八："我要是离婚我的财产就没了！"

有了这句话，你就应该知道你在他心里值多少钱了！而且这个男人对原配如此的无情无义，你也应该想象得出以后你的下场。

谎言九："我早晚会离婚的！"

请注意这个修饰词"早晚"，这两个字足以看出他离婚那天是多么遥遥无期了！即使你能等到那天，你有那个信心他离婚后娶的一定是你吗？

无论已婚男人对你表现得有多的浓情蜜意，说出多么动听的话语，但从中你会发现，那些感人至深的情话中都有一句潜台词——"我不会离婚"。如果他因为责任而不能离婚，那么他对你难道就没有责任了吗？如果他因为父母不能离婚，那你想过你的父母此刻有多么心痛吗？

女人们，离已婚的男人远一点，如果他的婚姻没有了爱，不用你说，他会离婚的，因为那是对他自己的伤害，男人不会忍受这样的。如果他还想维持他的婚姻，那他的婚姻就必然还有留恋之处。如果他真爱你，他更不会把你放在他的家庭之外。在婚姻里受男人背叛的女人，很多只是想挽回婚姻，没有到离婚的地步，因为千百年来根深蒂固的传统思想都认为，男人偶尔出轨是可以理解的，也是可以原谅的；而女人就是不能背叛婚姻，很少男人能忍受这样的耻辱。姐妹们，好好爱自己，别让自己伤痕累累。

【恋爱魔法贴士】

只有一句忠告给那些正陷入已婚男人陷阱中的女孩们：第三者无意，但是却不无辜。你为他背负骂名,他却坐享齐人之福,到最后,大多男人都会选择家庭,而不是选择你。女人要懂得疼爱自己。

试着做个逃离的"胆小鬼"

从小我们就知道,一定要勇敢,一定不能逃避,因为无论怎么逃避,最终还是要面对现实的环境。但在爱情里,在我们承受不了的痛苦和压力中,我却觉得,试着做个逃离爱情的胆小鬼,也许是一条更加适合我们的道路。

我曾爱上过一个人,只是爱的不是时候,也不是一个好对象,他已经有了家庭。虽然道理我都明白,有人骂过我,也有人好言相劝。但陷入爱情中的人,又哪能用理智来控制情感呢?在多番纠缠之下,我出逃了,离开了那个地方,离开了那个人,离开了所有的一切。当时的我就是个胆小鬼,逃离了一切,重新开始。虽然痛苦和孤独在所难免,虽然身体逃离了,心还不能收回。但时间却真的是治疗失恋最好的良药,慢慢磨平了记忆,甚至模糊了曾经想念的容颜。

无法抉择的时候,我们逃走吧,做个逃离爱情的胆小鬼。如果心不能离开,就让身体先逃离,逃离到一个陌生的地方,再没有侵扰我们的回忆。

我爱上那个人的时候经历过一番非常痛苦的挣扎。他文质彬彬、温文尔雅,他有好看的眼睛、干净的手指,他身上永远没有烟酒的味道,只有清新而舒适的肥皂味。他会说好听的话哄我,也会送我昂贵的礼物,也总会带我周末去登山。我喜欢这样健康的男人,可惜他已经成为了别人的丈夫。他有一个能干的妻子,同时有一个聪明的女儿。

"第三者"这个名号并不好听,我和他保持着一种暧昧的关系,像是朋友,却又有着一丝说不清楚的氛围。我知道我爱上了他,同时也敏感地感觉到他所做的一切都是为了得到我。但我更清楚的是,他不会拆散他的家庭，更不会做出对他的生活有所影响的事情。

要知道，爱情总是身不由己的，我被周围的朋友责骂，甚至我的闺中密友给了我一个狠狠的耳光。但这一切又有什么用呢？我对他的爱，对他的依赖，正一点点腐蚀着我的自尊。虽然理智告诉我应该对他"say no"，但情感却让我一次次没有骨气地在夜晚拨通了他的电话。

那一晚，我做了噩梦，突然醒了过来，心中却尚有余悸。我毫不犹豫地拨通了他的电话，却被他无情地挂了，我突然意识到，他是一个有老婆的人。也许就是因为那一晚，我幡然醒悟，这份爱情只会给我带来不幸。

我承认自己是个非常冲动的人，那一夜，我连夜起来，让好友帮我把QQ密码改了，不要告诉我。我收拾了东西，没有向任何一个人告别，去了另一个城市，换了手机，毫不犹豫地把卡丢进了垃圾桶。在那个陌生的地方，我会想他会不会在找我，我会想如果我突然出现他会不会欣喜若狂……

那是一段往事，只是一段往事而已。现在的我，很幸福。

逃离一个地方并不是逃避现实，只是一个离开的方法而已。我们已经知道这份感情毫无希望，却偏偏又舍不得放弃。留下，只能一遍遍在熟悉的环境中不断回忆，莫不如做一次爱情的逃兵。爱情本身并没有错误，有的人，却是碰不得，更爱不得。放下一段无望的爱情，放下一个不该爱的人，最好的方法就是离开。

离开了，我们所有的心思将会花在适应一个新的环境上，我们会有新的期待，会有新的故事。也许在午夜梦回时分依然孤独地流着眼泪醒来，但随着时间的流逝，一切都将会成为过往。与其让自己一世疼痛，倒不如快刀斩乱麻，逼迫自己逃离这个地方，逃离这段无望的爱情。

如果你放不下，如果你无法抉择，让我们再不负责任一次吧，做个逃离的胆小鬼，让自己有一个机会、一个平台，可以忘记，可以从头再来。

Chapter 6 / 忘不了他,我该怎么办

──♡【恋爱魔法贴士】♡──

　　逃离爱情守则一:切断所有联系方式,包括QQ、电话、邮箱。总之,只要和他有关的东西,就通通给抛弃了;否则,你的心中始终会有期盼,反而达不到逃离的效果。

　　逃离爱情守则二:要做到人间蒸发。所谓人间蒸发,就是要走得完全彻底,可别想着和朋友告别一下,举行什么欢送会。不能和他有任何的接触,否则,心软的你一定又会再次融化在甜蜜的爱情之中。

　　逃离爱情守则三:可以想念,但不可以回头。你可以想念他,可以没骨气地天天以泪洗面,但千万不要回头,不要想着再回到这个地方。回头了,所有的努力就白费了。长痛不如短痛,女人有时候也要对自己狠一点。

没有谁是爱情的替身

　　爱情就像掐灭的烟蒂,绚丽地燃过之后,遗留下死寂的沉默,那一缕余烟,是我们曾经有过的爱情,被风吹着,无法靠岸。每个人都势必有过一段难以泯灭的回忆,伴随着的,也许还有回忆中的那个人。原本以为自己忘记了,却因为听到他的名字,往事又涌起在心头;甚至可能看到一个和他有几分相似的人,而久久无法收回视线……

　　离开一个人之后,最快忘记疼痛的方式,就是迅速找到下一个人,把所有的爱和恨都倾注在他的身上,把所有的情节都和他再次演练一遍。仿佛这段爱情从未结束,仿佛原来的他也从未离去。于是,害怕疼痛的我们便一次次寻找爱情的替身,来延续那段夭折的爱情。可爱情里,真的可以有爱情替身吗……

阮琳和男友分手以后一直难以忘记这段感情，男友的一切时常都萦绕在阮琳的脑海里挥之不去。忘不了男友的阮琳开始不断谈恋爱，在一个个男人之间周旋，在许多男人身上，寻找男友的影子。

华就在这个时候出现了，他和男友面容有着几分相似，阮琳就这样和华在一起了。当然，在阮琳心中，华也不过是个爱情替身而已。可是华毕竟不是前男友，和男友有着许多不同点。华是个沉默的人，话不多，在上街的时候总是会牢牢牵着阮琳的手，会为阮琳买早餐，在她生病的时候一口一口地喂她喝粥。阮琳的前男友可没有华那么细心，是个大大咧咧的阳光大男孩。阮琳虽然体味到华和男友之间有许多不一样，却没有感到反感，反而深深地陷入了华的温柔之中。阮琳知道，她已经爱上了这个曾经的爱情替身。

一次，华出去和朋友聚会，喝多了被朋友扛回来。这是华第一次在外面喝那么多酒，阮琳心疼地照顾着华，华迷迷糊糊地一把抓住阮琳的手喊着："薇舒，不要走……我好想你，薇舒……"阮琳整个人怔住了，谁是薇舒……那一夜，阮琳一夜无眠。

第二天，华醒了过来，依然如同往日一样，给阮琳做早餐。阮琳坐在床上，终于问出了困扰自己一夜的问题："谁是薇舒？"华也不避讳，把自己的故事对阮琳讲述了。在华的讲述之中，阮琳才知道，原来薇舒是华以前的女朋友，和自己有几分相像，而这也就是华对自己一见钟情的原因。薇舒因为心脏病死了，而昨天就是薇舒的忌日……阮琳心中一阵绞痛，原来自己也是他的爱情替身……

这份爱，又该何去何从……

爱情替身，到底是幸福还是痛苦。他能给你百般宠爱，但他透过你，眼中看到的永远都是另一个人的影子。在电影《云水谣》中，金娣为了能得到秋水的爱，不惜把自己的名字改为了秋水初恋女友的名字，并且甘愿做了一辈子的爱情替身。金娣的爱是伟大的，是感人的，但同时也是让人感到伤痛的。在爱情里，做一个替身，替别人演绎着他们的故事，自己又是一个什么样的角色呢？

爱情替身，只会让自己一遍遍陷入早已过去的往事之中，也只会一次次伤害到真正爱你的人。爱情里不需要替身，一段感情如果已经结束，就该让所有一切都随风而逝。我们需要的，不是上一段感情的延续，而是一个崭新的开始，一个崭新的明天。爱情有伤痛，也有美好，但爱情里不需要替身。这是对爱情的尊重，也是对自己曾经爱过的尊重。

——♡【恋爱魔法贴士】♡——

在结束一段感情的时候，最好的疗伤方法就是尽快投入另一段感情之中，但是，这个方法却如同速效药一般，治标不治本。

爱情中最伤人的不是不爱了，而是一开始的爱就带着杂质。不要在你的"爱情替身"受伤离去之后才猛然惊觉，原来你已经在不知不觉间伤害了你爱上的人。

他不一定非要爱你

女人是一种十分喜欢自我催眠的动物，她们总是相信着命中注定，总是相信着和某个人有牵扯不清的缘分。正因如此，女人们总是容易误会男人平凡的一举一动中所透露出来的信息，错以为他还爱着你。女人，总是把自己的感觉融入对事情、对生活的判断之中，因此逃不出自己设定的轮回。

很多时候，我们总是更愿意相信我们的直觉，而非理智。我们更愿意相信自己编织的梦境，而不是眼前残酷的现实。在一段感情结束的时候，我们总是会想各种各样的理由来为自己、为对方开脱。也许他有苦衷，也许他身不由己，也许他身上背负着说不出的责任……总之，我们幻想着许许多多的理由，却始终不愿意相信：他已经不爱我了。

　　在女人的世界里，不爱是如此让人难以接受，我们总是试图从他的举动中找出他依然留恋过去的证据，就好像我们到现在也不能忘怀一般。可是，亲爱的女人们，为什么他一定非要爱你不可呢？为什么你总是不能接受这个既定的事实呢？往往就是我们给自己画地为牢，才久久不能走出这片爱的回忆。

　　小婧和男友分手以后一直想不通，在伤心过后，她开始想各种各样的理由。男友为什么要和自己分手呢？男友一定是有什么苦衷的吧，他没道理不爱自己。

　　小婧想到了家庭反对，甚至想到了有人威胁男友之类的事情，却始终不愿意相信男友的爱已经成为了过去。她开始不断登录男友的空间，看他写的每一篇日志，看他的每一个动态。其中凡是提到和爱情有关的，小婧就会开始不断猜测，男友现在是不是也非常痛苦，他是不是真的有莫大的苦衷才要和她分开。

　　有时候看到一篇男女主人公有一方患了绝症，为了不让另一方伤心而偷偷离开的故事，她就会开始猜测，莫非男友就和故事中的主角一样，患了不治之症。就这样，小婧始终无法放开这个心结，虽然分手了，却对男友比从前更为关注。她始终想着要从男友身上找出蛛丝马迹来证明自己的猜想，有时候甚至旁敲侧击地向男友的朋友询问许多男友的消息。

　　明明已经分手，偏偏小婧就这样陷入了自己的无数个假设之中，始终难以忘情。直到后来，小婧在街上遇到男友迎面走来，手里牵着另一个女孩子的手。略有些尴尬地打过招呼，小婧从男友身边擦肩而过的时候，突然泪流满面，在这一瞬间，她才有了失恋的感觉……

　　承认爱情已经过去，承认他已经不爱你，对于女人而言真的很难。原本天真地相信爱一个人就是天长地久，可是哪能想到，他那深情的温柔，依然可以适

Chapter 6 忘不了他,我该怎么办

用在别的女人身上。可是,亲爱的女孩们,他为什么非爱你不可呢？我们何必非要为这一件已经过去的事情找千万个借口和理由。既然已经分开了牵着的手,不论是什么样的理由,一切都已经成为了过去。我们可以选择原谅,可以选择责备,但一定要承认,这段爱已成为了往事,他不再爱我了。因为不再爱了,所以我们之间再也不会有爱情的存在。

承认爱情的消逝,给自己一条生路,让自己可以再次重新开始,全新投入另一份情感之中。很多时候,不肯放过自己的,往往不是回忆,而是我们自己不断假设的轮回。

——♡【恋爱魔法贴士】♡——

当你们分手以后,请不要再与他讲你的琐事,也不要没话找话说。你只是暂时过不了自己这一关,他却无暇更是没有兴趣去了解你。你的生活,你的过去,你的长处、短处与他又有何干？

当你们分手以后,不要再回忆你们曾经有过的热烈拥抱和深情的吻了,不要傻得向他要求"再吻我一次吧,再抱我一下可以吗？"他即使出于不好拒绝你的原因吻过、抱过你之后,你们注定还是要分开,何必让自己更加舍不得离开他呢？还有,分手后你会梦见他,醒后不要给他电话或是上网QQ告诉他,他即使相信也不会被感动,只会认为你不成熟。

当你们分手以后,不论是什么样的原因,一定要告诉自己,他已经不再爱你,而你也应该尽全力走出去。

仰望天空,不如放任泪水

有一种人,容易动情,也容易忘情。动情的时候,他们成为世界上最浪漫的

诗人，两分的爱情可以说成十分；忘情的时候，一场泪水肆意流淌过后，轰轰烈烈的爱情也随之烟消云散。而有一种人，不容易动情，更不容易忘情。动情的时候，便是认定了生死相许的承诺；忘情的时候，虽然表面上潇洒平静，却可能一辈子也无法把那份爱驱逐出心房。

往往第一种人，无论爱恨都会表现出来，爱就爱得轰轰烈烈，恨也恨得苦大仇深。他们的情绪总是写在脸上，肆意挥洒。而往往第二种人，非常安静，永远都是一副平平淡淡的样子，但你却不知道，他们内心里的情殇已经深入骨髓，总在午夜梦回时分折磨着孤独的灵魂。这两种人不能说哪种好或者哪种不好，但无疑第一种人活得更加轻松快乐，也更加懂得享受生活。爱就全心投入，不爱就抽身离开。因为无论爱与不爱都没有隐忍在灵魂里，发泄出来以后，又是一个新的开始。

我所说的两种人就存在于我们身边。

妍希是摩羯座，一个隐忍的女孩。她和初恋的男友在一起两年多，中途因为一个误会分开了。原本有复合的希望，但当时，妍希的一个好朋友正好对她表白了，她虽然很爱男友，却又担心伤害了朋友，于是便没有给男友答复。就这样，两个人误会越来越深，到了妍希想要再找男友的时候，他身边已经有了另一个女孩。妍希只是叹了口气，说彼此没有缘分，甚至一滴眼泪也没有落下来。

朋友们都以为妍希很好，她也继续过着她的生活，似乎没有受到什么影响。几年以后，这件事情早已经被淡忘了，一次聚会，妍希喝了些酒，居然伏在桌上开始哭泣，嘴里一直叫着初恋男友的名字……

安雅是狮子座，一个做事风风火火的女孩。她的一切都是那么张扬，当她爱上一个人的时候，仿佛他就是她的整个世界。她总是毫不避讳地宣扬着自己的幸福，信誓旦旦地说出"非他不嫁"的话语。可是直到现在，她已经有过四段恋爱了。每一段恋爱她都肆意地幸福着，每一次失恋她也都

Chapter 6 忘不了他,我该怎么办

毫不掩饰地哭泣着。

记得安雅第一次失恋的时候,在一个雨夜,她哭得很惨,全身淋湿出现在我家门前,那一夜的她哭得让人心疼,仿佛整个世界都崩塌了一般。之后,朋友们陪伴了她整整一星期,这一星期的她听到一首伤心的情歌都能哭上很久。

一个月以后,安雅恋爱了,再一次幸福得仿佛全世界都在为她歌唱……

受伤的时候,我们总是告诉自己"我很坚强",于是抬头看着天空,强忍着眼眶中的泪水,表现得好像完全不在乎。但正是这样的压抑,让我们的忧伤全部堆积在心底,日积月累,总是在不经意间就偷偷流了出来。

其实,当一段爱情已经远去,当我们的心已经伤痕累累的时候,何不勇敢地承认"我很脆弱"。与其总是忧伤地仰望着天空,压抑心中的伤痛,何不放任泪水,让它一次把所有往事都冲刷干净。把悲伤都流尽了,我们又可以有一个全新的开始。

在情绪不佳的时候,哭泣是上帝赋予人类发泄的最好方式。亲爱的女人们,当我们为爱痛心的时候,放下那些伪装的坚强吧,让泪水肆意地流淌,把心中所有的痛都哭出来。悲伤流尽,又是一个新的开始。

♡【恋爱魔法贴士】♡

失恋,是恋爱中在所难免的事,可是有些人失恋以后便一蹶不振或是郁郁寡欢,这都是因为没有办法正确排解失恋的情绪。

任何人都应该有哭的权利,尤其是在失恋时。不能在众人面前哭的人,也应该找个地方私下痛哭一番;不习惯大哭一场的人,也不妨让自己的眼泪尽量流出来。

痛苦了一阵子后,应该理智地面对自己,分析一下到底问题出在哪里。既

然分手已是事实，就要勇于面对现实。我们都在爱情的路上学习成长，总结失败的经验，下一次恋爱一定会更加美好。

处理失恋后的愤愤不平，最好的方法是好好过日子，自立自强，活得比以前更好，让自己更加优秀，让他看到，"没有你我依然很好"，同时也给自己信心，相信下一次的恋爱会更加美妙。

不做他的"特别朋友"

男人们都渴望能有一个"特别朋友"，暧昧的红颜知己，不打扰彼此生活的性伴侣。对于性，男人很少会拒绝。而女人却不一样，身体的触碰反而非常容易进入女人的心里，女人容易爱上一个和自己保有性关系的男人，而男人却甚少会爱上自己的床伴。

男人寻求的人生，是不断挖掘新奇的人生，他的青春期，拥有过很多个"特别朋友"，他已习惯了这样的人生——看似成熟实则自私的人生！他在这样的人生中变得贪婪和麻木，因为这等人生让他时刻感觉到了快乐，他就以为这是对的。呵，不必负责任的人生当然最讨人喜欢！

所以女人，我劝你，若某天遇见了这种男人，若你偏偏还对他情根深种，那么千万别做他的"特别朋友"，你靠此转不了运，只会把自己转向失望的边缘，最终伤痕累累。

她23岁的时候独自到了一座城市打拼，在她刚工作时，她就被她的上司，一个31岁的成熟男人所打动了。他品味独特，喜好读书，谈吐有礼又不失幽默，并且对23岁的她非常照顾。

她是独自一人租房住的，夜里看着窗外的霓虹灯，总是感到十分孤独。那个时候，她会在夜里给他发短信，讲述自己对夜晚的恐慌和寂寞。在一

Chapter 6 忘不了他，我该怎么办

个夜里，他终于问她："需要我陪你吗？"她同意了。那一夜，他来到了她的住所，她奉献了她的身体。然而，让她感到猝不及防的是，当他们刚结束了一场美妙的性爱的时候，他笑着说了一句："我们还是朋友对吧。"

她终于知道，原来他只是想和她做床上的特殊朋友，而并不想让她成为他的女朋友。她那一瞬间是有些失落的，但那个时候，她早已爱上了眼前的男人，甚至她想，他对她总是有一些感觉的吧，也许某一天，他能够回报她的爱。

因为一份爱情，她想更加接近他，就这样成为了他的"特殊朋友"。然而，他对她的态度却没有任何改变，在众人面前甚至多了一些陌生。她做了他一年的"特殊朋友"，一年，却没有任何改变，他身边依然不止她一个女孩。一年以后，她终于还是伤痕累累地离开了这座城市，离开了这段记忆。

在男人看来，一个女人没有拒绝他的性，是因为她也同样寂寞，同样有所需求。既然如此，大家互相满足彼此的需求，哪有什么责任可言的？性和爱在男人心中并不是画等号的。"特殊朋友"在男人心中永远都是"特殊朋友"，所以各位试图以此来走进男人的心房的话，还是省了这份心吧。到时候，只会是无边的失望，无边的伤痛。

如果你爱上了一个男人，那么千万不要做他的"特殊朋友"。如果你忘不了曾经爱过的男人，那么更加不能做他的"特殊朋友"。男人接受你的性不等于同时也接受了你的爱。尤其对于前男友，不管他的话怎样动听，他的眼神怎样迷离，永远不要以为在他心中你依然占有一席之地。对于他而言，你只不过如同方便面一般，需要的时候随时可以泡。

奉劝所有的女人们，永远不要妄想通过性让一个男人爱上你，他们在床上为你疯狂，下了床依然可以把你当作陌生人一般对待。爱他，就永远不要做他的"特殊朋友"，除了收获失望和痛苦，你将一无所有。

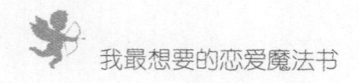

──♡【恋爱魔法贴士】♡──

男人的脑子里总是围绕着性,尤其是女人的一些话语,总会让男人认为这是对他的性暗示,到底哪些暧昧不清的话语会让男人产生这样的感觉呢?

1."我觉得你累了,需要休息一下吗?"

男人在这个社会上的压力是如此真切,做爱也许是放松的一种方式,身边是否有女人陪伴的"休息"是最重要的。

2."我觉得现在很寂寞……"

人人都会感到寂寞,既然寂寞,那就需要有人来帮忙排遣寂寞了。

3."我猜你现在穿着白色的内衣,对吗?"

当人听到这句话时,第一感觉是想低头去看自己的身体,衣服就如同身体的延伸一般,自然让人想入非非。

4."想进来喝一杯吗?"

对于两情相悦、离上床只差一步的男女,这句话将成为捅破窗户纸的关键语言。

5."我一个人住……"

一个人住意味着单身,意味着性生活的不满足,意味着对外界的无限开放。
……

女人,要活得高贵

女人,活到三四十岁,或多或少地都经历了一些事,或生离或死别,或近在咫尺,或远隔天涯,于是或多或少都有了一些在旁人眼中看来无足轻重而于己却是翻天覆地的心事。记不得从哪里看到过,一个饱经世事沧桑的老奶奶在追

Chapter 6 忘不了他,我该怎么办

忆昔日繁华时说:"女人一生最重要的是,要活得优雅高贵。"

或许老天不曾给我们一个倾国倾城的惊世容颜,可是这并不妨碍我们做一个优雅的女人,不一定要锦衣玉食,更无需名车豪宅衬托,只要满心的笃定和安闲,淡定与从容,自然优雅。做女人,一定要学会爱惜自己,寂寞无妨,即使寂寞也一定要寂寞得美丽;忧郁亦可,纵然忧郁也是忧郁得凄美。无论何时,莫将自己的全部情绪交付于他人,须知存在于这一人世间,无论男人还是女人,都不容易,没有谁可以担负起另外一个人的喜怒哀乐,即使他或她有心承担,亦是无力担起。

所以,痛,要自己背;苦,需独自尝。人前,拥有阳光自信,笑颜飞扬;所有的脆弱,留下给爱自己的人一一展示。

唯有让自己活得高贵的女人,才能有高贵的爱情。

在我的生活中倒真的见识过几位高贵的女人,一位姓刘的女士,虽然绝对不是个美人,但很有气质,更有非凡的能力,三十几岁时,做了北京某部的副司长。我对她的钦佩不仅仅是她事业的成功,还有她的家庭与婚姻的成功。其实,她是离过一次婚的,前夫是她的同学,去了国外后便不肯再回来,第一次刻骨铭心的爱情就这样失败了。第二次,是同学介绍的,是同学的同学,因为这样的关系,对对方很了解,她知道了他是个绝对优秀而且绝对可以信赖的人,甚至比前夫更出色,于是,她凭着同样的优秀赢得了比第一次更美满的婚姻。记得她曾对我说过:"对好的东西就要学会追求,这样才能拥有美好,千万不要放弃自己。"的确,女人最大的敌人是自己,只要不放弃自己,就可以做得更好。

另外一位女士是个大美人,虽然已是四十几岁的年纪,但是周身上下有一种说不出的魅力。我喜欢跟她聊天,她的样子看上去是那么高贵温婉,声音是那么柔和动听,那种古典的风韵与雅致应该是最迷人的吧?她先生毫不掩饰对她的迷恋和依赖,像个年轻人一般。有天晚上,她对我讲

了很多她和她先生的奋斗史，以及他们的爱情故事，她先生有时候会忍不住插嘴，得意洋洋地说自己如何打败了众多的情敌。望着他们默契的样子，我有绝对的理由相信，他们的婚姻生活有着童话一般的幸福和美好。

女人可以懵懵懂懂，可以没心没肺，可以毫无心机，却绝不能让自己的忧伤沦落到狼狈的地步，须知你所有的伤口展示，未见得能够博得半分同情与怜悯，更何况，同情与怜悯，真的是你需要的吗？

女人要懂得爱自己，不妨自私一些，不让任何人给你带来哪怕一丁点儿的伤害，能够伤到自己的，永远只有自己。或许曾经真的痛，痛彻心扉，痛得蜷作一团，伏倒的姿势纵然疼痛也是壮观；或许曾经容颜憔悴，无心粉黛，惨白的面孔纵然凋落也是华美。可是有谁愿意回头一看，看你落寞地哭泣！

或许暗夜中，也曾酒醉得一塌糊涂，但那只是一个人的寂寞，一个人的酒醉，待到朝阳再度洒满窗棂时，收拾起所有的残破，洗尽泪痕，给自己一个微笑，清晨的露水打湿鞋尖，而你，依旧是一个清新、灵动的女人，快乐而又自信；此时的女人，便是优雅，便是高贵，便是美丽……

女人可以没有钱，可以没有美貌，但是，却要让你的灵魂活得高贵。

【恋爱魔法贴士】

每个女人都能做高贵的女人，这个高贵不是目空一切、目中无人，而是拥有善良、平和、包容的特质，微笑着面对周遭的一切。她不狂傲，不气馁，不会玩弄心机，不会言不由衷；她应该是娴雅从容的，远离粗俗的；她给人以友爱的，给人以温馨的；高贵的女人必定是个精神上的富有者，而不是一个乞丐，需要到处去乞讨喜欢和尊重；她应该是有自尊的，而且是尊重他人的；她可以没有傲气，但一定要有傲骨。另外，我觉得高贵的女人，有时还会制造一些美丽的意外，给朋友一个惊喜，给亲人一份喜悦。